침대 위의 세계사

<나의 침대>, 트레이시 에민, 테이트 모던 미술관, 런던, 1999.

침대 위의 세계사

What We Did in Bed

브라이언 페이건 · 나디아 더러니 지음 | 안희정 옮김

매트에게

차례

머리말

"침대에서 하지 못할 일이라면 가치 있는 일이라고 할 수 없다." 언젠가 미국의 유명한 희극배우 그루초 막스(Groucho Marx)가 농담으로 한 말이다. 사람들이 침대에서 모든 일을 한 시절이 있었기에 막스의 말은 맞다고 할 수 있다. 침대는 고대 이집트 사람들에게는 사후세계로 건너가는 핵심 연결고리였고, 셰익스피어 시대에는 유쾌한 사교장이었으며, 윈스턴 처칠은 2차 세계대전 동안 침대 시트에 싸인 채 영국군을 지휘했다.

하지만 오늘날 침대는 어둠 속으로 밀려나 있다. 수면 치료사들은 침대를 잠과 섹스에만 사용할 것을 권한다. 오늘날 침대가 지닌 '사적인' 측면 때문에 현대의 역사가와 고고학자 대부분은 침대를 모르는 척하는 것 같다. 놀랍게도, 침대의 역사나 우리 삶에서 침대가 했던 무수한 역할을 기록한 글은 거의 없다. 하지만 우리가 생애의 3분의 1을 보내는 침대는 어마어마한 이야기들을 품고 있다. 우리 선조들이 잉태부터 죽음까지, 그리고 그 사이에 했던 수많은 일들이 침대에 간직되어 있다. 이런 주제로 책을 쓰면서 다 언급하자면 끝이 없을 테지만 우리는 일단 침대에 관련된 주제들은 최대한 늘어놔 보기로 했다. 그리고 침대에서 벌어진 역사를 새로운 수평적 관점에서 들려줄 최고의 베드타임 스토리들을 골라냈다.

섹스, 탄생, 죽음, 식사, 통치, 반란 모의, 두려움, 꿈 등 침실이라는 무대는 예술가들에게 풍부한 영감을 제공했다. 중세 시대 유럽에서는 벌거벗은 세 명의 현자가 신의 계시를 받으며 한 침대에 누워 있는 모습이 기독교 주제로 자주 채택되었다. 18세기의 수많은 젠틀맨 겸 미술가들은 헨리 퓨젤리의 그림 <악몽>(1781)의 주인공처럼 적들이나 이국적인 짐승의 농락에 꼼짝 못하고 침대 위에 무기력하게 누워 있는 알몸의 여인들을 자주 그렸다. 프랑스의 미술가 자크 루이 다비드는 1787년 소크라테스의 임종 침대 장면을 그렸는데, 그림 속 일흔 살의 철학가는 활력 넘치는 근육질의 인물로 묘사되어 있다. 프랑스 혁명 전날 밤 부정한 당국에 맞서 정의를 지키고자 했던 저항자들의 영웅으로 그려진 것이다. 그 후로 반 고흐의 <침실>(1888)에 선홍색 침대가 등장했고 매니큐어와 치약, 페인트를 칠한 침대보로 이루어져 있는 로버트 라우션버그의 <침대>(1955)도 등장했다. 최근에 일본의 설치미술가 시오타 치하루는 작품 <잠자는 동안*During Sleep*>에 정교하면서 다른 세상에 속한 듯한 침대를 내놓았다. 새하얀 잠옷을 입은 여인들을 통해 병원 침대에 잠들어 있는 여성의 질병과 나약함, 그리고 신화의 개념을 하나로 엮어냈다.

가장 유명한 침대 중 하나는 영국의 미술가 트레이시 에민의 작품 <나의 침대*My Bed*>(1999)에 등장한다. 에민은 실연 후 생리혈로 얼룩진 속옷, 빈 술병, 담배꽁초, 쓰고 난 콘돔들이 어지럽게 널린 쭈글쭈글하고 너저분한 자신의 침대를 전시장에 그대로 옮겨놓았다. 이 작품에 어마어마한 혹평들이 쏟아졌다. '예술'이 맞기는 한지 묻는 차원에서가 아니라, 오늘날의 예의 바른 사회에서는 침대를 말하거나 보이면 안 되는 아주 내밀한 장소로 여기기 때문이었다. 그런데 이것은 근래에 들어 등장한 개념이다. 미국의 역사가 캐롤 샤머스(Carole Shammas)가 '침대의 시대'라고 풍자했던 근대 초기에 침대는 가장 값비싸고 귀중한 가구로서 누구라도 드나들 수 있는 주요 공간에 배치되었다. 하지만 침대에 대한 우리의 애착은 그보다 훨씬 오래전으로 거슬러 올라간다.

우리의 선조들이 언제 처음으로 침대를 만들었는지 알려주는 증거는 남아 있지 않다. 포식자로 들끓던 아프리카 심장부에서 우리 선조들은 처음에는 나무 위에서 잠을 잤고 시간이 흐른 뒤에는 야영지뿐만 아니라 바위 아래와 동굴 속에서 타오르는 모닥불 앞에 서로 바싹 붙어서 잠들었다. 선조들은 밤의 어둠 속에 숨어 있는 짐승들로부터 어떻게 자신을 지켜냈을까? 일단 길들여진 불은 온기를 제공하고 음식을 익혀주었을 뿐만 아니라 해가 떨어진 후 사람들이 모여서 잠을 잘 수 있도록 장소를 보호해 주었다. 캄캄한 밤중에 맹수들이 사냥을 위해 어슬렁거리던 원시적인 풍광 속에서 불은 빛과 안도

감을 안겨주었다. 한밤중 맹렬히 타오르는 장작불, 깜빡거리는 불꽃 둘레에 모여 앉은 사냥꾼들의 모습이 머릿속에 그려질 것이다. 이따금 사냥감이나 모닥불에서 멀리 떨어진 곳에 버려진 뼈들을 좇아 어둠 속에서 맹수들의 눈이 번뜩이다 사라졌을 것이다. 이렇듯 밤이 되면 인류의 삶은 모닥불과 바위 쉼터를 중심으로 이루어졌다.

지금까지 알려진 가장 오래된 침대는 남아프리카의 동굴에서 발견되었다. 대략 7만 년 전에 현생 인류가 동굴 바닥을 파내서 만든 침대들이 남아 있다. 우연의 일치인지 영어 'bed'는 원시 게르만어 어원에서 '땅바닥을 파내서 만든 쉼터'를 뜻한다. 이것은 적절한 설명이었다. 최초의 침대가 땅을 파낸 구덩이였다는 특징 때문이 아니라, 침대가 언제나 휴식을 취하는 곳이었기 때문이다. 물론 침대는 휴식 말고도 다양한 용도로 사용되었다.

난방이 잘 되는 집에서 살아가는 현대인들은 우리 조상들이 자연과 환경에 취약했다는 사실을 실감하지 못한다. 잠을 어떻게, 어디서 자는지는 언제나 보온과 안전성을 우선으로 해서 결정되었다. 빙하기 말이나 2세기 전 캐나다 북극권처럼 영하권의 추운 날씨가 이어지는 지역의 사람들은 기온이 급격히 떨어지고 낮이 짧아지면 침대로 파고들었고, 여러 겹의 털을 휘감고 깊은 겨울잠에 들었다. 4천 년 전, 캐나다 북극권 배핀섬 인디펜던스 피오르의 겨울 집에 살던 사람들은 어둠 속에서 몇 달간 반수면 상태로 지냈다. 이들은 두툼하고 따뜻한 사향노루나 황소 털가죽을 두르고 손닿을 거리에 음식과 연료를 쟁여놓고 서로 밀착해 웅크려서 지냈다.

오늘날에도 수백만 명의 사람들이 담요나 털가죽이나 옷가지를 뒤집어쓰고 땅바닥, 콘크리트 바닥, 마룻바닥에서 잠을 잔다. 하지만 5천 년도 전에 문명이 발생하면서 침대의 높이가 때때로 올라갔고, 이는 지식인층 사이에서 두드러졌다. 이런 고대 카우치 유물은 이집트의 건조한 기후 덕분에 고스란히 보존되었다. 투탕카멘이 통치하던 기원전 14세기 중반, 침대는 이미 (우리가 알아볼 수 있을 만큼) 기본 형태가 갖추어졌다. 다만 머리를 대는 쪽이 살짝 높았고 미끄러져 떨어지지 않도록 아래쪽에는 발판이 세워져 있었다. 이후로 침대가 잠을 자는 곳이라는 주제는 거의 변화하지 않았지만 침대 종류는 다양해졌다. 벽장형 침대부터 해먹, 낮은 워터 베드(물침대)와 바닥에서 5미터 가까이 띄운 침대도 있었다. 그럼에도 지난 5천 년 동안 놀랍게도 직사각형의 형태는 변하지 않았다. 매트리스도 수천 년 동안 거의 변하지 않았다. 풀과 건초, 짚을 채운 자루나 천 가방이 수 세기 동안 기본 매트리스 구실을 했다. 경제적 여유가 있는 사람들은 이런 매트리스를 여러 개 쌓아올려서 벌레를 쫓고 충전재의 까칠까칠한 감촉이 느껴지지 않게 했다. 21세기에 들어 수면과학 기술이 엄청나게 정교해지면서 불면증을 물리치기 위한 묘수와 엉터리 치료법이 난무하고 있다.

수면과 수면의 역사를 둘러싸고 연구가 활발히 이루어지고 있다. 특히 전기조명이 밤을 낮처럼 환히 밝히기 전까지 일상적이었던 분할 수면[segmented sleep] 관습이 주목을 받고 있다. 이를테면 네 시간 잠을 자고 깨어난 후에 섹스나 꿈 해몽, 기도, 집안일을 하거나 친구를 만나거나, 혹은 범죄나 다른 악행을 저지르고 침대로 돌아가서 네 시간쯤 더 잤다는 말이다. 17세기만 해도 런던의 거리에는 새벽 3시가 되면 장사꾼들의 호객소리가 울려 퍼졌다. 그 시간에 자발적으로 물건을 사는 소비자가 있었다는 뜻이다. 어쩌면 오늘날 우리가 수십억 달러어치의 수면제에 기대게 된 데는 이런 '자연적인' 수면 리듬을 거부한 현대인의 욕망 때문이라고 생각할 수도 있다. 그런데 과거에 어떻게 했는지를 안다고 해서 우리의 수면 문제가 해결될 수 있을까?

잠 말고도 침대에서는 수많은 일들이 일어났다. 문화적 관습에 따라 침대는 섹스를 위한 장소가 되기도 했다. 하지만 누구와 언제, 어떻게 잤는지는 사회마다 달랐다. 영국의 윌리엄 왕자나 해리 왕자가 듣는다면 기겁하겠지만, 왕실의 성생활은 때때로 신중히 조율되었다. 파라오와 고대 중국 황제의 성생활은 서기들에 의해 기록으로 남았다. 왕궁 밖에서는 규율을 거스르는 모든 행위들에 곱지 않은 시선을 보냈던 종교 지도자들의 비난에도 불구하고 자유분방하게 섹스가 이루어졌다.

또한 중요한 말들은 글로 기록되지 않았다는 사실이 곧잘 간과된다. 이런 사회에서는 모든 것이 입을 통해 한 세대에서 다음 세대로 이어졌다. 캄캄한 겨울밤은 원로들과 샤먼들이 이야기를 들려주고 주문을 외우고 초자연적인 신비의 힘을 떠올리는 시간이었다. 이 이야기들은 익숙해지고 수시로 되풀이되었겠지만, 우주와 인류의 기원뿐만 아니라 자신들이 신비의 세계나 강력한 자연계와 연결되어 있음을 설명해 주었다. 때때로 사람들은 침대에서 함께 시간을 보내고 서로를 사랑하는 법을 익히면서 결속을 다졌다. 이렇듯 잠을 자고 시간을 보내는 장소는 사람들의 정체성을 확립하는 데 중요한 역할을 했다.

인류의 역사 내내 우리가 잘 아는 개인의 사생활은 존재하지 않았다. 침대를 공유하는 사람이 많아질수록 그만큼 안전이 확보되었기 때문이다. 어린아이들, 부모, 심지어 가족 전원이나 친족이 한곳에서 잠을 잤다. 침대와 관련된 사회 규범은 유연했고 끊임없이 변화했다. 육로로 가든 바닷길로 가든 여행자들은 낯선 사람들과 침대를 함께 써야 했다. 이런 관행은 19세기 유럽과 미국 전역에서 볼 수 있었고, 아직도 몇몇 국가에 남아 있다. 여관은 투숙객에게 침대를 통째로 빌려주거나 공용 침대를 쓰는 대가로 일 인당 숙박비를 받았다. 이런 잠동무[bed mate]가 안락함을 제공할 리 없었다. 16세기 영국의 시인 앤드루 바클레이(Andrew Barclay)는 이렇게 불평을 늘어놓았다. "누군가는 날뛰고 누군가는 횡설수설하고, 또 누군가는 술에 취해 침대에 들었다."

독립된 공간으로서의 침실은 한때 왕실과 귀족들의 상징이었지만, 공적인 무대 역할도 했다. 프랑스의 루이 14세(재위 1643~1715년)

는 자신의 침대에서 국가를 통치하고 국정을 처리했다. 우리와 같은 일반인이 침실을 벽으로 막고 완벽히 개인적인 공간으로 확보하게 된 것은 채 2세기도 되지 않았다. 이렇게 얻은 사생활이 사람들을 쉴 새 없이 디지털 세계로 끌어들이는 초현대적으로 연결된 침대에서 무너지고 있다. 산업혁명 시대는 물론 그 이후까지 침대는 인생극장에서 실용적이면서 상징적인 장소이자 소도구 역할을 했다.

침대를 배경으로 사람의 일생이 펼쳐졌다! 우리의 삶은 보통 침대에서 시작되어 침대에서 끝이 난다. 왕실의 출산과 죽음에서는 후계자가 의심스러울 때 특히 이해관계가 더 커졌다. 기대수명이 짧고 왕이 아무런 언질 없이 돌연 죽을 수도 있었기 때문이다. 중국과 인도의 황제들은 정해진 시각에 별도의 공간에서 삼엄한 경계를 받으면서 잠들었다. 잉글랜드의 엘리자베스 1세와 이집트의 파라오들도 마찬가지였다. 유력자들의 탄생과 죽음은 증인들 앞에서 펼쳐졌다. 영국에서 내무장관은 찰스 왕세자가 태어난 1948년까지 왕실의 출산을 참관했고, 이후로 이 관습은 없어졌다. 1688년 세인트 제임스 왕궁에서 제임스 2세의 아들은 42명의 공직자와 유명 인사들이 지켜보는 가운데 태어났다. 이 사건에 대해 케임브리지의 역사학자는 왕실의 출산을 둘러싼 최초의 '미디어 서커스(media circus)'라고 불렀다.

임종 침대 역시 장례용 카우치와 마찬가지로 상징적인 중요성을 지녔다. 카자흐스탄의 베렐 지역에서 기원전 200년에 세워졌다고 추정되는 몽골인의 무덤에서 정교하고 높다란 나무침대에 누워 있는 유해 2구가 발견되었다. 이 스키타이 귀족의 묘실 바깥에는 자작나무 껍질 '침대' 위에 말 열한 마리를 비롯해 안장과 마구가 고스란히 남아 있었다. 이 이미지는 말을 탄 천신(天神)에 대한 몽골인들의 신앙과 긴밀히 연결되어 있다. 천신은 말이 끄는 이동성에 생존과 지도력이 좌우되는 세계를 상징했고 사후세계에서 족장들은 자신의 말이 없으면 힘을 쓰지 못하리라고 생각되었다.

빅토리아 시대에 접어들면 사람들은 침실에서의 사교에 눈살을 찌푸리면서도 임종 침대 둘레에서의 모임은 여전히 중요하게 여겼다. 남성과 여성이 지나칠 정도로 구별되었는데, 새로 등장한 도시 중산층 사이에서 특히 엄격했다. 이 중산층은 침실을 사적인 쉼터로 여겼고, 이런 개념이 이후로 서구 전역을 휩쓸었다. 또한 수세기 만에 침대에 과학기술이 도입되면서 획기적인 변화가 나타났다. 1826년에 금속 코일스프링이 도입되어 끈이나 밧줄로 짠 침대를 대체하기 시작했다. 또한 산업혁명으로 등장한 방적기로 짠 면 침구가 침구장을 채웠다. 습기가 많아 축축하고 결핵을 몹시 두려워하던 이 시대에 침구를 청결하고 보송하게 유지하려면 품이 많이 들었다. 빅토리아 시대의 어느 안주인은 하인들이 침대를 제대로 정리할 줄 모른다고 불평을 했다. 하인들이 침대를 덮어 두려고만 해서 "답답하고 불쾌하게" 만든다는 것이다. 현대의 한 실험에 따르면 하인 한 사람이 빅토리아 시대의 침대를 제대로 정리하는 데 최소한 30분이 걸렸다. 하지만 1970년대에 들어서자 침대 정리에 획기적인 방법이 등장했다. 바로 이불솜과 커버가 분리된 것이다. 그 덕분에 담요, 상단 시트와 하단 시트 등 겹겹이 덮인 침구를 끊임없이 갈고 청소하는 일에서 벗어날 수 있었다.

오늘날의 침대는 후기 산업화 사회를 고스란히 옮겨놓은 듯 최신식 기술을 갖추고 있으며 멀티태스킹이 가능하다. 침대는 USB 포트와 다른 스마트 기기들을 갖추어서 사용자를 언제나 바깥세상과 연결시켜준다. 한편, 도시인구가 급증하고 고층 부동산의 가격이 폭등하면서 수백만 명이 비좁은 원룸 아파트와 초고층 단지에서 거주하고 있다. 집 안의 공동 공간에 접어서 벽 따위에 집어넣는 침대도 다시 등장했다.

이 책은 인류의 과학기술 중 가장 기본적인 침대를 가리고 있던 장막을 잡아당긴다. 이 장막을 걷으면 때때로 이상하고 때로는 코믹하며 인류가 가장 간과하던 유물 중 하나가 놀라운 역사를 펼쳐 보인다. 중세의 웅장한 홀을 뛰어다니던 외설적인 잠동무에서 미국 대통령의 잠버릇까지, 좀처럼 탐구되지 않던 장소와 그곳에서 사람들이 벌이던 모든 일들을 탐구하고자 한다.

1장

침대의 장막을 걷다

"거의 모든 사회와 개인의 역사에서 이야기의 3분의 1은 빠져 있다." 1960년대에 건축화가이자 가구 전문가인 로렌스 라이트(Lawrence Wright)는 이렇게 적었다. 우리가 침대에서 지낸 시간들이 과거 역사를 이해하는 데 공백으로 남아 있음을 지적한 것이다.[1] 침대는 고고학의 역사에서도 대부분 빠져 있다. 하지만 우리가 파내고 훑어보고 고고학자로서의 일을 하려면, 침대는 인류의 수평적 역사를 읽어내기 위한 출발점으로서 적절한 장소이다.

침대가 필요했던 이유

인간이 처음으로 침대를 사용한 시기는 침대를 어떻게 정의할지에 따라 달라진다. 고대에 선조들은 지금도 살아 있는 영장류 친척들처럼 땅 위 높은 곳, 이를테면 나뭇가지와 풀 더미에서 잠들었을 가능성이 높다. 여기서 고려할 점이 있다. 우리 선조들이 살던 동아프리카 고향에는 우리를 점심밥쯤으로 여기는 위험한 동물들이 바글거렸다. 잠자리를 높은 곳에 마련한 덕분에 수백만 년간 우리 선조들은 불이나 변변한 사냥무기 없이도 번창했다. 잠잘 때나 아기들을 돌보는 동안이 가장 취약한 시간이었기 때문에 인류는 튼실하고 탄력성이 좋은 나뭇가지 위에 쉼터를 마련하고, 아마도 풀과 나뭇잎으로 보금자리를 마련했을 것이다. 물론 이 나무 위 침대들은 아주 오래전에 흔적도 없이 사라졌다.

우리 인간과 가장 가까운 영장류 친척인 침팬지는 우리가 어떻게 침대를 만들었을지 결정적인 실마리를 제공한다. 우간다 서쪽에 위치한 토로 셈리키 야생보호구역에서 살아가는 침팬지들은 우간다강 철나무 가지를 활용한다. 이 나무는 단단하고 큰 가지들 사이에 넓은 공간이 펼쳐지므로 잔가지들을 함께 엮으면 탄력성 있는 침대를 만들 수 있다.[2] 또 다른 침팬지 집단도 소재를 까다롭게 고르고 매일 둥지 침대를 새로 만든다. 그래서인지 침팬지들의 침대는 놀라우리만치 청결해서, 사람들의 일반적인 침대에 비해 배설물이나 피부 박테리아가 훨씬 적게 발견된다.[3] 우리의 먼 조상들도 똑같이 했으리라고 확신한다. 땅보다 높은 곳에 마련한 둥지 침대에서 잠을 자고, 햇볕이 내리쬐는 낮 동안 잠시 휴식을 갖고 아이들을 길렀을 것이다. 오늘날에는 나무 둥지에서 잠을 자고 살아가는 사람들은 없다.

우리 조상들은 약 2백만 년 전(이 시기에 대해서는 아직도 논쟁중임) 불을 길들였다. 불은 온기를 제공했고 조리를 가능하게 했으며 무엇보다 짐승들을 막아주었다. 불을 길들이게 되자 인류는 땅 위, 야영지나 돌출된 바위 아래, 동굴 안의 모닥불 둘레에서 잠을 자기 시작했다. 불 덕분에 인류는 음식을 나눠 먹을 수 있게 되었고, 불의 따스한 기운에 이끌려 그 주위로 모여들었다. 그리하여 소규모 무리 사이에서 가까운 관계가 형성되기 시작했다. 본거지와 가족끼리의 유대가 훨씬 더 중요해졌다. 또한 여성과 남성의 관계가 획기적으로 달라진 것이 틀림없다. 밤마다 불 가까운 곳에서 모이다 보니 지속적으로 신체 접촉이 있었을 것이고 성관계로 이어졌을 것이다. 이후 성관계는 우발적인 만남에서 공유된 잠자리 공간에서 동일한 상대(들)와 주기적으로 하는 섹스로 바뀌었다. 남녀 한 쌍의 결합은 인간의 진화라는 측면에서 보면 근래의 특징일 수 있지만, 이런 기술(불과 침대)이 그 출현에 주요한 역할을 했다는 가정은 아주 흥미롭다. 풀더미나 짐승 털가죽에 불과하던 침대는 서서히 일상의 중심으로 자리 잡았을 것이다. 침대는 잠뿐만 아니라 매일의 나눔과 몸치장을 위한 핵심 공간이 되었다.

인간의 초기 행동에 대한 이런 설명은 대부분 아직 가정에 머물러 있다. 고고학에서 발견된 가장 오래된 침대를 통해서 인류가 실제로 무엇을 했는지를 확인할 수 있다. 가장 오래된 침대는 남아프리카공화국 더반에서 북쪽으로 40킬로미터, 인도양에서 15킬로미터 떨어진 우통가티강의 상류 절벽 안에 위치한 시부두 동굴에서 발견되었다.[4] 현생 인류, 즉 우리와 신체적인 면뿐만 아니라 지능도 비슷한 호모 사피엔스가 대략 7만 7천 년 전과 3만 8천 년 전 사이에 최소 열다섯 번은 이 쉼터를 찾아왔고 여기서 잠을 잤다. 오늘날에도 여전히 이 강가 근처에서 자라는 잡초, 사초, 골풀을 베어 촘촘히 쌓아 만든 잠자리는 이들이 정기적으로 여기서 잠을 잤고 편안한 잠을 위해 신경 썼다는 사실을 알려준다. 동굴이나 쉼터에서 잠을 자 본 적이 있다면 그곳을 벌레가 없이 청결하게 유지하는 게 얼마나 힘든지 알 것이다. 하지만 시부두 사람들은 그에 관한 한 전문가였다. 이들은 크립토크라야 우디(Cryptocraya woodii), 일명 케이프 월계수의 향기 나는 이파리로 자신들을 보호했다. 이 월계수 잎에는 벌레들을 죽이고 모기를 비롯한 해충을 퇴치하는 화학성분이 여러 가지 들어 있다. 여기서 잠을 자던 사람들은 침구를 주기적으로 태워서 벌레와 쓰레기를 없앴고, 그 잿더미 위에 신선한 잡초와 골풀을 깔아서 새로운 풀침대를 만들었다. 이들은 킹사이즈 침대를 좋아한 것으로 보인다. 침대는 대부분 가로 3미터, 세로 3미터가 넘었다. 이 커다란 침대는 잠을 자는 데 그치지 않고 다양한 용도로 쓰였을 것이다. 이 풀침대에 앉아서 음식을 조리해서 먹었고, 그 외 여러 활동을 즐겨 했던 듯 보인다.

5만 년 전에 스페인 북부 산탄데르의 남서쪽에 위치한 에스퀼레우 동굴에서 살던 네안데르탈 사촌들 또한 풀침대 위에서 잠들었다. 그로부터 2만 3천 년이 지난 후에 우리의 직계 조상은 이스라엘 갈릴리 해안의 오할로 2지구(Ohlao II)로 알려진 수렵 야영지에서 거주했다.[5] 물속에 잠겨 있던 이 야영지는 호수 수위가 낮아지면서 세상에 드러났다. 그곳에서 보드랍고 연한 줄기를 가진 강가 풀들로 꼼꼼히 채워진 타원형의 움막 바닥이 발견되었다. 이곳에서 살던 사람들은 끝이 날카로운 석기로 풀줄기를 벤 후에 땅 위에 겹겹이 쌓았다. 그러고 나서 그 위에 진흙을 얇게 펴 발라 간단하고 얄팍한 매트리스를 만들었다. 겹겹이 쌓은 풀침대는 안락한 잠자리를 제공했다. 또한 오할로 사람들은 벽 근처에 풀더미를 타일처럼 쌓았는데, 가운데에 자리한 화덕과 거리를 두기 위해서였다. 이들의 잠자리는 매우 세심했다. 가운데 화덕 둘레에 놓은 간단한 풀더미와 입구에서는 음식을 마련하고 도구를 만들었다. 침대는 아침밥을 먹는 공간이라기보다 잠과 더불어 밤 동안의 안전을 보장하는 장소로서 더욱 중요하게 여겨졌다. 잠자리는 오늘날의 사냥 야영지처럼 따로 떨어져 있었다.

　수천 년 동안 사람들은 서로 볼을 맞대고 바짝 붙어서 잠을 잤다. 불의 따뜻한 기운을 느끼려 좁은 곳에 밀집해 있었고, 날씨가 더 추워지면 짐승의 털과 가죽을 뒤집어썼다. 잠잘 때 사람들에게 가장 중요한 요구는 온기와 안전함이었다. 사생활은 중요하지 않았다. 짝을 찾고 아이를 갖고 아이에게 젖을 먹이고 아프거나 죽는 일 모두가 친지들이 손을 뻗어 닿을 수 있는 거리 안에서 이루어졌다.

　우리에게 당시의 이런 모습을 알려주는 곳이 아직 몇 군데 남아 있다. 그중에 텍사스 동쪽 페코스강의 지류 협곡 안에 위치한 힌즈 동굴(Hinds Cave)이 있다.[6] 기원전 7000년 무렵 사람들이 이 동굴을 처음으로 찾아왔다. 너비 3미터에 달하고 물기가 없는 이 동굴은 고고학 보물창고라는 별칭에 걸맞게 식물부터 매트리스, 바구니, 침대와 침구까지 오롯이 보존되어 있다. 열 명에서 열다섯 명으로 이루어진 무리가 이 동굴을 드나들었고, 수천 년 동안 이곳을 빈번히 이용했다. 동굴 뒷면과 옆면 벽이 움푹 들어간 곳에서 잠자리를 만들기 위해 풀을 간 구덩이와 화덕 흔적이 발견되었다. 이 두 잠자리 구역 사이에는 커다란 화장실 구역이 있었다. 이 방문자들은 잠자리를 마련하기 위해 얕은 구덩이를 팠고 거기에 작고 잎이 무성한 나뭇가지들을 깔았다. 그 위로는 엮어서 짠 매트리스 조각들을 펴놓았고, 때때로 쓸모없는 샌들도 집어넣었다. 맨 위에는 풀로 만든 푹신한 매트리스를 올렸다. 이곳은 구덩이의 길이가 0.9미터이고 폭이 0.6미터밖에 안되는 것으로 보아 몸에 꼭 맞는 잠자리였을 게 분명하다. 이곳은 잠만 자는 곳이었고, 다른 일을 하기는 어려웠다. 이 동굴을 찾은 사람들은 분명 웅크린 자세로 잠이 들어야 했을 텐데, 체온을 보존하기 위해서였을 것이다.

조상들 곁에서 잠들다

시간을 빨리 돌려서 기원전 3200년 무렵 브리튼 제도의 오크니섬에 위치한 스케일만의 남쪽 해안가로 가보자. 스케일만은 바람이 거세고 폭풍우가 시도 때도 없이 휘몰아치는 지역이다. 1850년에 거센 폭풍우로 유례없이 높은 파도와 돌풍이 일면서 스케라브라(Skerrabra, 오늘날에는 스카라 브레Skara Brae라고 부름)로 알려진 언덕에서 풀들이 떨어져 나왔고, 아주 오래된 돌집 터가 세상에 드러났다. 그 무렵 그 일대를 소유했던 영주 스케일의 윌리엄 와트(William Watt of Skaill)는 이 집터 네 곳을 파내고는 작업을 중단시켰다. 이후로 아무 일도 벌어지지 않았고, 1925년 또 다시 거센 폭풍우가 몰아치면서 이 집터 일부가 훼손되었다. 지역 주민들은 이 돌집들을 보존하기 위해 방파제를 세우기로 했는데, 그 작업 중에 더 많은 집들이 발견되었다. 1928년과 1930년 사이, 저명한 고고학자로 꼽히던 에든버러 대학교의 비어 고든 차일드(Vere Gordon Childe) 교수가 모래 장막을 벗겨내고 이 집들을 발굴했다.

고대 유럽의 사회에 대해 독보적인 지식을 갖고 있던 차일드 교수에게도 스카라 브레는 생전 처음 보는 광경이었다.[7] 높이가 낮고 지붕 덮인 통로로 연결된 8채의 집이 잘 보존되어 있었고 집들의 벽도 통로의 돌판 지붕도 온전히 남아 있었다. 무엇보다 집집마다 실내 집기들이 남아 있었다. 집 가운데에 자리한 커다란 사각형 방 안에는 벽난로가 있었고, 양쪽에 침대 두 개가, 입구 반대쪽 벽에는 선반 옷장이 있었다. 방사성 탄소 연대 측정을 진행한 결과, 이 집들이 기원전 3200년에서 2200년 사이에 6세기 동안 석기시대 농부들의 주거지로 사용되었음이 밝혀졌다. 침대가 처음으로 영국의 역사 속으로 들어온 것이다.

돌로 만든 집은 오크니 사회에서 일어난 엄청난 변화를 보여주었다. 그보다 약 3세기 전까지만 해도 오크니 주민들은 나무집에서 살았고, 실내는 칸막이로 나뉘어 있었다. 이런 내부 설계는 당시 무덤의 내부 설계를 따랐는데, 왜 그랬는지를 단정하기는 어렵다. 하지만 (당시 땅에서 농사를 짓고 집을 짓기 위해 노력하던) 새로운 세계에서는 죽은 조상들과 긴밀한 유대를 유지하려 했을 수 있다. 소규모 혈연 집단이 중심이 된 이 정착지에서 토지에 대한 소유권 주장은 분명 중대한 문제였을 것이다. 조상 대대로 살던 땅에 대한 권리를 주장하면서 인간의 일상은 근본적으로 변화하기 시작했다.

스카라 브레의 집터, 스코틀랜드 오크니섬. 오른쪽과 왼쪽에 침대로 추정되는 돌로 만든 울타리가
보인다.

일단 사람들이 돌집을 짓기 시작하면서 삶과 죽음의 관계에 획
기적인 변화가 일어났던 듯하다. 나무집과 달리 스카라 브레와 동시
대에 다른 지역에 세워진 돌집들은 수세기를 버텼다. 사람들은 이제
자신들의 조상이 지은 튼튼하고 내구성이 있는 집에서 살았고, 때로
는 집을 넓히고, 다시 조상의 시신을 근처에 매장했을 것이다. 농부
들은 대를 이어 가꾼 들과 목초지에 정착했다. 농사를 짓고 돌집을
세우려면 많은 사람이 정기적으로 일하고 함께 살아야 했다.

이 유적 중 8번 집(Hut 8)에는 돌로 만든 선반 옷장이 문 쪽을 향
해 있고, 화덕이 가운데에 위치해 있다. 한쪽 벽에는 상자 모양의 돌

침대 두 개가 붙어 있고, 그 양 옆으로 화덕이 배치되어 있다. 다른 집들과 마찬가지로 오른쪽 침대가 왼쪽 침대보다 크다. 큰 침대가 남성용이고 작은 침대가 여성용이라는 추측이 지배적이다. 하지만 단순히 나이에 따라 사용자가 구분되었을 수도 있다. 이 침대 중 문에 가까운 침대에서 인(P) 수치가 높게 나타났는데, 이는 밤에 오줌을 자주 싸는 아기들과 어린아이들이 이곳에서 잤을 가능성을 말해준다. 하지만 이것은 어디까지나 추측일 뿐이다.

큰 침대는 언제나 오른쪽에 있고, 작은 침대는 왼쪽에 있었다. 하지만 다양한 용도로 쓰인 듯한 시부두와 오할로와 달리 스카라 브레의 침대들은 크기가 작아서 제한적으로 사용된 것이 분명하다. 이 침대들은 성인 한 명과 어쩌면 어린아이 한 명이 들어갈 만한 공간밖에 안되었다. 특히 이런 상자형 침대에 짐승가죽이나 털을 안에 댔다면 더 비좁았을 것이다. 그 때문에 제대로 누워 자기가 힘들었을 수 있겠지만, 춥고 바람이 몰아치는 지역에서는 온기가 더 중요했을 것이다. 기나긴 겨울밤 동안 사람들 모두 담요와 털가죽을 덮어쓰고 화덕 곁에 눕거나 앉아서 시간을 보냈을 것이다. 화덕 구역에서 사람들은 대화를 나누고 농담을 하고 아이를 돌보고 음식을 먹었을 것이다. 그리고 어쩌면 침대가 좁고 프라이버시에 대한 생각이 지금과는 아주 달랐기 때문에 성행위가 이루어졌을 것이다. 밤이 되면 사람들은 아늑하고 한적한 자신들의 침대로 들어갔을 것이다. 일부 상자형 침대 둘레에 난 구멍은 열기나 스코틀랜드 섬의 여름 햇살을 막기 위해 둘러친 커튼을 받치던 레일 자리였을 가능성이 있다.

그런데 부근의 7번 집에서는 무언가 다른 일이 일어났다. 이 집은 이웃들과 완벽히 차단되었고 옆의 통로로만 닿을 수 있었다. 집 안의 오른쪽 침대와 벽이 있던 자리 아래의 돌무덤에서 여성 유골 2구가 발견되었다. 이 여성 유골들은 이 집보다 앞서 만들어진, 조각으로 장식된 석관 안에 누워 있었다. 어쩌면 이 유골들은 당시 매장 풍습, 장례와 관련되어 있을 것이다. 7번 집의 문은 밖에서만 잠글 수 있었는데, 안에 있는 사람들을 나오지 못하게 하기 위해서였을 것이다. 고고학자들은 7번 집의 정체에 대해 깊이 고민했다. 고립된 이 집은 망자들을 매장하기 전에 잠시 침대에 뉘어 두던 장소였을까, 아니면 아이의 출산과 관련된 의식들을 전담하던 출산원이었을까? 아니면 이런 매장지는 과거와 현재, 미래 사이에 생명이 이어지고 있다는 당시의 생각을 반영하는 것일까? 농경사회에서 인간의 삶은 봄여름가을겨울, 씨앗 뿌리기, 재배와 추수라는 끊임없이 반복되는 주기에 따라 정해졌다. 이에 따라 선조들은 사람의 일생도 탄생, 성장기와 성인기, 죽음이라는 과정으로 이루어지고, 아직 태어나지 않은 이들도 똑같은 과정을 따르리라고 생각했다.

여기서 잠을 잤던 사람들은 오래전에 세상을 떠났고, 이들에게 온기와 안락함을 주던 털가죽이나 천, 풀은 흔적 없이 사라졌다. 그렇다면 우리가 보고 있는 것이 침대라고 어떻게 장담할 수 있을까?

차일드 교수는 오랜 경험과 지식을 바탕으로 보존이 잘된 스카라 브레 유적지가 무엇이었을지 추측했다. 최근의 발견으로 그의 가설이 대체로 옳았음이 밝혀지고 있다. 오크니 본섬의 앤터니스곶에 위치한 스테니스의 돌(Stones of Stenness)이라는 원형 제례 장소가 있는데, 그 북쪽의 반하우스에서 신석기시대의 거주지가 발견되었다. 이 마을은 비슷한 시기에 바닥이 없이 세운 집 15채로 이루어져 있다. 여기에는 더 많은 개수의 상자형 침대를 비롯해 돌로 만든 가구들이 남아 있다. 또한 한 집은 침대로 사용한 듯 보이는 우묵하게 들어간 벽감 6개를 갖추고 있다.[8]

오크니 유적의 가구들은 돌로 만들었기에 지금까지 남아 있지만, 나무로 만들고 말뚝으로 떠받쳤던 침대들은 어떻게 되었을까? 시간이 지나면 모든 것은 스러지기 마련이다. 하지만 아주 드물게 노련한 고고학자들이 변색된 땅속에서 말뚝 구멍과 같은 조각그림을 찾아내기도 한다. 침대가 아니라도 침대를 받치던 지지대가 눈앞에 기적처럼 드러나기도 한다. 브리튼의 반대쪽 끝에는 더링턴 월스(Durrington Walls)라는 거석 구조물(즉 헨지, henge)이 백악기 하층토 위에 퍼져 있다. 이곳은 스톤헨지에서 북동쪽으로 3킬로미터 거리에 있다. 고고학자 마이크 파커 피어슨(Mike Parker Pearson)과 동료들은 토양의 변색을 파악하고 의미를 해석하는 전문가들이다.[9] 이들은 붓으로 털어내고 흙손으로 걷어내서 움집 벽체의 말뚝 구멍, 가로 널빤지나 통나무가 놓였던 얕은 홈을 찾아냈다. 여기에 구멍을 파서 기둥을 세우고, 상자형 침대와 저장 빈(storage bin, 원통 또는 각형의 용기에 곡물 등을 저장하는 시설—옮긴이)을 올렸을 것이다. 파커 피어슨은 스카라 브레 지역의 침대들을 떠올렸지만 이 지역의 상자형 침대들은 나무로 만들어졌다. 이것 말고도 많은 것이 발견되었다. 더링턴 월스에서 인근 강으로 이어지는 도로 옆에 자리한 정사각형 모양의 대형 집터에서는 남쪽을 향하는 집 입구와 석고 바닥이 발견되었다. 집터의 서쪽 벽을 따라 상자형 침대를 놓았던 자리가 있고, 반대쪽 벽에서 또 다른 침대 자리가 발견되었다. 또 다른 세 군데의 집터에서도 가운데 화덕 둘레에 상자형 침대가 배치되어 있었다. 더링턴 월스의 침대들은 석회질 땅속에 유령처럼 어슴푸레하게 숨어 있다.

더링턴 월스와 오크니 제도의 신석기시대 마을에서 침대는 잠을 자고 온기를 보존하는 기능을 했다. 하지만 오크니 유적으로 판단하건대 이 간소한 잠자리는 연속성의 상징으로서 중요한 의미를 지녔다. 지중해 한가운데의 작은 섬 고조(Gozo)와 몰타에서 발견된 신석기시대의 침대들 역시 유사한 의미와 상징성으로 가득하다. 하지만 이곳의 침대들에는 중요한 혁신, 즉 다리가 달려 있다.

이집트와 메소포타미아 지역에서 문명이 싹트고 있던 기원전 3500년에서 2500년 사이, 몰타와 고조 섬의 소규모 농경사회는 묘지와 신전을 중심으로 한 세련된 예술 전통을 누리고 있었다. 당시 이곳에 살던 사람들은 두 섬 곳곳에 흩어져 있던 공동묘지와 의례 중심지로 연결된 작은 농경사회를 이루었다. 고조와 몰타 섬은 배를 타고 위험을 감수해야만 닿을 수 있는 고립된 지역이었다. 이런 특성 때문에 이 섬의 사람들은 신성한 장소들에 초점을 맞춰 유달리 다채로운 우주관을 탄생시켰던 듯하다.

고조와 몰타의 고대 신전은 복합 공간이었다. 신전의 좁은 입구는 구경꾼들이 의식이 행해지는 광경을 볼 수 있는 바깥 앞마당과 이어져 있다. 사람들의 시선과 동선을 세심히 고려해서 신전의 입구 회랑에서 제단까지 모형, 인물상 같은 의례용품이 전시되었다. 신전의 내부는 타원형 방과 통로로 이루어졌는데, 사람들이 내부로 들어가지는 않았던 듯하다. 신전의 내부 구역은 막대로 통로가 막혀 있다. 지금으로서는 신전의 칸막이 뒷면에 그려진 도안과 그림의 의미를 알 수가 없다. 그 지하를 파내서 만든 매장지, 곧 히포게움(hypogeum)은 신전의 구성 방식을 따랐지만, 미로와 같았고 접근이 엄격히 제한되었다. 죽은 사람들의 매장과 관련된 종교 의식을 진행하기 위해 마을 사람들이 모였던 이곳에서 뜻밖에도 침대의 흔적이 발견되었다.

지하 매장지인 히포게움의 벽은 남성과 여성 인물이 카우치나 침대에 앉거나 누워 있는 그림으로 장식되어 있다.[10] 이런 침대 인물 조각상이 7점 남아 있었고 묘지에서 여러 개가 더 발견되었다. 이 조각상들은 죽음을 긴 잠에 든 상태처럼 표현했다. 이 조각상들 모두 치마를 입고 있는데, 신분을 나타내는 징표였던 듯하다. 몰타섬의 할 사플리에니(Hal Saflieni) 히포게움에서 나온 잠자는 여인상은

몰타 할 사플리에니의 잠자는 여인상. 기원전 3000년경

양팔을 벌리고 양다리를 쭉 뻗은 채 누워 있다. 이 여인상은 머리를 한 팔로 기대고 편안히 쉬고 있는 듯 보인다. 고고학자 캐롤라인 말론(Caroline Malone)은 이 자세가 꿈속에 있는 듯한 경험을 나타낸 것이라고 생각한다. 아마도 겹겹이 쌓인 우주의 층들, 산 사람과 죽은 사람, 초자연의 경계를 넘나드는 중일 수도 있다고 짐작한다. 고조섬의 브로슈토르프(Brochtorff)에서 발견된 한 쌍의 인물 조각상은 어린아이인 듯한 작은 인물을 안고 봉헌용 잔을 들고 침대에 똑바로 앉아 있는 모습이다. 이 조각상은 곡선무늬로 장식된 침대에 위풍당당하게 앉아 있다. 조각상 곁에는 붉은색 안료를 담던 작은 잔 여러

개가 놓여 있었다. 말론은 이 용기들뿐만 아니라 근처에 있던 붉은 색 안료가 칠해진 많은 유골들이 탄생과 삶, 죽음의 끊임없는 순환을 나타낸다고 추정한다. 또 다른 묘지인 타르시엔(Tarxien) 신전 바깥의 쓰레기더미에서 발견된 침대 인물 조각상 2점은 몸통(토르소)과 머리 조각상으로 이루어져 있다. 머리 조각상은 떼었다가 붙일 수 있게 되어 있다. 이중 한 조각상은 침대 옆면까지 닿는 토실토실한 다리를 지녔고, 그 아래 작은 인물상들은 침대 버팀대 사이로 내다보고 있다. 이렇게 겹겹이 표현해서 산 사람들과 죽은 사람들을 대대로 지켜주던 조상신을 나타내려 했던 듯하다. 이 침대들은 침대 프레임에 십자 모양의 버팀대와 갈대나 지푸라기 여러 겹을 짜고 묶은 접시 모양을 만들어서 안락한 쉼터로 바꾸었다. 이 침대들은 짧고 뭉툭한 다리로 받쳤던 듯하다.

신전과 지하의 매장지는 죽음의 지하세계에서 하늘로 뻗어가는 다층적 우주관으로써 산 사람과 초자연적 세계의 비전을 구성한 것처럼 보인다. 고대 몰타 세계라고 모든 것이 평온할 리 없었을 텐데, 할 사플리에니 여인 인물상을 포함하여 이미지 대부분은 고요하고 안락한 상태를 드러낸다. 여기서 침대는 일상의 활동을 위한 장소를 넘어 산 사람과 조상들을 이어주는 우주론적 플랫폼의 기능을 했다.

낮은 데서 잠들다

다리로 떠받친 초기의 침대들이 남아 있지만 사람들 대부분은 바닥에서 잠을 잤다. 오늘날에도 세계 곳곳에서 최저생계비로 살아가는 농부들과 빈민을 비롯해 수많은 사람들이 땅바닥에서 잠을 잔다. 오래전 지면에서 올라가 있는 침대에서 잠을 자는 행위는 특권을 누렸다는 뜻이며 높은 신분을 나타내는 징표였다. 만일 당신이 파라오가 통치하던 고대 이집트의 평민이었다면 십중팔구 바닥에서 잠이 들었을 것이다. 어쩌면 갈대 매트나 짚, 동물 털을 채운 조악한 매트리스를 깔아서 딱딱한 바닥에서 오는 충격을 덜었을 수도 있다. 충격을 흡수하는 기술이 적용된 매트리스와 쿠션에 익숙한 현대인들에게는 힘들 수도 있지만, 바닥에서 자는 것이 몸에 좋다는 이야기도 있다.

물리치료 연구자인 마이클 테틀리(Michael Tetley)는 일생 동안 땅바닥에서 잠을 자는 비인간 영장류와 사람들에 대해 연구를 계속

했다. 테틀리는 1953년부터 1954년까지 아프리카군 소대를 지휘하던 시절 군인들에게 땅바닥에서 베개 없이 옆으로 자는 요령을 가르쳤다. 양쪽 귀로 위험을 알리는 소리를 듣게 하기 위해서였다. 그는 마운틴고릴라, 침팬지, 긴팔원숭이들이 베개를 쓰지 않고 옆으로 잔다는 사실을 발견했다. 많은 사람들이 똑같이 하는데, 목을 완벽히 지지할 수 있도록 한쪽 팔을 베개처럼 베고 어깨의 자세를 조정하면 된다.

테틀리는 침대 없이 편안히 잠잘 수 있는 온갖 방법을 목록으로 작성했고, 그중 몇 가지는 어디에도 기록된 적이 없다. 티베트의 유목민들은 머리를 정강이에 대고 잠을 잤다. 한편, 사하라 사막의 사람들은 때때로 쪼그리고 앉아서 잠을 잔다. 이런 자세를 자주 하다 보면 분명 편안하게 잠들었을 것이다.[11] 또한 테틀리는 남성들이 야외에서 땅바닥에 누워 잘 때 성기가 벌레에 물리지 않도록 하는 다양한 자세를 기록했다. 하지만 옷을 입지 않은 채 야외에서 땅바닥에 배를 대고 자는 사람은 드물다. 우리 인간은 상상으로든 실제로든 바닥을 기어 다니는 벌레들에게 너무나 취약하다고 느낀다. 벌레들이 물거나 사람의 피부나 온갖 구멍 속으로 파고들 수 있기 때문이다.

몇몇 인구 집단은 침대보다 바닥에서 자는 것을 선호했다. 부나 지위에 상관없이 문화적이고 미적인 관점에서 이런 방식을 선호했다. 아시아 지역에서 바닥에서 잠을 자는 관행은 기원전 13세기부터 11세기 사이 중국에서 침대와 비슷한 침상이 등장한 이후에도 계속

이어졌다. 대부분의 일본인들은 현대 이전까지 방바닥에서 잠을 잤다. 서기 8세기부터 일본인들은 신체의 크기와 형태에 대략 맞추어 짚으로 짠 돗자리를 사용했다. 이렇게 방바닥 전체를 덮은 돗자리가 다다미('포개다'는 뜻을 지닌 동사 '다다무疊む'에서 유래함)이다. 다다미는 잠자리와 방석 두 가지 용도로 사용되었고, 치수가 통일되면서 주택 통계를 낼 때에도 활용되었다. 이를테면 다다미의 개수는 그 집의 방 개수와 비례했다. 17세기부터는 솜을 채우고 돗자리 바닥에 까는 요인 푸톤[布団]이 사용되기 시작했다. 푸톤은 휴대가 가능하다는 장점이 있다. 오늘날 복잡한 도시의 아파트에서 푸톤은 접어서 치워둘 수 있으므로 잠자는 공간을 다른 용도로도 활용할 수 있다.

콘스탄티노플을 점령한 오스만 왕실은 바닥에서 띄운 침대에 대해 알지 못했다. 통치자인 술탄조차 러그와 쿠션을 깐 낮은 침상에서 잠을 잤다. 침대는 바닥의 일부를 살짝 올린 정도에 머물러 있었고 침구를 내려놓으면 어디서라도 잠을 잘 수 있었다. 탁발 승려들은 딱딱한 바닥에서 잠드는 행위가 가난이라는 영적 미덕과 연결된다고 믿었기에 바닥을 선호했다. 하지만 일단 침대를 사용하고 몸을 바닥에서 띄워서 눕기 시작하면, 수면의 역학은 변한다. 베개가 필수가 되고, 당신은 허리 통증에 훨씬 더 취약해진다. 바닥이나 다른 딱딱한 표면에서의 취침은 사회적 특권이라는 이슈가 작용하기 전까지 나쁜 일만은 아니었다. 다리가 달린 침대는 거의 언제나 사회적 신분의 상승, 부유층이나 귀족층의 상징으로 여겨졌다.

높은 데서 잠들다

사회적 불평등이 문명의 속성임을 감안한다면, 문명의 출현으로 다리 달린 높은 침대가 더욱 주목을 받게 된 상황은 놀랍지 않다. 메소포타미아의 수메르인들은 다리로 떠받친 나무 침대 프레임을 사용했다. 초기 이집트의 침대는 다리가 달린 나무틀에 지나지 않았고, 여기에 가죽이나 천 조각 또는 갈대를 촘촘히 엮어 취침용 가구를 만들었다. 이런 높은 침대의 대부분은 다리 길이가 같지 않았고, 가장 높은 쪽이 침대 헤드, 낮은 쪽이 발판이 되었다.

　건조한 날씨는 침대 발굴자에게는 아주 고마운 존재이다. 이따금씩 나무로 된 유물들이 수천 년이 지나도 고스란히 남아 있기 때문이다. 이집트 사막의 메마른 공기 덕분에 멋진 침대 몇 개가 보존되었다. 메레루카(Mereruka)는 고대 이집트 제6왕조(기원전 2300년경) 말기의 재상으로서 테티(Teti) 왕을 보위했다. 이집트에서 왕 다음으로 막강한 권력을 누리던 메레루카는 '왕실 서기들의 감독관'이라는 직책도 맡고 있었다.[12] 메레루카는 테티 왕의 딸인 세셰셰트 바테트케토르(Sesheshet Watetkhethor)와 결혼하여 파라오의 사위가 되었다. 두 사람은 죽은 후에 이집트 나일강 연안의 사카라 마을에 위치하는 마스타바 무덤에 묻혔는데, 이 무덤은 33개의 방으로 이루어져 있다. 무덤의 벽을 장식한 그림과 부조는 이들의 일상 활동(그리고 침대)에 대해 다채로운 이미지를 남겨 놓았다.

이 무덤의 방 중 5개는 아내인 바테트케토르에게 배정되었다. 메레루카 재상이 혼인 침대의 헤드 쪽 머리받침대에 팔꿈치를 기대고 앉아 있는 장면에서, 바테트케토르는 침대 발치에서 무릎을 꿇고 하프를 연주하고 있다. 침대 밑에는 상자들뿐만 아니라 봉헌용 단지와 저장 용기들이 말끔히 정리되어 있다. 무덤 안의 또 다른 벽에는 사자 발 모양의 다리가 달린 커다란 침대가 묘사되어 있다. 이 그림에서는 두 남자가 리넨을 펼치는 동안 5명의 시종이 두 손을 모은 채 바라보고 있다. 이들 모두에 '리넨의 감독관'이라는 제목이 달려 있다. 이 그림에서 메레루카 재상은 아내의 손을 잡고 침대로 다가가고, 남성과 여성 시종들이 그 뒤를 따른다. 다음 패널에서는 침대에 시트가 깔려 있고 머리받침대는 제자리에 있다. 이 그림은 두 남녀의 성적 결합이 임박했음을 상징적으로 나타낸다. 메레루카는 '침대를 마련한 남자(He of the made bed)'이고, 바테트케토르는 '침대 머리받침대의 여자(She of the headrest)'라고 불린다. 이 장면은 무덤 벽화를 그린 고대 이집트 미술가들의 의도대로 에로틱한 분위기가 흐른다. 귀족과 왕실의 침대를 탄생과 부활이 에워싸고 있다. 돌이나 진흙, 나무로 만든 머리받침대는 떠오르는 태양 그리고 부활과 연관되었고, 죽은 이들뿐만 아니라 산 사람들에게도 도움을 주었다.

메레루카는 파라오의 사위로서 최고 품질의 침대를 소유하고 있었다. 그로부터 3세기 전인 기원전 2580년에서 2575년 무렵 헤테프헤레스 여왕(Queen Hetepheres)은 침대 다리를 황금으로 감싼 캐노피 침대를 비롯한 웅장한 가구들과 함께 영원히 잠들었다. 침대를 이루던 나무는 오래전에 부식되어 사라졌기 때문에 이집트학자 조지 라이스너(George Reisner)는 부식된 금속 시트를 조립하여 침대 형태를 되살려냈다. 그로부터 수세기가 지난 후 소년왕 투탕카멘(재위 기원전 1361~1352년)은 고양잇과 동물의 발이 달린 침대 6개, 에보니로 만들고 두툼하게 금박으로 덮은 초호화 가구와 더불어 영원히 잠들었다.[13] 이 침대는 투탕카멘이 생전에 사용했던 듯 금박에 흠집이 나 있다. 조립식인 장례용 침대 3개는 투탕카멘 무덤의 곁방에 놓여 있었는데, 침대에서 높은 쪽 부분은 동물 머리를 한 인물상들로 장식되어 있다. 그중에 사자 머리를 닮은 '사자 침대'는 시신을 미라로 만드는 작업에 사용되었다. 하마 머리를 장식한 또 다른 침대는 고대 이집트 신화에 등장하는 분만과 다산의 여신 타와레트(Taweret)에게 봉헌되었을 것이다. 소머리로 장식된 침대는 부활과 창조라는 개념과 긴밀히 연관된 암소 여신 메헤트와레트

1922년 투탕카멘 무덤의 곁방에서 발견된 장례용 침대

(Mehetweret)를 떠오르게 한다.

성생활을 비롯한 파라오의 모든 행동은 상징적인 의미를 갖고 있었기에 파라오의 모든 일상은 일일이 엄격하게 조직되었다. 기원 전 1세기의 그리스 역사가 디오도로스 시켈로스(Diodorus Sikelos)는 파라오에 대해 이렇게 적었다. "파라오가 백성들을 모으고 판결을 내리는 행위뿐만 아니라 산책과 목욕, 아내와 잠자리를 가질 때도, 말하자면 파라오의 모든 행위에는 정해진 시간이 있었다."[14] 이런 규율은 그보다 몇 세기 전에 살았던 메레루카 같은 고관들에게도 해당되었을 것이다. 메레루카의 무덤은 그가 아내를 동행하여 침대에 들 때조차 의무가 따랐음을 암시한다.

고대의 침대는 훗날 신화의 주제로 꾸준히 등장했다. 그리스와 로마 문학은 안락함을 주고 피신처를 제공하는 침대의 역할을 지나칠 만큼 자주 언급한다. 그리스와 로마 부유층의 침대는 이집트의 침대와 (폭이 좁은 직사각형이 기본 형태라는 점에서) 비슷했다. 하지만 다리가 더욱 길어졌고 때로는 탁자처럼 두 배가 되기도 했다. 또 발판은 없었지만 헤드보드를 달아서 비스듬히 기대어 누울 수 있었다. 그리스어 클리네(kliné)는 처음에는 정찬용 카우치 침대를 뜻했지만 곧 임종 침대라는 뜻으로 사용되었다. 카우치의 매트리스는 아마나 가죽을 엮은 끈으로 지탱되었다.

이후 침대를 통칭하던 라틴어 렉투스(lectus)가 세분화되면서 다양하게 쓰이게 되었다. 사람들이 렉투스 쿠비쿨라리스(lectus cubicularis), 즉 수면용 침대에서 잠을 자면서 쿠비쿨룸(cubiculum)은 침실을 가리키게 되었다. 렉투스 제니알리스(lectus genialis)는 사랑을 나누는 혼인 침대를 가리켰다. 렉투스 디스쿠비토리우스(lectus discubitorius)는 식사를 위한 테이블 침대를 가리켰는데, 보통 오른팔을 자유로이 쓰기 위해 왼쪽에 앉았다. 이런 침대에는 보통 세 명이 앉았고 가장 중요한 손님이 가운데 자리를 차지했다. 공부와 작업용으로 쓰는 침대인 렉티(lecti)가 있었고, 환자들을 위한 바퀴 달린 침대, 정신질환자들을 움직이지 못하도록 단단히 묶어두던 침대도 있었다. 또 렉투스 푸네부리스(Lectus funebris)는 죽은 사람들을

화장터로 옮기는 데 사용되던 침대를 가리켰다.[15]

부유한 중국인들에게도 침대는 무대(플랫폼)와 같은 역할을 했다. 고개지(顧愷之,서기 345~406년경)는 중국 전통 회화의 아버지로 알려져 있다. 고개지가 궁정의 여성들에게 일러주는 훈계 내용을 아홉 개의 장면으로 그린 그림 <여사잠도(女史箴圖)>에서 황제와 후궁은 서로를 의심스러운 눈길로 바라본다. 이 그림은 부주의하게 내뱉은 말이 불신을 가져올 수 있다는 교훈을 담고 있다. 황제와 후궁은 네 기둥에 귀한 옷감으로 만든 캐노피가 덮인 침상에 앉아 있다. 침상은 수면용 방이 따로 없던 궁정 안에서 분리된 공간을 마련해 주었다.

오늘날 중국인들이 선호하듯 침대는 딱딱할 수도 있었지만, 부자들과 권력자들은 침대를 값비싼 시트로 휘감기를 좋아했다. 중국의 직조 장인들은 호화로운 침대 장식천을 만들었고, 이따금 날아다니는 신화 속 인물 따위의 상서로운 상징들을 수놓았다. 오래지 않아 머리받침대는 베개로 바뀌었다. 베개를 사용하면 공들여 꾸민 머리모양을 망가뜨리지 않으면서도 비스듬히 기대서 잠이 아닌 사교활동에 참여할 수 있는 장점이 있었다.

침대의 기본 형태는 수천 년 동안 좀처럼 변하지 않았다. 바닥에서 가까이 자는 사람일수록 더 가난한 경우가 많았다. 귀족과 부자들은 높다란 침대에서 포근한 천을 덮은 채 잠이 들었다. 침대는 바닥보다 높아지고 모기나 찬바람을 막기 위해 화려한 천으로 감싸지면서 사회적 신분을 나타내는 징표가 되었다. 가난한 이들은 바닥에서 자는 걸로 만족해야 했다. 부유한 그리스인들과 특히 로마인들은 수천 년 전 이집트의 파라오처럼 비스듬하고 좁은 침대에서 머리받침대에 머리를 높이 둔 채 잠을 잤다.

유럽의 유행

귀족과 부자, 평민의 구별은 중세 유럽에서도 여전했다. 농민, 다시 말해 대부분의 사람들은 건초더미 위에서 소박한 담요나 외투를 덮어쓴 채 잠이 들었을 것이다. 근대 초기에 들어서 땅바닥 위에 건초더미를 쌓은 소박한 침대, 높이를 올린 단 위에 건초 자루를 올린 침대, 벽 안에 집어넣은 벽장형 침대, 바퀴를 단 트러클(truckle) 침대까지 다양한 형태가 등장했다. 12세기에 폭이 더 넓어지면서 4미터 정도 되는 침대도 있었다. 침대는 차츰 견고한 가구가 되었고 아래에 물건을 수납할 수 있을 정도로 바닥으로부터 띄워졌다. 방바닥에 짚으로 채운 매트리스를 깔고 난 후에 리넨이나 양모로 만든 매트리스를 올리고, 그 위에 침대보를 싼 깃털 매트리스를 놓았다.

현대 침대의 기본 요소는 중세 후기 무렵에 이미 갖추어졌다. 당시 슈퍼 리치가 사용한 침구 중에 현재 런던의 빅토리아 앨버트 박물관에 소장된 트리스탄 퀼트(Tristan Quilt) 같은 호화로운 침구가 남아 있다. 리넨으로 만들고 솜을 채운 이 퀼트 작품은 1360~1400년 무렵 시칠리아에서 제작되었는데, 당시 유명했던 트리스탄과 이졸데의 전설을 최소 14개의 장면으로 수놓았다. 이 박물관의 유물 카드에는 "특히 촛불을 켜고 봐야 전투 장면과 배, 성의 경관이 선명하게 드러난다"라고 적혀 있다.[16] 하지만 현대인의 눈에는 무겁고 거칠어 보인다.

중세 유럽 사람들은 이렇게 침대에 퀼트와 덮개를 덮고 침대를 가로질러 있는 높은 베개받침에 머리를 댔다. 이렇게 하면 쿠션과 베개 덕분에 침대에서도 똑바로 편히 앉을 수 있었다. 어쩌면 반쯤 앉은 상태에서 취침했을 수도 있다. 이들이 왜 옆으로 잤는지, 왜 때때로 꼿꼿한 자세로 잤는지는 확실하지 않다. 어쩌면 매트리스가 푹 꺼져서 엎드린 채로 자면 불편했기 때문일 수도 있다. 엎드려 자는 자세는 죽음과 자주 연관되었다. 17세기의 네덜란드 화가 렘브란트 판 레인은 자신의 암스테르담 집 좁다란 벽장형 침대 안에서 90도에 가까운 앉은 자세로 잠을 잤다.

당시의 남성들 대다수는 베개를 여성적이라고 여겼고, 놀랄 정도로 많은 이들이 머리를 통나무에 대고 쉬는 편을 택했다. 통나무를 베고 자는 것이 낯설게 느껴질 수 있지만 딱딱한 머리받침대는 그리 새로운 것이 아니었다. 고대 중국과 이집트, 누비아, 그리스, 그리고 나중에 일본과 아프리카에서 머리받침대는 단단한 재료들로 만들어졌다.

중세 유럽에서 상류층 사회에서는 침대가 과시용이었으므로 천장에서부터 캐노피를 둘러치기도 했다. 신선한 공기가 몸에 안 좋다고 생각하던 시기에 커튼은 온기를 간직하는 수단이자 밤 동안 악마, 마녀, 유령을 막아주는 역할도 했다. 1290년경 잉글랜드의 부유한 상인 존 폰틴(John Fontin)은 사우샘프턴에 위치한 자신의 집에 이런 캐노피 침대를 만들어달라고 의뢰했다. 오늘날 묵직한 주름으로 둘러싸여 방의 한 귀퉁이에 놓여 있는 그 침대의 복원품을 볼 수 있다. 15세기 말에 이탈리아인들은 냉기와 악마를 차단하기 위해 새로운 해결책을 생각해냈다. 침대 프레임 네 모서리에 기둥을 세워서 커튼을 거는 네 기둥[four-poster] 침대를 만든 것이다.

네 기둥 침대는 순식간에 잉글랜드 튜더 왕조에서 필수품으로 자리 잡았다. 16세기부터 18세기까지 유럽의 부유층 집안에서 이 침대가 널리 사용되었다. 다른 초기 모델들과 마찬가지로 이 침대에는 종종 밧줄과 캔버스 천 받침대와 프레임이 있었다. 이는 해먹과 형태가 비슷했다는 뜻이다. 밧줄은 주기적으로 조여졌고, 잠을 자는 사람들은 일반적으로 가운데로 미끄러졌다. 특히 영국의 위엄있는 집안에서 이런 밧줄을 조이는 관습 때문에 유명한 자장가 "Night night, sleep tight"가 등장했다. 이 구절은 1860년에 제작된 참고자료에 가장 먼저 등장하는데, 20세기에 널리 사용되었다.

이 구절의 기원과 상관없이 침대 밧줄 조이기는 한때 가장 중요한 일과였음이 분명하다. 이런 침대에서 비스듬히 잠을 자는 사람

은 거의 없었고 대신 반쯤 앉은 자세로 잠이 들었다. 이후 2백 년 동
안 부자들은 네 기둥 침대를 더욱 크고 아름답게 만들려고 서로 경
쟁을 벌였고, 때때로 침대가 방 전체를 차지하기도 했다. 근대 이전
의 유럽에서 침대는 때때로 세간살이 중에서 가장 중요하고 값비싼
가구였다. 침대는 주요한 투자 대상이었고 여분의 침대를 갖고 있다
는 것은 엄청난 사치였다. 17세기 런던의 일기작가 새뮤얼 피프스
(Samuel Pepys)는 이렇게 적었다. "친구들을 위해 여분의 침대를 가
질 수 있는 나 자신이 자랑스럽다."[17]

아메리카 대륙 식민지에서의 삶은 제약이 훨씬 많았다. 초기 식
민지 주민들이 사용하던 침대들은 그들이 어디서 왔는지를 보여주
었다. 침대는 네덜란드나 영국식이었고, 두툼한 침대커버로 추위와
습기를 막았다. 네덜란드에서 온 이민자들은 17세기에 고향에서 흔
히 볼 수 있던 벽장형 침대를 선호했다. 벽장형 침대는 보통 독립된
가구가 아니라 방의 벽체를 활용해서 만들었다.

19세기가 되면서 서양인들에게 근대화와 위생 문제는 점점 중
요한 이슈로 자리 잡았다. 영국의 섬유 디자이너 윌리엄 모리스
(William Morris)는 무거운 양모나 다마스크, 섬세한 실크가 아니라
가벼운 면사로 짠 천으로 청결하면서도 매력적인 침대 커튼과 장식
천들을 디자인했다.[18] 그럼에도 모리스는 자신의 오래된 침대를 여
전히 좋아했다. 그는 17세기에 만들어졌고 집안 대대로 쓰던 네 기둥
침대에서 잠을 잤고, 이 침대에 딸이 디자인한 새로운 커튼을 둘러쳤

다. 그의 침대 밸런스(valance, 침대 아래로 늘어뜨리는 장식용 천—옮긴이)에는 모리스가 지은 시 구절 "Right good is rest."가 적혀 있다.

바깥에서 오랫동안 일해야 하는 사람들은 특히 집 안에서 잘 쉬는 것이 절실하게 필요했다. 많은 가정이 구하기 쉬운 재료(양모, 이끼, 낡은 옷)로 채우던 낡은 매트리스를 갖다버렸다. 그리고 공장에서 제조한 금속 스프링이 달린 철제 침대 프레임이 유행되기 시작했다. 이런 침대에는 빳빳한 말총 매트리스, 깃털 매트리스, 여러 겹의 상단 시트와 하단 시트, 담요 서너 장, 이불, 베개, 베갯잇을 갖추면 이상적이었다. 상류층을 위한 가사 교본에는 날마다 매트리스를 돌리고 하루에 두 번씩 베갯잇을 바꾸라는 조언이 담겨 있었고 하인들은 필수였다.

제1차 세계대전으로 대량 파괴가 일어난 후에 고용인과 하인이라는 오랜 신분제도가 서구에서 사라지기 시작했다. 일단 하녀의 숫자가 부족해지면서 난해한 침대 정리는 주부들에게 지긋지긋한 집안일이 되었다. 1970년대에 영국의 디자이너 테렌스 콘란(Terence Conran)이 디자인한 이불솜과 이불커버를 분리하는 침구가 인기를 끌면서, 유행에 민감한 가정들은 비로소 안도했다. 처음으로 다리가 달린 침대를 3초 만에 정리할 수 있게 되었기 때문이다. 이제 우리는 침대를 손쉽게 정리할 수 있을 뿐만 아니라, 전 세계의 공장에서 생산되는 침구를 저렴하게 구입할 수 있다.

오늘날 침대는 우리가 가장 많이 쓰는 가구임에도 어떤 언급도 없이 숨겨져 있다.[19] 그럼에도 우리의 침대는 우리가 누구이고 어떻게 살아가며 어떤 생각을 하는지를 알려준다. 그리고 앞으로도 그러할 것이다.

2장

분할 수면과 수면의 산업화

웨일스의 작가 윌리엄 본(William Vaughan)은 1612년에 발표한 소책자《검증된 건강관리법*Approved Directions for Health*》에서 잠이 "정신을 강화하고 몸을 편안하게 하고 체액을 진정시키며… 슬픔을 덜어주고 분노를 누그러뜨린다"라고 썼다.[1] 그 당시 사람들의 입에 오르내리던 "잠이 약이다."라는 이탈리아 속담은 잠이 건강의 핵심이라는 의학적 견해가 인정받았다는 뜻이다. 이스트 앵글리아 지역의 격언에 따르면, 잠은 누구에게나 "세상만사를 잊을 수 있는" 방편이었다. 많은 사람이 잠이 이 세상뿐만 아니라 저세상에서도 한 사람의 운명을 결정한다고 믿기까지 했다. 비관주의자인 윌리엄 피스톤(William Phiston, 1571~1609년 활동)은 자신의 책《학생의 예의범절 *Schoole of Good Manners*》에서 캄캄한 밤을 "공포, 암울, 재앙"의 상징으로 묘사했다. 그는 자신의 침대를 무덤의 원형(原型)이라고 일컫기도 했다.[2]

수많은 사람들이 어둠을 두려워하던 세상에서 밤 동안의 숙면은 영혼의 건강을 지켜주는 수호자 역할을 했고 침대는 신체적, 정신적 변화가 일어나는 장소였다. 19세기 빅토리아 시대 사람들은 주변을 친숙한 물건들로 둘러쌌고, 잠들기 전에 침구에 수놓인 종교 이미지들을 바라보며 기도를 올리고 성경 구절을 읽었다. 사람들은 매일 밤 잠들기 전에 하느님과 화해를 했다. 무릎까지 꿇으면 더할 나위 없었다. 바쁜 오늘을 살아가는 우리에게 잠에 대한 영적 두려움은 세속의 일들을 헤쳐 나가는 사이에 멀찍이 물러났다. 오늘날에는 잠

53

을 단순히 피로를 풀기 위한 수단으로 생각하는 사람들이 많다. 또한 꿈은 기억나더라도 대개 혼자만 간직하는 게 좋은 것이 되었다.

고대 이집트 사람들은 신들이 메시지를 전한다고 믿었기에 꿈을 중요하게 여겼다. 이런 꿈을 유도하거나 '키우'는 최고의 방법은 성소(聖所)나 성지를 방문하고 하룻밤 동안 잠을 자면서 특별한 '꿈'을 꾸는 것이었다. 당시 꿈을 해석하는 데 사용되었던 책 몇 권이 아직도 남아 있다. 기원전 1275년경 왕들의 계곡에 무덤을 건설했던 장인들의 마을인 데이르 엘 메디나 출신의 서기 켄히르코페셰프(Qenhirkopeshef)가 편찬한 책에는 백 가지가 넘는 꿈 풀이가 담겨 있다. 저자는 이 꿈들을 상서로운 꿈과 불길한 꿈으로 구분했다.

상서로운 꿈은 이러했다. "꿈속에서 남자가 아버지를 묻는 자신의 모습을 보면 좋은 징조로서 번창함을 뜻한다." 불길한 꿈은 이러했다. "꿈속에서 남자가 여인과 사랑을 나누는 자신의 모습을 보면 불길한 징조로서 나쁜 일이 벌어진다는 뜻이다." 이집트인들은 성적인 꿈, 특히 꿈에서 여성과의 성행위를 보면 불길하다고 여겼다. 심지어 남편과 성관계를 하는 꿈도 불길한 징조로 여겼다. 여성의 성적인 꿈 중에서 얼마 안되는 긍정적인 꿈에는 동물이 등장했다. 예를 들어 칼스버그 파피루스 13번에는 이렇게 적혀 있다. "여자가 홍학과 성교를 하는 꿈을 꾸면 그녀는 잘 갖추어진 집을 갖게 된다."[3] 서기들은 단어 'ad(통나무 다리가 달린 침대)'로 잠을 나타냈고, 단어 'rswt(치켜뜬 눈 모양으로 나타냄)'를 덧붙여서 꿈을 표현했다. 'rswt'를 옮기면 '깨어나다'라는 뜻이다. 따라서, 이집트인들은 꿈을, 자면서 깨어 있는 상태로서 생각했음을 보여준다. 이집트인들에게 꿈은 신들과 사후세계와 소통하는 방법이자 치유이면서 한 사람의 일생을 이끌어가는 길잡이였다.

이러한 꿈의 개념은 그리스인들에게도 이어졌다. 이집트인들과 마찬가지로 그리스인 대부분은 신들이 꿈을 통해 메시지나 길을 알려준다고 믿었다. 아리스토텔레스는 자신의 글 <잠 속의 예언에 관하여On Divination in Sleep>에서 이런 생각에 의문을 품었다. 그는 꿈이 과거의 경험과 생각에 기반을 둔 이미지에 불과하다고 결론을 내렸다. 그럼에도 꿈에 예언적 능력이 있다는 믿음은 줄기차게 지속되었다. 이를테면 예수는 배신당하는 꿈을 꾸었다. 로마의 황제 칼리굴라는 꿈에서 지상으로 쫓겨나기 전에 (모든 신들의 왕인) 유피테르의 왕좌 앞에 서 있는 자기의 모습을 보았다. 그는 이 꿈을 자신이 곧 죽을 징조라고 생각했다. 그 다음날 칼리굴라는 암살당했다.

1590년 스페인 마드리드에 살던 젊은 여성 루크레치아 데 레온(Lucrecia de León)이 당국에 체포되었다. 그녀의 꿈이 '스캔들과 불안감'을 조장한다는 혐의였다. 수년간 두 명의 사제가 기록한 바에 따르면, 루크레치아는 꿈속에서 대략 4천 개에 달하는 종말론적 사건들을 보았다. 스페인이 영국과 투르크 군대에 대패하고 지구의 종말이 다가온다는 등을 예언했지만 꿈 하나만 현실로 나타났다. 바로 스페인 함대의 난파였다. 루크레치아의 아버지조차 "꿈은 꿈일 뿐이고" "네가 그것들을 믿는다면 나는 너를 죽이라 명령할 것이다"라고 말할 정도였다. 결국 그녀는 태형 100대를 선고받았고 2년간 수녀원에 갇혀 지냈다.

어떤 꿈들은 다른 차원에서 신성하다고 여겨졌지만 결혼 생활에 문제를 일으키기도 했다. 1666년 런던에서 대역병이 정점에 이르렀던 시절, 일기작가 새뮤얼 피프스는 꿈속에서 레이디 캐슬마인(Lady Castlemaine, 찰스 2세의 정부인 클리블랜드 공작부인 바버라 빌리어스 팔머를 일컬음.—옮긴이)과 열정적으로 밤을 보낸 꿈을 꾼 뒤 "여태까지의 꿈 중 최고"라고 적었다. 그의 아내 엘리자베스 드 세인트 미셸(Elisabeth de St Michel)은 잠자는 동안 피프스의 성기에 발기 조짐이 있는지를 확인했다. 그 후로 두 사람의 결혼생활은 피프스가 실제로 불륜에 빠지면서 곤경에 처했다. 피프스는 심지어 아내를 도와주려 고용한 여성인 뎁 윌렛(Deb Willet)과도 바람을 피웠다. 엘리자베스는 스물아홉이라는 젊은 나이에 장티푸스로 세상을 떠났는데 서른여섯 살의 피프스는 그 이후로 다시는 일기를 쓰지 않았다.

꿈을 기록하는 일은 18세기 영국의 상류층 사이에서 최고조에 이르렀다. 런던에 살던 무역상이 '밤의 비망록Nocturnal Remembrancer'이라는, 촛불 옆에서 꿈을 기록할 수 있도록 가로줄을 표시한 양피지 메모장을 팔아서 부자가 되었다.[4] 19세기에 들어 새로운 사상가 무리들이 인생 길잡이로서 꿈의 중요성을 다시 주목했다. 이들 중 선두는 단연 지그문트 프로이트였다. 1900년에 출간된 책《꿈의 해석》에서 프로이트는 억눌린 욕망과 공포, 희망이 꿈이라는 상징으로 나타나는 것이라고 주장했다. 때때로 너무나 고통스러워서 경험하거나 곧장 기억할 수 없기에 '심리적 검열'을 통해 우리의 잠재의식에 넣어둔다는 것이다.[5] 프로이트는 예언가인 에페수스의 아르테미도로스가 쓴 글로 거슬러 올라갔다. 아르테미도로스는 2세기에 수많은 이집트의 꿈 상징들을 라틴어로 옮겼다. 이를테면 오른손은 아버지나 아들, 친구를, (불길한) 왼손은 어머니와 아내, 정부를 나타낸다고 적었다. 카를 융도 꿈이 내면의 비밀을 드러내고 꿈꾸는 사람의 성격 중 숨겨진 면을 드러낸다고 믿었다. 같은 시대를 산 오스트리아의 정신의학자 알프레드 아들러(Alfred Adler)는 꿈을 문제 해결의 도구로 바라보았다. 아들러는 꿈을 많이 꿀수록(아니면 더 많이 기억할수록) 더 많은 문제를 갖게 된다고 주장했다.

현대의 수면 연구가인 짐 혼(Jim Horne)은 꿈이 잊어버려도 괜찮은 B급 영화와 다를 바 없다고 주장한다. "깨어 있는 동안 우리가 최근에 맞닥뜨리고 생각하던 일들이 초현실적으로 뒤섞이는 것일 뿐이다."[6] 일부 과학자들은 잠자는 도중 꿈을 꾸는 단계에서 신체와 정신이 회복될 뿐만 아니라 기억 공고화(단기기억이 장기기억으로 바뀌는 과정을 일컬음.—옮긴이)가 극대화된다는 이론을 내놓았다. 그럼에도 꿈이 중요하다는 오래된 믿음은 쉽게 흔들리지 않았다. 종교 심리학자이며 수면과 꿈 데이터베이스 'Sleep and Dream Database'의 대표이자 도널드 트럼프에 집중한 'IDreamOfTrump.net' 웹사이트처럼 꿈의 배후를 분석하는 꿈 연구자 켈리 벌켈리(Kelly Bulkeley)는 꿈이 삶을 이해하는 데 핵심적이라고 생각한다.

꿈에는 이따금 고대 이집트인들의 생각대로 영감을 일깨우는 내용이 포함되는 듯하다. 1619년 어느 밤 프랑스의 철학자 데카르트는 자신이 연달아 꾼 꿈에서 새로운 과학적 방법의 기초를 보았다고 주장했다(비록 아랍의 박식한 과학자 이븐 할 하이삼Ibn al-Haytham이 그보다 5세기 전에 그 과학적 방법을 정립했음을 인정해야 하지만). DNA 구조를 공동으로 발견한 과학자 제임스 왓슨(James Watson)은 꿈속에서 이중나선 구조의 단서가 된 소용돌이 계단을 보았다. 이 꿈은 그가 로잘린드 프랭클린(Rosalind Franklin, 1920~1958년)의 엑스레이 회절 영상에 담긴 이중나선 구조를 본 직후에 꾸었을 가능성이 있다. 메리 셸리는 꿈에서 자신의 소설 《프랑켄슈타인》의 영감을 얻었다고 말했다. 우울한 에르제(Hergé)는 티베트에 머무는 동안 '땡땡'에 대한 꿈을 꾸었다. 폴 매카트니는 꿈속에서 <예스터데이Yesterday>의 멜로디를 작곡했는데, 처음에는 그것이 자신이 어린 시절부터 알던 옛 노래라고 짐작했다. 또 제임스 캐머런 감독은 열이 펄펄 끓고 아팠던 때에 꿈속에 <터미네이터>가 찾아왔다고 한다.

비서구 사회에서는 엄청나게 많은 문학 작품이 꿈을 끌어들인다. 호주의 원주민 애버리진들(Aborigines)은 친척들 가까이에서 잠들기를 선호하는데, 잠을 자는 방식이 '몽환시'(드림타임 또는 원주민 말로 추쿠파Tjukupa라고도 한다.—옮긴이) 능력에 영향을 주기 때문이다.[7] 초

능력을 지닌 개인들은 자신이 위력이 강한 초자연적이고 신비한 세계에 닿을 수 있고 일반인이 닿을 수 없는 곳들로 갈 수 있다고 주장한다. 이들은 의미심장한 장소들에서 잠을 자거나, 아니면 잠자는 동안 자신을 찾아온 영령에게서 이런 힘을 획득한다는 것이다.

수면 박탈은 아메리카 원주민들 사이에서 영적 계시와 권한을 나타내는 방식이다. 샤먼은 홀로 비전을 찾는 도중에 일종의 최면상태로 접어드는데, 이때 눈을 감고 몸을 남겨둔 채 머릿속으로 엄청나게 먼 거리를 이동할 수 있다고 설명한다. 이런 여행은 병의 치료를 맡아하는 주술사에게 여전히 남아 있다. 이것은 문화적 지식, 개인적인 경험, 관계들이 엮인 매트릭스의 일부로서 자연법칙을 거스르는 경험들로 녹아들어간다. 꿈을 통한 계시는 이따금 비서구권 사회에서 여전히 강력한 힘을 발휘하고 있다.

똑딱똑딱

물론 꿈은 훨씬 더 긴 수면 단계의 일부이다. 모든 생물의 내부에서는 생체시계가 작동한다. 사람의 경우 안구 뒤에 2만 개의 시지각과 관계없는 신경세포가 빛의 있고 없음을 비롯한 환경적 단서를 기록하여 우리 인체시계의 시간을 맞춘다.

1990년대 초 미국 국립정신건강연구소(NIMH)의 정신과 의사 토머스 베어(Thomas Wehr)는 참가자들을 한 달간 하루 14시간씩 암흑 속에서 지내게 하는 실험을 진행했다. 자연세계를 재현하기 위한 의도에서였다.[8] 4주차에 들어서자 참가자들의 수면 시간은 평균 8시간으로 안정화되었지만 계속 잠을 자는 것은 아니었다. 대신 저녁에 한두 시간 정도 깨어 있다가 다시 잠드는 경향이 나타났고, 어둠에 의해 멜라토닌 호르몬이 분비되었다. 3~5시간 자고 난 후에 참가자들은 다시 3~5시간 자기 전까지 한두 시간씩 깨어 있었다. 베어는 이 사이 시간을 '불안감이 가시지 않는 각성 상태', '명상에 가까운 상태'라고 설명했다. 이때 고유의 내분비계가 작동하고, 수유하는 어머니에게서 나오거나 오르가즘과 연관된 스트레스를 감소시키는 프로락틴 호르몬(젖산분비 호르몬)의 수치가 올라갔다. 베어는 이 실험을 통해 이런 이중 수면 패턴이 인간에게 자연스러운 밤의 리듬이라고 주장했다.

버지니아 공대의 역사학자 로저 에커치(Roger Ekirch)는 베어의 수면 연구에 자극을 받아서 이중 수면 패턴을 기록한 역사 문헌들을 모으기 시작했다.[9] 기원전 1세기에 쓰여진 리비우스(Livius)의 라틴어책 《로마사》와 베르길리우스의 《아이네이스》 둘 다 '프리모 솜노(primo somno)' 또는 '콘큐빈 녹테(concubine nocte)', 즉 첫 번째 잠에 대하여 수차례 언급했다. 중세 시대에 제프리 초서 같은 작가들은 영국인들이 이따금 이른 저녁에 '첫 번째 잠'에 들었다가, 후에 깨어나서 아마도 무언가를 먹고, 다시 두 번째로 아침잠을 즐겼다고 적었다. 두 번째 잠은 한밤중을 넘기고 시작되었을 수도 있었다. 심야의 깨어 있는 시간을 영어권 사용자들은 'the watch' 또는 'watching'이라고 불렀다. 이때 사람들은 꿈을 되돌아보거나 이야기를 나누거나 담배를 피우거나 음식을 먹거나 섹스를 나누기도 했다(유대인의 글에는 이 시간이 임신에 적기라고 충고한다). 또 다른 사람들은 이 시간을 종교적인 목적으로 활용했다.

많은 종교에서 이른 아침을 특히 영적인 시간이라고 여긴다. 예를 들어, 쿠란(Quran)은 오전 2~3시경 집이나 모스크 사원에서 올리는 야간기도[타하주드Tahajjud]를 권장한다. 기도 후에 독실한 이들은 의무인 아침 파지르(Fajr) 기도를 위해 일어나기 전까지 침대로 돌아간다. 6세기 초 베네딕트 수도원을 창설한 누르시아의 베네딕트 성인은 사제들에게 자정 후에 일어나서 성가를 낭송하라고 요구했다. 중세 전성기 무렵이 되면 가톨릭 신자들에게 조용한 아침 시간에 올리는 기도가 일과로 자리 잡았다. 이런 헌신은 악마들을 물리치는 부가적인 이득이 있었다. 서구의 설화에서 마법과 흑마술은 이른 시간에 가장 효과적이라고 했다.

1484년에서 1750년 사이 유럽에서는 20만 명의 여성들이 마녀로 몰려 학살당했다. 이 여성들은 아무 이유 없이 깊은 밤 집 밖에 있었다는 이유로 죽임을 당했다. 1883년에 처음으로 이른바 마녀가 활동하기 좋은 시간, 즉 '위칭 아워(witching hour)'가 기록되었다. 이것은 자정에서 새벽 4시까지의 밤 시간을 가리켰고, 여성들의 활동을 억압하려는 의도가 다분했다. 이 시간을 틈타 남성들이 나쁜 짓을 했다는 증거가 훨씬 많이 남아 있다. 1680년에 독일 출신의 앤서니 호넥(Anthony Horneck) 목사는 강도와 도둑들이 어떻게 자정에 일어나서 도둑질을 하고 사람들을 죽이는지 적으며 애석한 마음을 드러냈다. 그로부터 1세기 후인 1775년 J. 클레이턴(J. Clayton) 목사는 《가난한 이들에게 보내는 친절한 충고*Friendly Advice to the Poor*》를 출간했는데, 여기에서 "자정의 위험이 활개 친다"라고 경고했다.

밤 시간은 또 다른 사람들, 특히 이름 없는 도시 거주민들에게는 일하는 시간이었다. 17세기 초의 작곡가 올랜도 기번스(Orlando Gibbons)는 이 시간 거리에 울리는 장사꾼들의 호객소리를 담은 노래 <런던의 외침The Cries of London>을 썼다. 한 시장 상인이 노래를 시작한다. "주님께서 좋은 아침을 주셨어요, 손님들. 세 시를 지나 아침이 왔어요(God give you good morrow, my masters, past three o'clock and a fair morning)." 그 상인의 뒤를 이어 자신의 물건을 사라고 외치는 목소리의 코러스가 합류한다. 사람들이 그 물건들을 살 수 있었다고 추정된다. 새벽 3시에 런던의 많은 사람들이 깨어 있었던 것이다.

분할 수면 패턴이 당연하던 시절이 있었다면, 왜 우리는 그것을 완전히 잊어버렸고 또 그에 대한 자료가 많지 않을까? 어쩌면 이중 수면 패턴이 너무나 당연해서 그 당시 사람들은 분석할 필요를 느끼지 못했을 수 있다. 조지 위더(George Wither, 1588~1667년)와 존 로크(John Locke, 1632~1704년) 같은 17세기의 위대한 작가들은 그것을 삶의 정상적인 모습이라고 말한다. 로크는 1690년에 "모든 인간의 잠에는 중간 휴식 시간이 있다"라고 적었고 여기에 아무런 설명도 달지 않았다. 게다가 17세기 말이 되면 일기와 다른 기록을 남기는 사람들의 숫자가 급증했고 여기서 수면 패턴을 언급했을 수도 있다. 이보다 이른 시기에 쓴 일기는 훨씬 희귀하다. 하지만 이즈음 인공 조명과 밤늦은 시간이 부유층(텍스트 기록자 중 가장 흔한 부류) 사이에서 유행하기 시작했다. 그렇다면 분절된 수면 패턴은 밤과 낮의 경계를 흐릿하게 하는 인공조명이 없던 세계와 밀접한 관련이 있다는 결론이 나온다.

인류학 연구가 이 논쟁을 밝혀낼 수 있을까? 20세기 산업화와 가로등을 피해 간 아프리카의 티브족, 차가부족, 부시먼족(아프리카 남부의 칼라하리 사막에 거주하는 부족.—옮긴이) 농부들을 연구한 결과 이중 수면 패턴이 공통적으로 나타났다.[10] 1969년 말 나이지리아 중부에서 근근이 살아가던 티브족 농부들은 '첫 번째 잠'과 '두 번째 잠'을 전통적인 휴식 시간으로 활용했다. 한편 UCLA 수면장애센터(Sleep Disorders Center)의 제롬 시겔(Jerome Siegel) 연구팀은 탄자니아와 나미비아, 볼리비아 세 지역의 멀리 떨어진 수렵채집사회를 연구했다. 각 경우에 연구자들은 밤에 분할 수면을 취한다는 증거를 찾지 못했지만 낮, 특히 여름 동안 이런 수면 패턴을 보인다는 증거를 찾아냈다. 또한 사람들이 평균적으로 하룻밤에 6시간을 잔다는 사실도 밝혀냈다. 이것은 현대 서양의 의사 대부분이 권장하는 8시간이나 9시간에 미치지 못한다. 그럼에도 의사들이 종종 수면 박탈과 연관을 짓는 비만이나 당뇨, 기분장애처럼 건강에 부정적인 영향을 끼치지는 않았다. 시겔 연구팀에게 6시간 정도를 계속 자는 것은 '인류의 핵심 수면 패턴으로서, 현대 이전 호모 사피엔스의 가장 전형적인 특징'을 나타내는 듯 보인다.[11]

오늘날에는 아무리 고립되어 있더라도 어떤 인구 집단도 고스란히 과거를 들여다보는 문이 될 수는 없다. 연구가 진행되는 집단의 어느 누구도 산업사회에서 완전히 격리된 원시적인 선사문화에서 살아가지 않는다. 때때로 서양인이나 현대기술 문명을 결코 접한 적이 없던 집단들을 연구하던 인류학의 선구자들은 가끔 누가 누구와 또 언제 잤는지 외에는 결코 잠에 대해 언급하지 않았다. 그뿐만 아니라 그 인류학자들은 잠을 너무나 일상적이어서 언급할 가치가 없다고 여겼다. 남태평양의 트로브리안드 군도 사람들 사이에서 오랜 시간을 지낸 폴란드 출신의 인류학자 브로니슬라브 말리노프스키(Bronislaw Malinowski, 1884~1942년)는 "잠에 들었다"라고 일기에 수시로 적었다. 하지만 그는 섬사람들이 잠에서 깨어나 이야기하는 동안에 잠을 자고 있었다. 이는 많은 인류학자들과 이들의 탐구대상 사이에 잠에 대한 관점이 확연히 달랐던 고전적인 사례라 할 수 있다.

말리노프스키는 섬사람들이 잠을 자던 오두막을 충실히 묘사했지만, 침대나 수면 습관에 대해서는 거의 기록하지 않았다. 그는 습격당할 수 있고 사람들이 주술에 특히 약해질 때라면서 잠자는 시간을 위험한 때라고 적었다. 나일 강가에서 가축을 기르던 누에르족을 연구한 앨프리드 래드클리프 브라운(Alfred Radcliffe-Brown, 1881~1955년) 같은 인류학자들도 비슷한 관찰 방식을 보였다.

근본적으로 모든 사회는 후손들에게 나름의 취침 방법을 가르쳤는데, 잠은 생물학적 현상인 동시에 문화적 현상이기 때문이다. 더욱

이 호모 사피엔스는 적응력이 뛰어났다. 우리는 언제나 일을 하는 데 여러 방법을 동원했으므로 모든 사람이 언제나 똑같은 방식으로 잠들었다고 생각할 이유는 없다. 일부 인류학 연구에 따르면 이중 수면이 산업화되지 않은 사회들의 주요 수면 패턴인 듯 보이기는 하지만 유일한 방식이라고 단언할 수는 없다. 그럼에도 이중 수면 패턴이 오늘날 수면 시간과 관련된 문제들을 풀어낼 단서가 될 수는 있다.

수면의 산업화

정해진 스케줄에 따라 살아야 하는 현대 사회에서 산업 전체는 우리를 제시간에 잠들고 잠에서 깨게 할 방법을 고안했다. 최초의 현대적인 수면제는 1903년에 개발된 합성 바르비탈제인 베로날(Veronal)이다. 1930년 무렵 미국인이 해마다 복용하는 바르비탈제의 수량은 백만 개가 넘었다. 2013년 미국 질병관리본부 보고서에 따르면 9백만 명, 즉 미국 성인 인구의 4퍼센트가 수면제를 처방받아 복용했다. 2014년, 전 세계 사람들이 수면 보조제에 쓴 돈은 약 580억 달러에 달했다. 2023년이 되면 천억 달러가 넘을 것으로 전망된다. 씁쓸한 사실은 이 약들이 단 20분 정도의 수면 시간을 늘릴 뿐이라는 점이다. 더욱이 자칫하면 넘어질 위험이 커지고 치매를 유발하는 등 온갖 부작용을 가져온다.

수면 치료는 아주 오래전부터 시행되었다. 고대 로마의 황제 푸

블리우스 발레리아누스(Publius Valerianus, 재위 서기 253~260년)는 자신의 이름을 딴 약초 발레리안(쥐오줌풀)으로 만든 약물을 즐겨 복용했다. 수면제로 오랫동안 꾸준히 사랑을 받은 또 다른 약물은 아편이다. 의학과 관련된 내용을 기록한 고대 이집트 파피루스는 아편에 라벤더와 카모마일을 섞어 보라고 권장한다. 16세기에 어느 프랑스 외과의사는 흡혈 거머리에 귀 뒤쪽을 물게 한 뒤 그 구멍에 아편 알갱이를 넣으라고 처방했다. 16세기 불면증에 시달리던 부자들은 대부분 아편과 희석한 알코올을 섞은 로다눔(laudanum)을 마시는 손쉬운 방법을 선택했다. 19세기 유럽과 미국에서는 알코올과 설탕, 아편 포도주(팅크)라고 알려진 아편을 섞은 수면 물약이 가장 많이 사용되었다. 이 물약은 진이나 포도주 한 잔보다 저렴한 값에 모르핀과 같은 효과를 냈다. 알코올 자체도 치료제로 쓰였다. 이를테면 수많은 독일 사람들이 잠들기 전에 술이 들어간 슐라프트링케(Schlaftrincke, 수면 음료)를 홀짝였다.

수면 보조제가 엄청난 인기를 끈 것은 산업혁명과 밀접한 관계가 있다. 진화론의 측면에서는 이런 약물이 인간의 또 다른 적응이라고 볼 수도 있을 것이다. 다시 말해 산업 자본주의에 의해 엄격한 시간표 속으로 밀려들어간 인류에게 필수적이라는 것이다. 우리 대부분은 일터에 가려면 제시간에 일어나야 하는데, 그 일터는 보통 집 밖에 있고 우리는 때에 맞춰 일해야 한다. 저널리스트 아리아나 허핑턴(Arianna Huffington)은 산업화와 더불어 수면이 "단지 가능한 많이 이용해야 하는 상품의 일종이 되었다"라고 말한다.[12] 이런 생각은 어린 시절부터 문화적으로 주입되기 시작한다. 다섯 살이 되면 학교 일정에 맞춰 일어나야 하고 늦잠을 자면 벌을 받는다. 토머스 제퍼슨은 산업화를 열렬히 옹호했고, 보편적인 학교교육을 민주공화국의 핵심 요건이라고 보았다. 하지만 이런 교육은 달리 보면 다음 세대에게 직장의 가차 없는 시간표를 따라가도록 미리 준비시키는 과정이기도 하다.

이런 생각이 머리에 박히면 인간의 태생적인 이중 수면 패턴 때문에 한밤중에 깨어날 때 두려움에 사로잡힐 수 있다. 다음날은 어떻게 하지? 그런데 회중시계, 공장 출근부, 열차 시간표가 생기기 전까지 잠은 스케줄이란 게 따로 없었다. 늦게 잠들면 '워치(watch)' 시간이 늦어지고 또 두 번째 잠이 밀리는 정도뿐이었다. 예를 들어 제프리 초서의 <수습기사의 이야기The Squire's Tale>에서 타타르 왕국의 공주 카나세(Canacee)는 "해가 떨어지면 곧장" 잠에 들었고 첫 번째 잠 이후인 이른 아침에 일어났다. 반면 동료 순례자들은 늦게까지 깨어 있었고 한낮이 될 때까지 잠을 잤다.

산업화 시대가 되면서 새로운 유혹이 등장했다. 밤 시간이 돌연 램프가 반짝이는 유원지가 된 것이다. 이 개념은 새로울 것이 없었다. 고대 로마의 에페수스와 안티오크의 일부 지역은 거리조명 덕분에 낮처럼 환했다. 스페인 남부에 위치한 이슬람 도시 코르도바는 9세기에 꽤 많은 조명이 설치되어 있었다. 하지만 산업혁명 이전까지

이런 조명은 그리 일반적이지 않았다. 19세기 말이 되어 값싼 석유
등과 전기등이 보급되면서 귀족층이 아니라도 밤늦게까지 깨어 있
을 수 있게 되었다. 버클리 캘리포니아 대학교의 수면 과학자 매튜
워커(Matthew Walker)는 잠을 거부한 결과로 사람들이 살이 찌고 아
프고 우울해졌다고 주장한다.[13]

옛날에 밤은 암흑의 시간이었다. 고고학자로서 우리는 탐사를
위해 오지로 갈 때가 있는데, 그곳에서 전기가 들어오지 않는 세계
의 분위기를 체험하기도 한다. 예멘의 홍해 연안에 펼쳐진 평원의
오지에 자리한 유적지를 발굴하는 동안 우리의 저녁은 대개 이러했
다. 우리는 캄캄해질 때까지 모닥불 주변에 앉아서(겨울에는 시간이
더 이를 수도 있음) 얼마나 캄캄한지를 실감하며 손전등을 켜고, 세상
의 끝이 다가온 듯 날개 달린 곤충들 무리가 꼬여들면 손전등을 끄
고, 해가 5시 30분에 뜬다는 사실을 떠올리고 안전한 텐트로 물러
나 잠이 들었다. 밤이 주는 압박감을 우리 현대인들은 자주 잊어버
린다. 어둠은 영어로 '나이트 시즌(밤 철)'이라고 불리기도 했다. 중세
시대 유럽의 큰 도시에서도 여행자들은 등을 들어줄 사람을 고용해
서 길을 찾을 때 도움을 받았다. 런던에서는 이 사람들을 '링크 보이
(link boy)'라고 불렀고, 이들은 횃불을 들어 길을 밝혀주고 여행자들
을 따라다니며 보호를 해주었다.[14]

1667년 프랑스 루이 14세 시절에 변화의 조짐이 나타나기 시작
했다. 루이 14세 정부는 파리 거리에 석유등을 설치하기 시작했다.

1670년경 3천 개가 설치되었고, 1730년에는 그 숫자가 두 배로 늘었다. 17세기 말이 되면 유럽 전역에서 50개가 넘는 도시가 파리를 따라했다. 1807년 런던의 폴몰 거리는 석탄가스로 빛을 내는 등이 설치되면서 환해졌다. 1823년경에는 4천 개 가까이 되는 램프가 200마일이 넘는 런던 거리를 환하게 밝혔다.

이런 공공조명은 도시인의 삶을 획기적으로 바꾸었다. 밝은 거리는 밤중에 밖에서 돌아다니다가 숨어 있던 강도들의 희생양이 되던 시민들을 지켜주었다. 처음으로 급성장을 이루던 도시에서 사는 모든 계층의 사람들이 깊은 밤에도 오락과 사교를 즐길 수 있었다. 저녁 시간을 활기차고 흥청거리며 즐기는 사람들은 자신의 관심사를 끄집어냈다. 늦은 밤 선술집과 바는 대중의 분노가 타오르는 특별한 장소가 되었다. 이와는 다른 여러 이유로 19세기 전반의 런던은 처음으로 전문적인 치안서비스를 제공하기 시작했다. 잠자는 시간은 차츰 안전해지고 더 많은 보호를 받을 수 있게 되었다. 오늘날에는 온갖 수면 문제가 있지만 어찌 됐든 안전한 느낌을 받는 것은 수면에 이롭다. 수면 과학자들에 따르면 애완고양이와 가축용 말은 집이나 우리에서 보호받고 있을 때 잠을 더 많이 잔다고 한다.[15] 어쩌면 현대의 수면 손실은 이렇듯 사라진 이익과 균형을 맞추려는 결과일 수도 있다.

수면 회피가 실제로 생산성을 향상시킨다는 개념은 어떠한가? 우리의 지도자들 중 다수는 짧은 잠으로도 충분하다고 주장한다. 마거

릿 대처, 빌 클린턴, 도널드 트럼프가 여기에 포함된다. 다시 아리아나 허핑턴의 말을 인용해보자. "잠을 자지 않고 버티는 것이... 강인함의 상징, 남성성의 척도, 효율의 극대화로 여겨졌다." 그런데 세계의 모든 문명(다시 말해 문헌 기록을 남겼던 모든 문명)이 가부장, 남성의 규칙을 따랐으므로 이런 남성성이 현대인의 특성이라고만 볼 수는 없다. 남성 우위론의 등장은 고대 메소포타미아로 거슬러 올라간다.

역사상 가장 위대한 장군 중 몇 명은 잠을 적게 자는 것으로 칭송을 받았는데, 알렉산드로스와 한니발, 나폴레옹이 여기에 속한다. 또한 토막잠으로 유명한 윈스턴 처칠은 정오의 낮잠을 신봉했다. 낮잠에 대해 일부 과학자들은 우리 내부 생체리듬의 일부라고 설명하기도 한다. 처칠은 이렇게 충고했다. "여러분은 점심과 저녁 사이에 이따금씩 잠을 자야 하는데, 건성건성 하면 안 됩니다." "옷을 벗고 침대로 들어가세요. 나는 언제나 그렇게 합니다. 낮에 잠을 잔다고 해서 일을 적게 할 것이라고 생각하면 안 됩니다... 더 많은 성과를 올릴 수 있습니다. 이틀만 해보면 알게 될 것입니다... 전쟁이 시작되면서 나는 낮 동안 잠을 자야 했는데, 나의 책임을 다할 수 있는 유일한 방법이었기 때문입니다."[16] 이런 수면 습관 때문에 처칠은 밤늦게 침대에 들어 단 네 시간 동안 잠을 잤고, 이는 그의 참모를 힘들게 했다. 처칠은 침대에서 잠을 잘 뿐만 아니라 중대한 결정을 내렸고 장군들이나 장관들과 회의를 했다. 또한 침대에서 아돌프 히틀러를 물리칠 전략을 세웠다.

이들 외에도 잠을 적게 잔다고 고백한 혈기왕성한 사람들이 있다. 레오나르도 다빈치는 하루 두 시간 밤잠을 자고 네 시간마다 15분씩 낮잠을 자면서 <모나리자>를 그렸다는, 출처가 불분명한 이야기가 전해진다. 벤저민 프랭클린은 "일찍 잠에 들고 일찍 일어나는 사람은 건강과 부, 지혜를 갖게 된다"라는 흥을 깨는 구절을 만들었다. 그런데 프랭클린의 일기에 따르면 그는 사실 오후 10시부터 오전 5시까지 제법 긴 시간 동안 잠을 잤다. 볼테르는 밤에 네 시간을 잤는데, 그의 이런 수면 습관은 하루에 커피 40잔을 마시던 버릇 때문이었다. 커피 소비가 산업화 시대와 더불어 급증한 것은 우연의 일치가 아니었다.

대부분의 사람들은 잠을 충분히 자지 못하면 괴로움을 느낀다. 예를 들어 잠을 적게 자던 윈스턴 처칠은 자신을 괴롭히던 우울증을 '블랙 독(black dog)'이라고 불렀다. 그런데 매일 밤 다섯 시간을 자도 건강에 전혀 지장이 없는 부류가 드물게 있다. 태생적으로 잠이 없다고 알려진 이 엘리트들은 긍정적이고 낙천적으로 생각했던 듯하다. 반대로 잠을 많이 자는 습관은 우울한 기분과 연관된다. 이중 수면 패턴을 끝장내는 데 누구보다 공헌한 토머스 에디슨은 태생적으로 잠을 적게 자는 위인에 속했다. 에디슨은 밤에 네 시간 정도 잤고, 때때로 사무실의 간이침대나 작업대 근처의 바닥에서 잠들었다고 한다. 에디슨은 잠을 더 많이 자야 한다고 생각하는 사람들을 경멸했고 여든 살에 《뉴욕 타임스》에 이렇게 썼다. "훗날 사람들은 침대에서 더 적은 시간을 보낼 것이고... 지금으로부터 백만 년 후에는 전혀 잠들지 않게 될 것이다. 사실 잠은 부조리하고 부도덕한 습관이다... 너무 긴 잠은 이 세상 무엇보다도 인류의 효율성에 해를 끼친다."(17)

　예상한 대로 시간에 쫓기는 우리 시대에 이른 기상은 명성과 부를 가져오는 열쇠라는 주장들이 요란스레 울려 퍼졌다. 1859년에 청년들의 이른 기상 협회(Young Men's Early Rising Association)가 세워졌을 때, 이 협회의 회원들은 성공을 위해 새벽에 일어나야 한다고 다짐했다. 이런 생각은 패기 넘치는 DJ이자 작가인 할 엘로드(Hal Elrod)가 이끄는 온라인 캠페인 '미러클 모닝(Miracle Morning)'으로 명맥이 이어지고 있다. 엘로드는 오전 5시에 일어나서 어마어마한 생산성을 누려보라고 추종자들을 설득한다. 우리 두 사람은 연구를 위해 그의 말대로 따라했고 효과가 있었다. 우리에게 이렇듯 생산적인 시절은 없었다. 단, 일주일 동안만. 그 후로 피로에 찌든 우리는 저녁 유흥을 건너뛰고 침대로 직행했다. 현재 우리는 잡지《아이들러The Idler》와 게으름에 대한 책 여러 권을 편집한 톰 호지킨슨(Tom Hodgekinson)의 추종자로 살고 있다. 호지킨슨의 철학은 침대에 더 오랫동안 머물면서 인생을 즐기라고 독려한다.

　그런데 우리는 침대에 얼마 동안 머물러 있어야 할까? 2002년 스크립스 수면센터(Scripps Sleep Center)의 댄 크립케(Dan Kripke)는 가장 적절한 수면의 양을 정하기 위해 북아메리카인 백만 명이 참가하는 대규모 연구를 진행했다. 그는 (당시 미국인의 평균 수면 시간인)

하루에 7시간씩 자는 사람들의 사망률이 가장 낮다고 보고했다.[18] 2017년에 수면위원회(Sleep Council)는 <영국인의 수면시간 보고서 *Great British Bedtime Report*>를 펴냈다. 이 보고서에 따르면 영국인의 74퍼센트는 수면 시간이 7시간 미만, 12퍼센트는 5시간 미만으로, 30퍼센트는 '매일 밤 수면이 부족하다'고 한다. 이 모든 것을 해결할 방법을 찾기는 힘들지만 우리는 모든 사람이 산업화 이전 시대로 돌아갈 수 있는 방법을 찾았으면 좋겠다. 즉 스스로 일하면서 취침시간을 지켜내는 것이다. 자연적인 수면 습관이 이중 수면 패턴이라고 생각하는 사람들은 밤중에 깨어서 하고 싶은 대로 하면 된다. 수면제에 손을 뻗거나 알람시계의 똑딱 소리에 기겁하지 않아도 된다. 어쨌든 침대에서 할 수 있는 일은 많으니까.

3장

결혼과 성(性), 그리고 침대

서기 64년 고대 로마의 황제 네로가 다섯 번째 결혼식을 올렸다. 네로 황제는 수줍어서 얼굴이 빨개진 신부 역할을 맡았고, 남편은 자유민인 피타고라스 또는 도리포로스(Doryphorus)였다고 알려져 있지만, 정확히 누구인지에 대해서는 고대 자료들이 일치하지 않는다. 확실한 사실은 불미스러운 결혼식이었다는 것이다. 로마의 역사가 타키투스(서기 56?~120?)는 화가 나서 이렇게 적었다. "네로, 모든 합법적이고 불법적인 향락에 빠져서 스스로를 망가뜨렸고 자신의 타락을 부추길 수 있는 말이라면 하나도 빼먹지 않더니, 급기야 며칠 후에 피타고라스라는 추잡한 인간과 결혼하는데 정상적인 결혼의 형식을 모조리 갖추었다. 황제에게 신부의 면사포가 씌워졌고, 사람들은 혼례식 증인, 결혼지참금, 카우치[침대]와 혼례 횃불을 목격했다."[1]

고대 로마에서 결혼은 군인이 되거나 해외 식민지 관리자로 파견되는 데 유리한 아들을 얻어서 부계 혈통을 유지하는 수단이었다. 다른 지역과 마찬가지로 그리스와 로마의 유력 가문들은 자식을 앞세워서 막강한 권력 다툼을 벌였다. 배우자와의 성행위는 출산과 마찬가지로 여성들의 의무였다. 세습 가문의 유지가 남편과 아내의 생식 능력에 달려 있었으므로 제국 전체가 출산에 매달렸다. 네로에게 추방당하기 전까지 스토아 철학을 가르치던 무소니우스 루푸스(Musonius Rufus)는 결혼을 하는 유일한 이유는 아이를 갖기 위해, 곧 인류의 생존을 위해서라고 주장했다.[2]

인간의 성적 충동(섹슈얼리티)은 호모 사피엔스가 30만 년 전 처음 출현한 이래로 거의 변함이 없었다. 사람마다 조금씩 차이는 있 겠지만 우리는 구석기 시대의 미술가, 이집트의 파라오, 빅토리아 시대의 숙녀들과 똑같은 성적 충동을 경험한다. 하지만 이 충동을 처리하는 방식은 금욕부터 타락까지 다양하게 이루어진다. 누가 누 구와, 왜, 그리고 어떻게 잤는지는 사회적 맥락에 따라 아주 다채로 웠다. 침대는 이런 야릇한 행위들을 수없이 목격했다.

등을 대고 눕다

고대 이집트의 재상 메레루카를 위해 조성한 무덤의 벽에는 1장에서 살펴본 대로 아내의 손을 잡고 혼인 침대로 들어가는 그의 모습이 그려져 있다.[3] 그 이후로 분명 성행위가 이루어졌겠지만, 그 목적은 잉태였다. 통치자가 갑작스러운 병으로 아무 대책 없이 영원의 세계로 갈 수도 있던 시대였기에 파라오와 고관들에게 성행위는 아주 중요한 사안이었다. 후계자가 없다면 위기가 닥칠 수 있었다. 왕실은 음모와 반란, 총애를 받기 위한 관료들의 권모술수가 판치는 곳이었고, 모두가 왕실 침대에서 벌어지는 사건들에 엄청난 이해관계가 달려 있었다. 왕실 침대에서 파라오는 후계자를 낳는 과업을 다해야 했다. 발가벗은 아내와 뒤엉켜 있을 때조차 파라오로서의 본분을 잊지 않아야 했다.

이집트의 무덤 미술가들은 웅장한 무덤에 묻힌 통치자들의 위엄과 신분에 걸맞도록 최대한 격식을 차렸고 따라서 결코 성행위를 암시하지 않았다. 우리가 알기로는 상형문자로 성행위 중인 두 남녀를 묘사한 사례는 단 하나뿐이다. 이 사례는 이집트 베니 하산 마을에 자리한 중왕국 시대 무덤에서 나왔는데, 오래전에 호기심 어린 방문객들의 손을 타면서 지금은 사라졌다. 하지만 성교 장면을 묘사한 비공식적인 그라피티(낙서)가 여럿 남아 있을 뿐만 아니라 일명 '토리노의 에로틱 파피루스(Turin Erotic Papyrus)'라고 불리는 파피루스도 있다. 이 파피루스는 전투용 마차 형태를 비롯하여 성과 관련된 온갖 소품들을 갖춘 사창가의 광경을 묘사하고 있는 듯하다.

산업화 이전의 다른 문명들과 마찬가지로(또는 문헌 기록들에 의해 알려진 문명들처럼), 고대 이집트 사회는 남성을 중심으로 조직되었다. 소유물과 토지는 아버지에게서 아들로 넘어갔으므로 부계는 확실한 보장이 필요했다. 아이를 갖는 게 여성이라는 점은 세상의 질서를 위협하는 불편한 사실로 여겨졌다. 따라서 여성과 이들의 성적 충동을 억압할 필요가 있었고, 혼인 침대는 중요한 억압 수단이었다.

메소포타미아의 수메르인들에게 결혼은 사업 거래와 다르지 않았다.[4] 수메르어로 사랑을 일컫는 단어는 '땅을 구획한다'라는 뜻을 지녔다. 결혼이 이루어지려면 신부 가족과 신랑 가족 사이에 지참금과 신부값을 지불하는 계약을 해야 했다. 결혼식과 피로연 직후에 신부는 남편과 함께 시댁으로 이동했다. 성행위가 뒤따랐고, 신부는 처녀이고 임신에 대한 기대감을 충족시켜야 했다. 이 단계들 중 어떤 것이라도 건너뛰거나 제대로 수행되지 않으면 그 결혼은 무효가 될 수 있었다.

그리스와 로마는 혼인 침대에서 남성과 여성의 역할을 공적인 형식으로 정리했다. 집안의 수장으로서 상류층과 중류층 아버지들은 딸의 결혼을 신중하게 조율하거나 합당한 절차에 따라 후견인을 지정했다. 크세노폰(Xenophon)은 자신의 책《경제학Economics》에서 무시무시하게 실용적인 인물인 이스코마코스(Ischomachus)로 하여금 열네 살 신부에게 말하게 한다. "우리는 침대를 함께 쓸 누군가를 찾는 데 분명 어려움이 없을 게요... 하지만 내 편에서는 내가, 그리고 당신 편에서는 당신의 부모가 집과 아이들을 함께할 최고의 배우자가 누구일지 고심했소. 나의 선택은 당신이었고, 당신의 부모도 찾을 수 있는 최고의 배우자로 나를 선택했던 듯하오."[5]

심지어 로마 여성의 처녀성은 3분의 1만이 자기 것이었다. 남은 3분의 2는 적절한 지참금을 받고 딸을 미래의 사위에게 넘겨주던 아버지가 좌우했다. 로마에서 아내의 의무는 막중했고 남편의 집으로 발을 들이는 즉시 시작되었다. 아내는 남편에게 충실하고 정절을 지키며 아이를 낳아 기르고 집안일을 책임지고 양모 실을 뽑을 줄 알아야 했다. 아이를 많이 낳고 잘 가꾸어진 집을 가진 여성은 훨씬 존경을 받았다. 마드로나(madrona)는 한 남자와 결혼한 아내를 뜻했고, 아내의 궁극적인 책임은 아이들, 특히 남자아이들을 낳는 것이었다. 남자아이들은 제국의 군대나 민정에서 복무해서 가문의 존속을 보장해 줄 것이었다. 기원전 1세기의 시인 카툴루스(Catullus)는 결혼식 날 밤에 국경 지역에 배치될 군인들을 낳아야 한다는 결혼 축시를 썼다. 그러나 냉소적인 시각을 가진 동시대의 시인 프로페르티우스(Propertius)는 아이들을 키웠지만 자신의 아들들이 군인이 되는 것을 단호하게 거부했다.

아우구스투스 황제 시대에 여성들의 법적 지위는 어린아이들, 노예들과 크게 다르지 않았다. 여성들은 아버지와 남자형제, 남편에 종속되었다. 섹스와 출산은 아내의 의무였다. 당시 여성들이 이런 의무들을 자발적으로 행했을지는 의문이다. 하지만 거듭된 임신에 지친 여성들이 때로는 국가를 생각해서 등을 대고 누웠던 것만은 분명하다. 성생활은 로마의 종교와 국가에 중대한 사안이었다. 법률가이자 정치가인 키케로는 모든 생물이 공통적으로 갖는 번식 본능, 남편과 아내의 결합에 대해 "시민정부의 토대이고, 말하자면 국가의 탁아소"라고 적었다.[6] 딸과 아들 모두 부권(父權), 곧 집안의 수장으로서 힘을 가진 아버지에게 복종해야 했지만, 로마 제국 초기에는 교육을 받은 일부 '해방된' 여성들이 있었다. 이 여성들은 투표를 하거나 공직을 맡을 수는 없었지만(여신 베스타를 섬기는 사제들을 제외하고) 영향력을 발휘했다. 키케로는 활동가인 아내 테렌티아(Terentia)와 이혼한 직후 다시 결혼할 의사가 있는지 질문을 받았는데, 그는 철학과 아내를 동시에 감당할 자신이 없다고 대답했다. 하지만 그는 테렌티아의 지참금을 돌려주어야 했기에 금방 이 말을 번복했다. 그가 할 수 있는 것은 다른 여성과 결혼하는 방법뿐이었기 때문이다.

키케로와 그의 아내는 부유한 집안의 여느 부부들처럼 침실을 함께 썼을 것이다. 고대 로마의 침실은 보통 정사각형 형태였는데, 일층이나 이층에 위치했고 마당으로 향해 있었다. 창문이 작았는데, 이는 사생활을 보호하기 위해서가 아니라 로마의 건축 기술이 부족했기 때문이었다. 로마의 집들은 대부분 돌로 만든 인방돌이나 간단한 벽돌 아치로 이루어져 있었다. 가장 중요한 가구는 침대였다. 침대는 집 안에서 비교적 외딴 공간에 있었고 수면과 부부간의 성관계에 이용되었다. 고급 침대 대부분은 나무로 만들어졌고, 더 비싼 침대는 금속 장신구로 꾸며졌다. 침대는 보통 가벼운 구조물로 만들어졌는데, 이는 오늘날 거의 남아 있지 않다는 뜻이다. 주로 헤르쿨라네움과 폼페이의 프리즈 벽화나 다른 곳의 부조들을 통해 알 수 있을 뿐이다. 로마의 침대는 보통 3면은 막혀 있고 한쪽이 오픈된, 다리가 달리고 위가 없는 직육면체 상자 형태였다. 일부 침대에는 끝부분에 비스듬한 구조물을 설치해서 베개를 지지하게 했다. 렉툼(lectum)은 소박한 가구일 수도 있었지만 부유한 집안에서는 정교한 장식을 더해서 호화롭게 꾸몄다. 이 침대는 고대 그리스의 침대와 카우치에서 유래했는데, 형태가 상당히 비슷했다.

중세 유럽에서 여성의 신분은 천차만별이었다. 아키텐의 공녀 엘레노어(Eleanor of Aquitaine, 1122~1204년)처럼 부와 힘을 가진 여성들도 있었고, 막강한 수녀원장과 종교 공동체의 관리자가 된 여성들도 있었다. 하지만 정도의 차이는 있지만 부유층 남자들은 결혼을 통해 여성들에게 힘과 제약을 가했다. 튜더 왕조 시절 영국의 여성들은 아버지의 소유물이었다가 남편의 소유물로 넘어갔다. 어느 날 아침, 영국의 법률가 윌리엄 로퍼 경(Sir William Roper, 1496년경~1578년)이 토머스 모어 경의 집을 찾아가서 딸들 중 한 명을 아내로 삼겠다고 한다. 모어 경은 그를 침실로 이끌었다. 거기에는 모어의 두 딸이 바퀴 달린 트러클 침대에서 잠들어 있었다. 모어가 침대 시트를 걷어냈을 때 그의 딸들은 잠옷을 겨드랑이까지 올린 채 누워 있었다. 딸들이 얌전하게 돌아눕자 윌리엄 경이 "양쪽 다 보았습니다"라고 말하고는 한 명의 엉덩이를 토닥이면서 자신의 아내라고 선언했다. 모어의 딸들이 이 일을 어떻게 생각했는지는 기록되어 있지 않다.[7]

모어 경의 시대에 엘리트 신혼부부의 의례용 침구는 궁전의 공개적인 볼거리였다. 때때로 정략결혼을 통해 외교 관계를 수립하던 시대에 결혼식 후 첫날밤은 깨질 수 없는 동맹을 상징했다. 피로연이 끝나면 신부는 자신의 측근들이 옷을 벗겨준 후 침대에 들었다. 그 후에 잠옷을 입은 신랑이 시종들을 대동하고 도착했다. 때로는 그 결합을 축하해 줄 음악가들과 사제를 데려오기도 했다. 그리고 침대 커튼이 내려갔다. 때로는 두 사람의 맨 다리가 서로 닿는 모습을 본 후에야 증인들이 떠나기도 했다. 일부 구경꾼들은 더 오랫동안 어슬렁대면서 성관계를 암시하는 소리가 들리기를 기다렸다. 다음날 얼룩진 침대보가 첫날밤의 증거로서 전시될 때도 있었다.

신부는 처녀일 것으로 기대되었지만, 모든 신부가 그렇지는 않았다. 그럴듯한 흔적을 남기기 위해서 질 주변을 피를 적신 스펀지 조각으로 은밀하게 문지르는 방법이 사용되기도 했다. 더 최근인 19세기에 유럽과 미국의 매춘부들은 (성병에 걸리지 않은) 처녀임을 주장하면 더 많은 돈을 받을 수 있었으므로 침대 시트에 얼룩을 만들기 위해 깨진 유리 조각이나 심지어 흡혈 거머리를 이용했다고 알려져 있다.

사회적 통념에 따르면 최고의 배우자는 나이와 지위, 재산 정도가 비슷한 경향이 있었다. 하지만 두 번째 결혼인 경우 배우자들은 때때로 나이차가 많이 났다. 1514년 쉰둘이 된 프랑스 왕 루이 12세는 잉글랜드 헨리 8세의 누이동생인 열여덟 살의 메리와 결혼한 지 석 달 만에 세상을 떠났다. 침대에서 애를 쓰다가 기력이 다했던 것이 분명하다. 왕조를 유지하는 게 성적 매력이나 낭만적인 사랑보다 훨씬 더 중요한 일이었음을 고려하면 왕실의 부부 사이는 그리 열렬하지는 않았던 듯하다. 귀족과 왕족들은 일찌감치 결혼 계획을 세웠다. 이를테면 잉글랜드의 아서 왕자(1486년생)는 두 살 때 당시 세 살이던 아라곤의 캐서린과 약혼을 했다. 17세기 잉글랜드에서 침대라는 단어는 결혼과 밀접하게 연결되면서 결혼을 법적으로 정의하는 개념이 되었다. 침대는 또한 결혼 상태를 가리키는 약칭으로도 사용되었다. 만일 남편이나 아내가 불륜을 저지르면 상대 배우자는 침대가 더럽혀졌다는 말을 들었고, 화가 난 배우자는 '그들을 침대 밖으로 쫓아낼' 수 있었다.

✳

중국의 전통적인 결혼은 대부분 정략결혼이었고 부동산 거래와 아주 비슷했다. 중매인이 재정 상태와 사회적인 세부 사항을 정리하고 협의를 마무리하면 신랑이 신부의 부모를 찾아왔다. 방문 후에 신부가 신랑과 함께 집으로 돌아오면 그날 저녁에 결혼 피로연이 열렸고, 두 사람은 '비밀의 방', 즉 신방에서 첫날밤을 치렀다. 사람들은 신부가 처녀이기를 기대했고, 이튿날 얼룩진 시트를 그 증거로 보여주어야 했다. 신랑은 자신의 신부에게 다양한 성교 자세를 그림으로 그린 교본을 결혼선물로 주었다. 일단 결혼이 성사되면 많은 여성들이 식사 때와 침대에서 말고는 남편의 얼굴을 좀처럼 볼 수 없었다.[8]

부유한 집안에서 침대 커튼은 아내들에게 중요한 의미가 있었다. 남편에 대한 평생 동안의 유대감을 상징하기 때문이었다. 부자들은 천상의 존재들을 수놓은 값비싼 비단 침실 커튼이나 장식 천에 큰돈을 썼다. 이 커튼은 방 안에 방을 만들었고 여러 명이 함께 자는 커다란 방에서 어느 정도 사생활을 보장할 뿐만 아니라 벌레와 추위를 막아주었다. 기원전 3세기에 왕실의 후궁이 지켜야 할 도리를 적은 글 <여사잠(女史箴)>에 보면 캐노피 침대가 묘사되어 있다. 이 침대는 네 다리가 달리고 위쪽으로 가벼운 천을 받치고 있는 평상 형태였다.

파라오의 관료들처럼 중국 황실의 관료들은 황제의 성생활을 일정표에 따라 엄격하게 관리했다. 후궁들은 황제의 총애를 받기 위해 격렬히 경쟁했는데, 황제에게 접근하는 것은 환관들에 의해 통제되었다. 황제가 밤을 보낼 후궁들을 고르면, 알몸의 후궁들은 황금빛 천으로 싸인 채 황제의 방으로 옮겨져 황제 침대의 발치에 놓였다. 후궁들은 이불 아래쪽에서 황제의 얼굴이 보일 때까지 조심스럽게 위로 기어올라갔다. 기록에 따르면 중국의 황제들은 섹스머신이었다. 이를테면 황제들은 하룻밤에 9명의 여인과 섹스를 했고, 조심스러운 전희 후에 오르가즘을 느끼게 했지만 절대로 사정하지 않았다고 한다. 이는 엄청난 자제력이 필요했다. 이 이야기들 중 어느 것이 상상이었는지는 알 길이 없다. 후궁들은 실제 기분과 상관없이 황홀경을 느꼈다고 말해서 황제를 즐겁게 하는 것이 자신의 본분임을 알고 있었다. 많은 여성들에게 '오르가즘을 느끼게 하는' 잠자리는 황제의 건강을 위해 이상적이었다. 다시 말해 여성의 질액이 남성의 정기(양기)를 돋운다고 믿었다.

황제는 후궁들을 즐겁게 하는 것 말고도 보름달이 뜨면 황후와 밤을 보내야 했다. 이 경우 황실의 점성술사와 의사가 황제에게 남자아이를 낳기 위해 사정해야 할 시각을 알려주곤 했다. 이렇게 격식을 갖춘 성행위는 엄청난 규모로 이루어졌다. 중국 문명을 세웠다고 하는 건국 신화 속의 황제(黃帝)는 결혼 적령기의 처녀 천 명과 성교를 하고 불멸을 얻었다고 전해진다. 또 다른 황제인 수양제(서기 569~618년)는 70명이 넘는 후궁뿐만 아니라 3천 명의 궁녀를 두고 때때로 성교에 이용했다. 수양제는 후궁이나 궁녀들이 십 대의 처녀로 남기를 선호했다고 전해진다. 그는 이 여인들을 침대로 데려가지 않고 다리와 팔을 따로 묶어 바퀴가 달린 의자에 앉혔다. 기계화된 쿠션이 '황제의 총애를 얻을 수 있도록' 그 소녀들의 위치를 옮겼다. 성적 경험이 없지만 풍만하고 젊은 처녀에 대한 남성들의 집착은 가부장 사회에서 반복적으로 등장한다. 남성들이 자신의 자손을 확보하고 싶어 했다는 사실을 기억하면 이해될 수 있다. 그런데 연습이 완벽을 만든다는 격언을 떠올려보면 처녀가 침대에서의 즐거움과 반드시 일치했다고 볼 수는 없다.

＊

빅토리아 시대의 영국은 표면적으로는 체면 존중과 절제된 행동을 모범으로 여겼지만, 사실 수세기 동안 축적된 사회적 통념과 금기사항으로 가득했다. 성행위는 입에 올리면 안 되는 주제였고, 순전히 아이를 낳기 위한 행위로서 개인의 침실에서 일어나는 사생활로 엄격히 다루어졌다. 여성들은 기독교의 궁극을 나타내는 동정녀 마리아(Virgin mother)를 따라서 순결이 요구되었다. 쾌락을 위해 불륜을 저지르다가 발각된 여성은 평판에 중대한 오점을 남겼다. 선을 넘은 이들은 공개적으로 가혹한 처벌을 받았고, 그 사이에서 태어난 아이들은 '사생아'라는 불명예가 가져오는 현실의 고통을 피할 수 없었다. 청교도의 교리가 영국과 유럽 사회 대부분을 단단히 옭아맸다.

이제 고대 그리스의 아티카 지역에서 희극의 소재로 등장하던 마스터베이션은 금지되었고, 페니스 링처럼 무자비한 도구들에 의해 강제로 억제되었다. 페니스 링에 박힌 뾰족한 못이 꿈을 꾸기 전에 잠에서 깨게 만들었다. 헨리 8세 시절 동성애나 이성애와 상관없이 항문성교는 '인간과 신의 섭리를 거스르는 (행태)'로 분류되었고 발각되면 사형선고를 받았다. 빅토리아 시대에 남성의 동성애는 질병으로 생각된 반면, 여성의 동성애는 상상조차 할 수 없는 일이었다. 물론 성교육은 알려지지 않았다. 빅토리아 시대의 가상인물 그런디 부인(Mrs. Grundy)은 침실을 가능한 한 쾌락을 제거한 생식의 장소로 여기는 인습적인 태도를 강조했다.[9]

거대 문명권에서는 가부장 체제가 공고해졌지만, 잠자리에 관한 한 여성이 상위(또는 남성과 동등한 위치)에 있는 다른 문화들이 있었다. 1세기 전에 저명한 인류학자 브로니슬라브 말리노프스키(1884~1942년)는 인류학 연구를 위해 트로브리안드 군도 사람들의 성생활을 연구했다. 북아메리카 인디언인 호피족과 이로쿼이족처럼 모계사회인 트로브리안드 군도 사람들은 어린아이와 재산을 어머니의 가족이 관리했다.[10] 여성들은 연인을 찾거나 거절하는 데 단호하고 주도적이어야 한다는 격려를 받았다. 형식을 갖춘 결혼식은 없었고, 대신 젊은 커플은 한 침대에서 잠을 잤다. 결혼을 원하는 여성은 연인의 선물(얌이 선호되었음)을 받아주었고 그후에 여성의 부모가 결혼을 승낙했다. 이혼은 쌍방이 합의하면 쉽게 이루어졌다. 만일 남성이 이혼한 여성과 관계를 회복하고 싶다면 더 많은 얌과 선물을 주면서 구애를 했다. 하지만 남성을 다시 자신의 침대로 들일지 말지는 여성이 주도적으로 결정했다.

아이는 마법의 결과로서, 조상의 영혼이 여성의 몸으로 들어가면서 아이가 잉태된다고 믿었다. 아이가 태어나면 어머니의 남자 형제가 수확한 얌을 선물했다. 아이는 어머니의 가족들이 주는 음식을 먹고 자랐다. 일고여덟 살 때부터 여자아이들과 남자아이들은 또래 친구와 성적인 놀이에 참여해 삶에 대해 배웠고 실제 성관계는 그로부터 4,5년 뒤에 시작되었다. 대부분의 마을에는 혼외 연애를 위한 침대들(자세히 묘사되지 않음)이 마련된 부쿠마투라(bukumatula)라는 이름의 특별한 오두막이 있었다. 하지만 자유연애가 당연시되는 사회는 아니었다. 말리노프스키는 이런 연애의 규율을 자세히 기록했다. 여기에는 다른 커플이 사랑을 나누는 모습을 지켜보는 것은 예의에 어긋난다는 내용도 포함되어 있었다.

성인과 속인
聖人　　　俗人

고대 메소포타미아 문명에서 쓰여진 문학작품 <길가메시 서사시>
는 성행위를 지상의 사람들이 누리는 최고의 즐거움 중 하나로 묘사
한다. 풍요와 지혜의 신 엔릴은 여신 닌릴과 결혼하고 이들은 격렬한
첫날밤을 보낸다. "침실에서, 삼나무 숲처럼 향기로운 꽃이 가득한
침대에서 풍요와 지혜의 신 엔릴은 자신의 아내와 결합했고 엄청난
즐거움을 느꼈다."[11] 결혼 상대는 가족에 의해 정해졌지만 메소포타
미아인들은 낭만적인 사랑을 중요시했으며 사랑에 빠진 사람들에 대
한 노래들을 많이 남겼다. "잠이여 물러나라! 나는 연인을 내 품에 꼭
안고 싶으니"라는 제목의 연애시도 있다.

　메소포타미아인들은 섹스를 즐겼지만 항상 침대에서만 하지는
않았다. 기원전 2000년대 초에 대량으로 만들어진 수메르의 점토판
을 보면 매우 노골적인 장면들이 등장한다. 어떤 점토판에는 여성이
맥주 주전자에 꽂은 빨대로 술을 마시는 동안 남성이 뒤에서 성기를

삽입한 채 포도주를 들이키는 모습이 묘사되어 있다. 이것은 이들이 서로에게 항문성교를 시도하는 중임을 나타내는 장면이다. 당시 후배위(後背位) 성교(Coitus a tergo)가 유행한 이유는 항문성교가 임신을 피하는 방법이었기 때문일 것이다. 또한 일어서서, 또는 정상체위를 취한 남녀의 모습이 묘사된 점토판들도 있다. 전문가에 따르면, 이런 점토판은 대중문화의 일종으로 남성과 여성, 어린아이들도 접근할 수 있었다.

고대 이집트 왕실은 점잖았지만 일반인들이 사용하는 언어에는 성행위를 가리키는 구절과 단어가 많았다. 이들은 완곡하게 "함께 자다", "함께 즐거움을 누리다"라고 표현하기도 했고, "당나귀한테나 당하라!"라며 저주를 퍼붓기도 했다. 현대인들과 달리 이들은 다산의 상징인 발기된 성기를 보여주는 데 거리낌이 없었다. 19세기의 고고학자들은 나일강 삼각주 서쪽에 자리한 나우크라티스를 발굴하다가 수백 개의 에로틱한 인물상, 즉 거대한 성기를 가진 인물상들을 발견하고는 기겁하기도 했다.

이 조각들은 전시에 부적합하다고 생각되어 박물관 창고에 처박혔다. 또한 어린아이의 모습을 한 호루스 신의 석회암 조각상도 발견되었는데, 성기가 커다란 바나나잎 파라솔처럼 얼굴 전체에 그늘을 드리울 정도로 어마어마하게 크다. 이후로 고고학자들이 '나우크라티스 인물상'이라고 완곡하게 부른 조각상과 비슷한 것들이 말기 왕조(기원전 664~332년)에 번성한 다른 이집트 도시들, 특히 나일강 삼각주에서 대량으로 발굴되었다. 이것들은 나일강의 범람을 기리던 '만취 축제(festival of drunkenness)'처럼 다산 의식에 사용되었던 것이 확실하다.

로마 시대에는 침대에서 느끼는 즐거움을 적은 글들이 넘쳐났다. 로마 신화에는 사랑의 신 큐피드와 영혼의 여신 프시케에 대한 유명한 이야기가 있다. 프시케는 자신의 침대와 밤을 좋아하고 낮을 두려워한다. 프시케는 큐피드와 결혼하지만 큐피드의 모습을 보면 안 되었다. 결혼날 밤을 위해 정성을 쏟아 세심하게 단장을 마친 프시케는 화려한 천이 덮인 침대 속으로 들어가서 남편이 들어오기를 기다린다. 그 후로 매일 밤 그녀는 결혼의 행복에 빠져 남편을 맞아들인다. 그녀는 절대 햇빛이 드는 동안에 남편의 얼굴을 보지 않겠다는 약속을 지킨다. 하지만 어느 날 아침 프시케는 유혹에 넘어갔고, 큐피드는 달아나서 다시는 돌아오지 않는다.

당시 무덤의 비문을 보면 정략결혼이 헌신적인 사랑이 되기도 함을 알 수 있다. 도살업자인 루키우스 아우렐리우스 헤르미아(Lucius Aurelius Hermia)와 그의 아내 아우렐리아 필레마티움(Aurelia Philematium)은 둘 다 그리스 출신의 자유 노예였고 기원전 1세기에 로마에서 살았다. 두 사람은 아내가 일곱 살일 때 만나서 33년을 함께 살았다. 어쩌다 두 사람의 무덤에 세워져 있던 부조상이 남았고 현재 영국박물관에 보관되어 있다. 남편은 이렇게 썼다. "나보다 앞서 이 세상을 떠난 나의 배우자는 순결한 육체와 사랑이 넘치는 영혼을 지녔습니다. 아내는 나에게 유일한 사람이었습니다." 아내는 남편에 대해 이렇게 말했다. "아아, 내가 잃어버린 이 남자는 내 아버지보다 훨씬 더 나에게 진실했고 많은 것을 주었습니다."[12]

중국인들은 침실에서의 성행위를 신기할 정도로 노골적으로 자세히 설명하는데, 마치 종교의 교리처럼 신봉하기도 했다. 이들의 성 교본에는 구체적인 기대와 설명이 나열되어 있다. 서기 4세기에 진나라의 사상가 갈홍(葛洪, 283?-343?)은 "남성은 성관계를 갖는 여성의 숫자가 많을수록 그 행위에서 얻을 수 있는 이득도 커진다"라고 적었다.[13] 도교의 교리 '자연의 이치(Supreme Path of Nature)'는 2천 년이 넘도록 중국인들의 사상과 사회를 지배했다. 도교의 근본 철학은 자연과 완벽히 조화를 이루는 방법을 터득해서 장수와 행복을 누리는 것이었다. 모든 사람이 소극적인 음기와 활발한 양기의 조화를 추구했다. 양과 음은 긴밀히 연결되었을 때 사람의 생기를 도(道)로 나아가게 했다. 자연의 이치에서 벗어났을 때 사람들은 신체 단련을 통해 다시 돌아갈 수 있었다. 그 방법 중 가장 중요한 것이 성교였고, 황제의 경우에서 보았듯이 음과 양의 상호작용이 필수적이었다. 음의 기운은 여성의 성기를 매끄럽게 하게 하는 습기였고, 양의 기운은 남성이 배출하는 정액이었다. 그리하여 성교를 통해 천상에 이를 수 있다고 믿었다. 노골적인 성 교본이 독자들에게 음과 양이 이상적 균형에 다다르는 방법을 가르쳤는데, 남성들만큼이나 여성들의 즐거움을 중요시했다.

중국인들의 성 교본은 보통 6가지 부문으로 나뉘었다. 이 교본은 우주에 관련된 주제들과 성행위의 중요성을 설명하는 서문에 이어 전희, 성교의 체위와 방중술로 넘어간다. 도교의 가르침은 "원래 남성은 아래를 내려다보는 엎드린 자세를 하고, 여성은 등이 바닥에 닿는 자세를 하도록 태어났다"라고 주장했지만 교본들은 다른 대안도 제시했다. 이어진 내용은 성행위의 치료적 가치, 올바른 여성 고르기, 임신 동안 여성의 처신 방법을 설명하고 있다. 이 모든 것이 음양의 조화를 중심으로 전개되었다. 여성의 음기는 고갈되지 않는 반면 남성은 양기가 한정되어 있기 때문에 이상적으로는 다시 황제들처럼 가능한 성교 시간을 연장해야 했다. 도교서적인 《옥방비결(玉房秘訣)》에 따르면 건장한 열다섯 살의 남성은 하루에 두 번 정액을 배출할 수 있고, 건강한 일흔 살의 남성은 한 달에 한번 배출할 수 있다고 한다.

이 행위에 관한 한 평탄한 곳만 있으면 성행위가 이루어졌다. 중국의 침대는 원래 사람들이 앉고 잠을 자는 매트였다. 침상은 서기 200년 무렵 불교가 전파되면서 유행되었는데, 부처가 높은 단 위에 앉아 있다는 믿음이 함께 전해졌다. 침상은 고귀한 손님들과 고위관리를 위한 자리로서 명성을 얻었고, 침대 역시 더욱 정교해졌다. 속을 단단히 채운 쿠션이 안락함을 더했고 기발한 체위를 가능하게 했다. 또한 중국의 추운 겨울 날씨 때문인 듯 잠을 자는 사람들은 따뜻한 침대를 소중히 여겼다. 선사시대에 사람들은 때때로 진흙 바닥에

불을 피웠고 수면 요를 따뜻해진 바닥에 펼치기 전에 불씨를 완전히 꺼버렸다. 기원전 100년 무렵 많은 집들에는 캉〔炕〕이라는 높게 쌓은 구들장과 그 아래에 불을 지피는 아궁이가 있었다. 집안의 여자들은 낮 동안 캉 위에서 많은 시간을 보냈고, 거기에서 성행위를 비롯하여 온갖 종류의 활동이 이루어졌다.

✳

힌두교를 믿는 인도인들 역시 성행위를 종교적 의무, 곧 자신의 카르마를 승화하고 더 높은 단계로 끌어올려 환생을 성취하는 방법으로 여겼다. 《카마수트라*Karmasutra*》는 기원전 600년경에 등장했는데, 당시 상인 계급은 세력과 재산이 늘고 자신들의 사회적 지위를 자각하게 되면서, 종교계와 사회에서 올바른 행동을 하고자 했다. 카르마(karma)는 개인의 수행법으로 자기중심적이고 종종 냉엄한 현실 인식을 추구했다. 동시에 가장 유명한 성 교본인 이 책은 힌두교 신자들이 성관계에 쾌락과 성교 기술 이상의 무언가가 있음을 자각하게 했다.[14]

　《카마수트라》는 누가 지었는지 알려져 있지 않다. 이 작가는 성교의 기술만큼이나 사랑에 빠진 사람들의 복잡한 감정에 관심을 가졌다. 의학서와 다를 바 없던 중국의 성 교본들과 달리 이 책은 사랑을 네 가지로 구분했다. 성행위에 대한 단순한 집착, 키스나 구강성교처럼 온갖 형태의 성행위에 대한 집착, 두 사람 사이의 강력하고 자발적인 상호 끌림이 포함된 사랑, 한쪽이 상대편의 아름다움을 일

방적으로 칭찬하는 짝사랑 등이었다. 이 작가는 사랑을 성행위와 다른 차원으로 여겼다. 중국의 성 교본은 침대에서 일어나는 일에만 관심을 가졌고 침대에 이르는 법이나 성행위와 무관하게 남편을 즐겁게 하는 방법을 다루지 않았다. 그러나《카마수트라》에서는 이런 내용이 여성의 기본적인 행동으로 다루어졌다. 이 책은 연인 사이의 성행위부터 하인에 대한 귀족 남성의 유혹까지 7가지 유형의 성교를 구분한다. 또한 성기의 크기를 분류하고 가장 유명한 체위를 그린 그림도 실려 있다. 오늘날에는 휴대폰에서 워크북처럼 활용하기 쉽도록 만든 카마수트라 어플도 있다. 하지만 이 책 자체는 즐거움과 세심한 준비 과정에 상당히 초점을 맞추었다. "꽃과 향수 내음으로 치장된 쾌적한 방에서 친구들과 하인들의 시중을 받으며" 남성은 여성을 맞아들인다. 그리고 여성을 유쾌한 대화에 끌어들인 후에 모두들 떠나고 나서 두 사람은 본 행사로 넘어가곤 했다.

　《카마수트라》는 연인을 위한 체위 교본이라 할 수 있다. 여기에 실린 체위 대다수가 젊고 날렵한 파트너들이 아니면 따라 하기가 쉽지 않다. 하지만 대부분은 안락한 공간이 필요하고 쿠션과 베개를 전략적으로 활용해서 삽입과 만족에 최적인 각도로 여성의 몸을 고정할 수 있다.《카마수트라》에서 푹신한 베개가 성적 만족감을 가져왔다고 하는데 이는 잘못된 주장인 것 같다. 카마수트라의 내용은 다른 교본들과 더불어 널리 전파되었다. 16세기에 아랍어 책《마음의 휴식을 위한 향기로운 정원The perfumed Garden for the Souls'

Recreation》을 쓴 작가 셰이크 네프자위(Sheikh Nefzawi)는 표준 체위 전부를 직접 시도해 본 후에 열한 가지를 선별했다. 그는 인도인들이 "성교에 대한 지식과 연구에 관한 한 우리보다 훨씬 앞서 있다"라고 적었는데, 분명 타당한 이유가 있었다.

고대 그리스 사람들은 동성애로 유명했다. 침대 위가 아니라 선 자세로 한쪽이 성기를 상대편의 허벅지 사이에 둔 남성 커플의 모습이 화병 그림에 자주 등장한다. 항문성교를 보여주는 그림도 여러 개 있다. 그림 속에서 나이 든 남성은 대개 바짝 붙어서 머리와 어깨를 숙인 채 서 있는데, 마치 몸을 움츠리고 구애하는 듯 보인다. 어린 상대는 보통 몸을 똑바로 세우고 때로는 나이 든 남성의 접근을 막아선다.

페데라스티(pederasty)는 사춘기를 지났지만 아직 성인이 안된 소년에 대한 남성의 사랑을 일컬었다. 그리스 고전기에 침대나 다른 곳에서 다른 성인 남성들과 성행위를 하는 남성은 거의 없었다. 사춘기도 안 지난 상대와의 성행위는 불법이었음에도 소년들이 선호되었다. 그리스의 철학자 스트라톤(Straton)은 이렇게 썼다. "혈색이 도는 열두 살 소년이 바람직하지만 열세 살배기는 훨씬 기분을 좋게 한다. 열네 살에 피우는 사랑스러운 꽃은 훨씬 더 달콤하고 그 매력은 열다섯 살에 한층 배가된다. 열여섯 살은 성스러운 나이다."[15] 이것은 페데라스티를 고등교육의 일부라 보는 고전기의 관점을 드러낸다. 소크라테스는 페데라스티가 도덕적 완성을 가져온다고 말하기도 했다. 고전기 그리스 남성들이 다른 남성에게 느끼던 사랑은 여성을 낮춰보던 시대 상황과 관련이 있다. "여성은 남성보다 결코 열등하지 않다"라고 '관대한' 소크라테스가 말했다고 기록되어 있을 정도다. "여성에게 체력과 마음의 에너지가 약간 더 필요할 뿐이다."(16)

고전기 그리스에서는 여성의 동성애가 허용되었고, 레스보스섬이 그 중심지였다. 로마의 저술가 플루타르코스가 이런 기록을 남길 정도로 동성애는 존중을 받았다. "스파르타에서 사랑은 훌륭한 명예로 여겨졌고 가장 존경받는 여성조차도 소녀들에게 푹 빠졌다."(17) 침대는 그리스인의 성생활의 배경이 되기도 했지만 필수는 아니었다.

로마 시대에는 남성뿐 아니라 결혼한 여성도 다른 남자와 몰래 침대로 갔다. 왕좌에 오르고 얼마 안되어 아우구스투스 황제는 불륜을 공적 영역으로 끌어올렸다. 그는 한때 가족 내의 문제였던 불륜 행위에 대해 남성과 여성 둘 다 추방하는 등의 벌을 내렸다. 그런데 매춘부를 찾아가는 행위는 범죄로 여기지 않았다. 원로원은 매춘부의 명부에 지원자가 갑자기 증가하는 모습을 보고 놀랐다. 이 지원자들 중 다수가 존경받는 여성들이었다. 사람들이 얼마나 자주 성행위를 했는지 모두 짐작만 할 뿐이지만 서기 80년 팔레스타인에서 살았던 랍비 엘리에제르(Rabbi Eliezer)는 율법[토라Torah]에 남성의 범주에 따라 적절한 성교 횟수를 처방했다. 학생과 실업자는 매일, 일이 있는 사람들은 일주일에 두 번, 당나귀 마부는 일주일에 한 번, 낙타를 부리는 사람들은 한 달에 한 번, 선원들은 여섯 달에 한 번 섹스를 할 수 있다고 한 것이다.

중세 유럽에서 평민들은 보통 공용으로 사용하는 마루나 바닥에서 잠을 잤는데, 이것은 성행위나 빈도에 그리 영향을 주지 않았다. 중세 시대의 교회 재판소 기록을 보면 당시의 놀라운 성생활을 엿볼 수 있다. 당시 교회는 개인의 도덕성을 규제하는 법을 책임지고 있었다. 이 기록 중 많은 사건에 마구간에서 성행위를 하는 사람들이 등장한다. 마구간은 남자 하인들이 종종 잠을 자던 곳이었다. 또한 여기에 기록된 성행위 대다수가 야외에서 벌어졌다. 아마도 키 큰 풀숲이나 안락함을 줄 수 있는 장소에서 이루어졌을 것이다. 중세 시대에는 특권층만이 높은 침대를 함께 쓸 수 있었다. 8세기 신화 속의 영웅 베어울프(Beowulf)는 덴마크 왕 흐로드가르(Hrothgar)의 '거대한 미드 홀'을 찾아가서는 자신의 투구와 무기들을 벗어버리고 거대한 침대 위로 올라갔다. 그가 자신의 전사들에 둘러싸여 잠을 자는 동안 "베개는 영주의 얼굴을 받아들였다." 중세 미술가들은 잠든 사람들을 얼굴과 이따금 상체를 노출한 채 반쯤 누운 똑같은 자세로 그렸다. 이렇게 그리면 낮 동안의 수면 습관을 반영할 뿐 아니라 주인공의 얼굴 표정도 보여줄 수 있었다.

교회의 권력이 막강하던 중세 유럽에서 문학은 고해성사를 하러 온 여성들을 유혹하던 호색한 사제들, 자신들의 수도실에 놓인 딱딱한 침대에서 몰래 성관계를 하던 수사들과 수녀들, 정부를 두고 집안 일을 하는 젊은 여성을 유혹하는 귀족들로 넘쳐난다. '외설적인 수녀 들과 난잡한 수사들Naughty Nuns and Promiscuous Monks'이라는 기 발한 제목이 달린 잉글랜드 동부 지역의 기독교 문서에 바탕을 둔 연 구는 이런 사건 대부분에 외부인이 끼어들었고 불륜은 예외적인 현 상이라기보다 인간의 본성이라는 결론을 내린다.[18]

잉글랜드의 튜더 왕조는 성행위에 대해 모순된 생각을 갖고 있 었다. 여성의 쾌락이 임신에 필수적이지만 여전히 여성은 쾌락을 추 구하면 안 된다고 주장했다. 여성에게는 등을 바닥에 대는 체위만 허용되었고 다른 체위는 기형아를 낳을 위험이 있다며 금지했다. 문 명화된 사회에서 성행위는 돈을 내거나 어쩌면 혼인 관계 밖에서 즐 겨야 하는 것으로 여겨졌다.

매매춘

고대 로마의 남성들은 자신의 아내뿐만 아니라 아내가 암묵적으로 동의하면 정부와 소년들과도 성행위를 했다. 하지만 불륜이 발각된 기혼녀는 타락한 계층으로 낙인이 찍혔는데, 여기에는 여배우, 무용수, 매춘부, 로마의 자유 시민과 결혼이 금지된 여성들도 포함되었다. 불륜을 저지른 남성들은 아무런 벌을 받지 않았지만 남편은 불륜을 저지른 아내를 살해해도 무죄 판결을 받았다. 1923년까지 아주 오랫동안 여성의 불륜은 안 되지만 남성의 불륜은 괜찮다는 통념이 유지되었다. 영국 여성들은 불륜을 이유로 남편에게 이혼을 요구할 권리가 없었다.

매매춘은 고대 그리스와 로마에서 오래전부터 자리 잡은 산업이었다. 폼페이의 악명 높은 유곽을 방문하면 로마 제국 전역의 유곽처럼 이곳에서의 성행위는 공장의 생산라인과 비슷했음을 이해하게 된다.[19] 유곽의 벽에 쓰여진 낙서들은 거대하고 (대부분 매우 따분한) 학구적인 문학을 탄생시켰다. "나는 여기서 많은 여자들과 성관계를 가졌다", "축제로다, 당신은 섹스를 잘한다" 등. 폼페이의 유명한 유곽 루파나레(Lupanare), 일명 '늑대 소굴'의 벽에는 오래전에 죽은 남자들이 남긴 허풍이 영원히 아로새겨졌다. 그곳의 외설적인 벽화에는 무리를 이룬 남성들을 향해 두 다리를 벌린 여성들의 모습이 그려져 있는데 고객들은 완벽히 즐기고 있다. 쾌락주의를 실현한 환상이 팔리지만 성행위는 남성들이 오래 머물지 못하도록 설계되었는데 그 배경에는 엄격한 공리주의가 작용했다. 루파나레는 고객들의 성적 만족감에만 집중했다. 매춘부들은 2층에 위치한 창문도 없고 비좁고 불결한 방 열 군데에서 자신의 일을 했고, 각 방은 커튼으로 대기실과 분리되었다. 벽 가까이에 있는 거친 돌침대 위에는 건초나 지푸라기를 채운 얇은 매트리스가 놓여 있었다. 여기서 일했던 여성들은 대부분 아시아 지역이나 그리스 출신의 노예들이었다고 생각된다. 이들의 서비스는 현금, 빵 두 덩이나 포도주 0.5리터와 교환되었는데 물론 유곽 주인에게 지불되었다. 고객 대부분이 폼페이 지역에 살던 중산층과 노동자들이었다. 이들에게 루파나레는 오늘날의 패스트푸드 식당처럼 온갖 즐거움을 제공했을 것이 분명하다. 그곳은 욕구를 충족시키는 데에 효율성이 집약된 암울한 장소였다.

남성 매춘과 여성 매춘은 합법적이었고, 대부분의 로마 유곽은 일주일에 7일, 하루 24시간 문을 열었다. 한때 로마에는 적어도 45

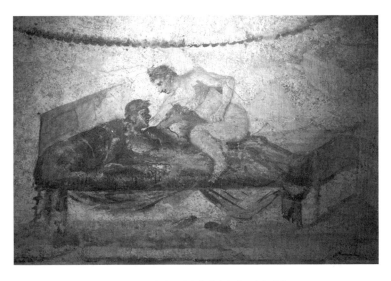

폼페이 루나파레 유적에서 발견된 에로틱한 벽화

곳의 루파나레가 있었다. 키케로는 성을 사는 남성들이 국가를 위해 바람직하다고 주장했다. 낮은 요금이 유지되었으므로 모든 로마인이 유곽을 찾을 수 있었다. 로마의 평민들은 검투사의 결투, 운동경기, 공공 목욕탕을 찾아가듯이 주기적으로 유곽을 방문하고 성(性)을 살 수 있었다. 돌무더기 침대에서 벌어지는 그 행위가 순식간에 끝나므로 아무 문제가 되지 않는다고 생각했다. 여관 뒤편에는 일부 싸구려 호텔, 술집, '밤의 불빛'을 뜻하는 야광충[noctilucae]이라 불리던 돌침대와 밀짚 매트리스를 갖춘 작은 방들이 있었다.

중국 남성들은 여러 명의 아내를 두었고, 모든 부유한 집안에서는 첩을 들였다. 아내가 여럿인 남성은 분별 있게 행동해서 여성들의 구역에 분란을 일으키지 말라는 충고를 들었다. 이름이 알려지지 않은 15세기의 한 남성은 아들에게 새로운 아내보다는 이미 집 안에 있는 아내들에게 관심을 보이라고 조언했다. 새 아내는 남편이 다른 아내들과 즐기는 동안 상아 카우치 옆에 서서 듣고 보게 하라고 말한다. 나흘이나 닷새 밤이 지난 후에 새 아내와 잠자리를 가지는 게 좋고, 이때에도 첩들을 비롯해서 다른 여성들을 참관시키라고 조언한다.

중세 유럽에서도 불륜은 당시의 암묵적 통념을 벗어나지 않으면 고상한 사회의 일부로 용인되었다. 숙녀들은 용감한 기사들만큼이나 적극적이었던 것이 분명한데, 이는 당시 남성들의 훈계조 회고담을 통해 오늘날에 알려졌다. 이 남성들은 여성의 성욕이 지나치므로 억눌러야 한다고 주장했다. 19세기의 한 역사가는 호수의 기사 랜슬롯과 기네비어 왕비에 대해 이렇게 꾸짖었다. 두 사람의 행실은 "중세 사람들의 삶을 기록한 흥미로운 자료들을 읽어보지 못한 사람들은 도저히 상상할 수 없을 정도로 문란했다."[20]

남창과 여성 사창가는 점잖은 가면을 쓰고 있던 빅토리아 시대의 영국에서도 번성했다. 백인 여성들과 어린아이들이 노예로 밀거래되었다. 일부 빅토리아 남성들은 가학피학성[sadomasochistic] 환상에 빠져서 상류층을 위한 채찍질 단체를 후원하기도 했다. 이런 성적 행위는 사드 남작(Marquis de Sade)과 레오폴트 폰 자허마조흐(Leopold von Sacher-Masoch)의 이름에서 온 것이다. 이런 행위는 돈과 적절한 연결고리를 가진 빅토리아 사람들에게 강렬하고 은밀한 쾌락으로 다가왔다. 이따금 이런 쾌락을 공급하던 사람들이 이름을 떨치기도 했다.

힘의 균형이 깨진 곳에서는 억압과 폭력이 나타나기 마련이다. 사드 남작의 시대에 어린아이들은 종종 가혹한 대우를 받았다. 당시 청교도들은 "매를 아끼지 말라"라고 공공연히 이야기했다. 어린아이들을 돌보는 유모는 학교 교사처럼 채찍을 휘두르곤 했다. 빅토리아 시대에 이튼, 웨스트민스터, 럭비나 다른 남자 기숙학교를 다니던 상류층 소년 대다수는 성적 폭력을 겪었다.[21] 이런 가학적 패턴을 눈치챈 테레사 버클리 부인(Madame Theresa Berkley)은 1820년대와 1830년대 초에 런던의 점잖은 할램(Hallam) 가에 온갖 시설을 갖춘 쾌락의 집을 열었다. 그녀는 지배자, 즉 고통을 가하는 기술의 달인이자 체벌, 채찍질과 매질의 전문가였다. 그녀는 버클리 호스(Berkley Horse)라는 매질대를 개발해서 큰돈을 벌었다. 귀족층 남성과 여성이 모두 그녀를 찾아올 정도였다. 귀족층 사람들은 그녀가 고통을 가하지만 사생활의 비밀을 지켜 주리라고 믿었다. 그녀는 또한 고객들에게 채찍을 맞아주는 여성들을 고용하기도 했다. 버클리 부인의 도구상자에는 물에 담가서 탄력 있게 휘어지는 회초리, '죽은 사람도 살려낸다'는 쐐기풀이 포함되었다.

그로부터 얼마 후에 사창가 소유주인 메리 프랜시스 제프리스(Mary Frances Jeffries)는 점잖은 동네인 런던 외곽의 햄스테드에 '채찍질의 집'뿐만 아니라 상류층 전용 유곽을 여러 군데 운영했는데 최상위 귀족들도 이곳을 찾았다고 전해진다.

　이처럼 성행위와 관련된 소품에서 창의성이 지속적으로 발휘되었던 반면, 주요 무대인 침대는 여전히 소박한 상태에 머물러 있었다. 침대는 다리가 달리고 높아지기 전에도 성적 활동과 환상을 실현할 수 있는 무대였고 생명이 잉태되는 과정에 큰 역할을 했다. 그런데도 아주 최근까지 침대는 아이들이 태어나는 장소로 쓰이지 않았다.

4장

출산과 침대

3장의 '대폭발'이 일어나고 아홉 달 후 일부 여성들은 훨씬 어마어마한 대폭발, 곧 출산에 맞닥뜨려야 했다. 현대에서는 대다수가 폴리우레탄 폼 매트리스에 플라스틱과 금속 프레임으로 되어 있는 병원 침대에 누워 아이를 낳는다. 병원 침대에는 때때로 모니터와 출산의 고통을 덜어주는 약을 주입하는 장치들이 부착된다. 이 기술은 분명 매우 현대적이지만 침대도 마찬가지로 놀라울 정도로 새로운 역할을 맡게 되었다.

고대의 출산

약 2만 년 전 이탈리아 오스투니 지역 근처에 살던 수렵채집인들은 다른 수렵채집인들과 달리 죽은 사람들을 공동묘지에 묻었다. 당시 매장된 시신 중에 십 대 후반이나 그보다 약간 위인 듯한 여성이 있었다. 이 여성 유골의 손목에 채워져 있는 팔찌들 중에 구멍이 뚫린 조가비 수백 개로 만든 팔찌만 제대로 남아 있다. 한편 이 여성 유골의 머리에는 더 많은 구슬이 장식되어 있었다. 여성은 오른팔을 배에 올린 채 왼쪽으로 모로 누워 있었다. 고고학자들이 유골의 골반 부분을 덮었던 흙을 털어내자 두 다리 사이에 끼어 있는 거의 완벽한 태아의 가느다란 뼈가 드러났다. 이 여성을 묻은 사람들이 출산의 고통을 겪고 있던 그녀를 도와주려 했던 것이 분명하다. 여성을 살리지 못한 사람들은 휴식을 취하는 듯한 모습의 그녀를 구덩이에 놓고 화려한 장신구로 덮었다.[1]

그로부터 2만 년이 지난 현대를 살아가는 우리 중 일부는 이런 고통이 이브가 먹은 과실, 즉 불복종에서 유래했다는 이야기를 듣는다. 아브라함 계열의 종교(아브라함에게서 시작된 종교로 기독교, 유대교, 이슬람교가 포함된다.—옮긴이)의 조물주는 "내가 너에게 임신하는 고통을 크게 더하리니, 너는 수고하며 자식을 낳을 것이며"라고 말했다.[2] 사실은 인류의 진화 과정에서 더 큰 이익을 위해 여성의 산고와 골반에 걸린 아기 몇 명이 희생된 것이다. 대략 6백만 년 전 우리의 선조들이 두 다리로 일어서게 되자, 태아가 지나가는 통로인 출산길(산도産道)은 좁아진 반면 인간의 뇌(두개골)는 점점 커졌다. 오늘날에는 태아 천 명당 한 명이 머리가 커서 출산길을 빠져나오지 못한다. 그럼에도 우리는 두발 보행 덕분에 자유로워진 큰 머리와 다재다능한 손을 이용해서 출산을 돕고 있다. 대부분의 동물들과 달리 여성 대부분은 진통이 시작되면 다른 사람의 도움을 받아 아기를 낳고, 이는 높은 출산율로 이어졌다.

인간의 역사 내내 침대는 출산 자체를 위한 공간이 아니라 출산 이후 회복을 돕는 공간으로 여겨졌다. 출산 장면을 묘사한 유물 중 가장 오래된 것은 점토를 구워 만든 뚱뚱한 여인 조각상이다. 오늘날 터키에 위치한 초기의 농경마을 차탈회위크의 곡물 저장통 안에서 발견된 이 점토상은 기원전 5800년 무렵에 만들어진 것으로 추정된다. 이른바 '차탈회위크의 앉아 있는 여인상'은 높이가 16.5센티미터(사라진 머리를 빼고)이고, 아기를 낳는 듯한 모습을 하고 있다. 여인은 침대가 아니라 고양이 머리 모양의 팔걸이가 달린 의자에 앉아 있다.[3] 낮은 스툴 모양의 분만 의자 역시 기원전 2000년 무렵 메소포타미아 지역에서 처음으로 등장했다. 기록에 따르면 여성은 출산 후 30일 동안 휴식과 격리를 위해 자신의 침대로 들어가곤 했다. 부유한 사람들에게 침대는 바닥보다 높이 올린 나무틀에 섬유로 짠 매트리스와 어쩌면 리넨 시트, 양모 담요, 푹신한 쿠션을 올린 가구를 뜻했다. 중간 계층은 진흙벽돌로 쌓은 단 위에 갈대 다발을 얼기설기 얽어서 짠 매트를 깔고 누웠고 가난한 사람들은 바닥에 갈대 매트를 깔고 누웠을 것이다.

이렇듯 격리된 침대에 머무는 관습은 아기를 낳은 후에 다른 사람에 의한 감염을 줄이는 데 도움이 되었다. 세계보건기구(WHO)에 따르면 오늘날 다섯 살 미만의 유아 사망자 중 41퍼센트가 생후 28일이 안되고, 이중 75퍼센트는 생후 1주일이 안된다.[4] 하지만 세균 감염에 대해 몰랐던 메소포타미아인들은 여성이 불결해서 산모를 격리한다는 이유를 내세웠다. 방문자가 아니라 여성들이 출산과 피로 더럽혀지고 불결한 상태이므로 격리와 정화(淨化) 의식을 통해서만 다시 깨끗해질 수 있다고 믿었다.

고대 이집트에서도 출산 후 정화 의식을 치르고 휴식과 회복을 위해 침대를 이용했다. 브루클린 파피루스로 알려져 있는 기원전 7세기의 파피루스(47.218.2)는 유일하게 출산 중인 여성을 묘사하고 있다. (기록상으로는 분명하지 않지만) 침대나 갈대 매트에서 아기를 낳고 있는 중인 듯하다. 다른 사례들을 보면 여성들은 일어나서 무릎을 꿇고 쭈그리고 앉은 채 '분만 벽돌'이나 스툴을 이용했다. 심지어 출산을 뜻하는 상형문자 기호는 아기의 머리와 팔이 몸에서 나오고 있는 무릎을 꿇은 여인의 모습을 형상화했다. 오늘날 룩소르에서 나일강을 건너 장인들의 마을 데이르 엘 메디나에서 발견된 희귀한 문헌이 이런 생각을 뒷받침한다. 이 문헌에 따르면, 출산 중인 여성이 바닥에 무릎을 꿇으면 한 산파가 들어올린 여성의 팔을 붙잡고 있고 그 동안 또 다른 산파가 여성의 자궁에서 아기를 꺼냈다. 상(上)이집트에 세워진 에스나 지역의 신전을 장식한 부조에서도 이와 비슷한 모습을 볼 수 있다. 여기서는 한 산파가 팔을 올리고 무릎을 꿇은 벌거벗은 클레오파트라 7세 여왕(기원전 69~30년)을 뒤에서 받치고 있다. 그 사이 또 다른 산파가 여왕 앞에 무릎을 꿇고 유아만큼이나 큰 아기를 떠받들고 있다. 이런 모습은 하트셉수트 여왕(기원전 15세기 중반)의 시절에 이미 등장했다. 하트셉수트 여왕의 어머니이자 투트모세 1세의 아내인 아메스 왕비도 비슷한 모습으로 묘사되어 있다.

모든 여성이 자신의 침대를 출산 장소로 사용하지는 않았지만 일부 여성은 아기를 낳기 위해 침실로 갔을 수도 있다. 앞에서 설명한 브루클린 박물관의 파피루스에는 침실을 위한 호신용 주문 두 개가 적혀 있다. 또 지붕 위로 올라가거나 집 뒤에 마련한 임시 격리소에서 아기를 낳은 여성들도 있었다. 드물지만 포도나무 덩굴로 덮인 정원에서 아기를 낳는 성스러운 출산 풍경도 있다. 중요한 것은 여성들이 자발적으로 격리를 선택했을 가능성이 있다는 사실인데, 작고 밀집된 도시의 주택에서는 분명 쉽지 않은 일이었을 것이다.

성행위, 잠, 식사, 미라 제작과 달리 이집트 사람들은 출산에 대해서는 자세히 기록하지 않았다. 흥미를 느끼지 않았거나, 아니면 출산에 대처하는 방법이 (글을 모르는) 산파들의 입을 통해 전해졌기 때문일 수 있다. 출산 과정을 묘사한 흔치 않은 기록 중 하나가 1820년대에 영국의 모험가 헨리 웨스트카(Henry Westcar)가 발견한 웨스트카 파피루스(Westcar Papyrus)이다. 기원전 16세기와 18세기 사이 어느 때엔가 이름을 모르는 서기가 작성한 이 파피루스는 5가지 이야기를 들려주는데, 레드제데트(Reddjedet)라는 신비한 여인의 출산으로 끝을 맺는다.[5]

이 파피루스는 "레드제데트는 심한 통증을 느꼈고, 난산으로 힘들어했다"라는 불길한 문장으로 시작된다. 그리하여 태양신 라(Ra)의 대제사장이기도 한 레드제데트의 남편이 이시스, 메스케네트, 헤크네트, 네프티스, 크눔 신에게 도와달라고 기도를 올린다. 그러자 무용수로 변장한 여신들이 나타나서 레드제데트가 있는 방으로 들어가고 방을 잠근다. 그 후 레드제데트는 남자 세쌍둥이를 낳는데, 아기들은 산파 이시스의 품안으로 쏙 들어간다. 훗날 새 왕조의 왕이 될 레드제데트의 아기들은 신들과 똑같이 금으로 덮인 팔다리와 합체하고, 신의 머리카락을 잘라 만든 청금석 머리띠를 두르고 있다. 아기를 낳은 후에 여왕이 어떻게 격리되고 하녀를 포함해 여성들의 도움을 받았는지도 자세히 적혀 있다. 레드제데트의 하녀는 나중에 악어에게 잡아먹히고 만다. 레드제데트의 출산 이야기를 통해 출산과 산후 의식에 대해 꽤 많이 알 수 있지만 출산 과정에서 침대는 등장하지 않는다. 아마도 당시는 바닥의 매트에서 아기를 낳는 방식이 더 일반적이고 편리했을 것이다.

일단 분만이 시작되면 산파들은 기도를 올리고 건포도를 태우고 맥주를 건넸을 것이다. 알코올은 고통을 덜어주는 한편으로 아기를 낳는 여성을 만취의 여신이자 수호신인 하토르와 더 가깝게 만들어주었다. 산파들은 악령들로부터 지켜준다는 하마 엄니를 부적으로 사용했던 듯 모서리가 닳아 있다. 이것들은 오래전에 사라진 의식을 짐작하게 한다.[6] 산파는 아기가 태어나면 날카로운 갈대나 물고기 모양의 흑요석 칼로 탯줄을 잘랐다. 태반은 사람의 생명력을 나타낸다고 믿었기에 말려서 보관하거나 때로는 집 입구의 땅속에 묻었다. 이집트에서는 20세기 초반까지 이런 의식이 유지되었다.

의학과 마법은 언제나 긴밀히 연결되어 있었다. 고대 부인과 의학서 중 자궁탈수가 있을 때의 치료법을 일러주는 글에는 유산을 막아주는 주문이 나란히 적혀 있다. 이집트 여성들도 메소포타미아 여성들처럼 아기를 낳은 후 2주 정도 갇혀 지냈다. 기원전 1800년부터 침대의 머리받침대에는 산모를 지켜주는 신 아하/베스(아하)와 이피/타와레트의 모습(베스는 머리가 크고 털복숭이 얼굴을 한 난쟁이의 모습을, 타와레트는 임신한 하마의 모습을 하고 있다.—옮긴이)가 장식되었다. 투탕카멘보다 한 세기가 앞선 기원전 1450년 무렵 제작되고 출산 과정을 나타낸 듯한 점토와 돌 인물상이 발견되었다. 장식 가발과 보석으로 꾸민 벌거벗은 여인들이 침대에 누워 있고, 때로는 그 곁에 어린아이가 있다. 데이르 엘 메디나에서 발견된 문헌에 따르면 당시에 이미 남성의 출산휴가 제도가 실시되었다. 남성들은 난쟁이 신 베스의 모습을 띤 다리가 달린 출산용 침대를 포함하여 아내를 도와줄 출산용품을 구입했다. 2주일이 지나면 산모와 아기는 침대를 떠나서 축하를 받으며 사회로 돌아왔다.

마법과 의학

시간이 지나면서 의학 지식들이 쌓여갔다. 기원전 6세기에 고대 인도의 외과의사 수슈루타는 비정상적인 분만뿐만 아니라 정상적인 임신과 출산에 대한 의학 지식을 놀라울 정도로 자세하게 기록했다.[7] 수슈루타가 알아낸 의학 지식 중 일부는 그리스 사람들에게도 전해졌다. 하지만 그리스 의학계는 여전히 마법의 영향에서 벗어나지 못하고 있었다. 히포크라테스가 기원전 5세기에 작성한 원래의 선서에는 주문이 포함되어 있었다. 또한 현실적인 문제에도 영향을 받았다. 그리스와 로마 의학계에서는 태아가 죽거나 골반에 걸렸을 때에는 태아를 제거해 산모의 생명을 구해야 한다는 결정을 따랐다.

고대 폼페이 유적 중 외과의사의 집에서 무시무시한 분만용 기구들이 발견되었다. 갈고리가 달린 칼은 산도에 걸려서 나오지 못하는 태아를 절단하는 데 사용되었다. 서기 1, 2세기의 외과의사 에페수스의 소라누스(Soranus of Ephesus)는 산모가 다치지 않도록 바깥으로 나온 태아의 일부만 절단하라고 충고했다.[8] 기원전 3세기 아테네의 희극시인 포시디포스(Posidippus)는 이렇게 썼다. "모든 사람들, 가난한 아버지조차도 아들을 기른다. 모든 사람들, 부유한 아버지조차도 딸을 위험으로 내몬다."[9]

원하지 않는 아기는 예컨대 피에타스(Pietas, 사랑과 신의, 책임감을 관장하는 여신으로, 자식에 대한 사랑을 상징하는 황새와 함께 나타난다. 피에타스 신전은 기원전 191년에 세워졌다.—옮긴이) 신전에 버릴 수 있었다. 하지만 기형아는 물에 빠뜨리거나 목을 졸라 죽였다. 아리스토텔레스는 자신의《정치학Politics》에서 기형이거나 장애를 가진 아이의 양육을 금지하는 법률에 찬성했다. 기형아의 출생에 대해 때로는 산모를 탓했는데, 피해야 할 것을 보았다는 이유에서였다. 여성들은 반듯한 아기를 낳으려면 아름다운 조각상을 감상하라는 충고를 들었다. 한편, 예컨대 원숭이를 보면 긴 팔을 가진 털복숭이 아이가 나올 수 있다고 생각되었다.

이전과 이후의 다른 주요 문명들과 마찬가지로 그리스와 로마 사회는 아들을 통해 대를 이었다. 하지만 여성의 출산 능력이 남성 중심의 사회체제를 어지럽힐 수 있었다. 가부장제가 작동되려면 여성들을 통제해야 했다. 이를 위해 출산을 마친 여성들이 오염되고 불결한 상태라는 오래된 주장을 앞세우며 실제로 아기를 만드는 것은 남성의 공로라고 주장했다. 여성은 별달리 노력하는 것이 없고 단지 남성이 만든 아기들을 담아내는 빈 그릇일 뿐으로, 원숭이를 너무 많이 보는 따위의 문제만 없으면 된다고 생각했다.

당시는 남성 중심의 의학 체계였지만 여성의 건강을 챙기는 데도 관심을 가졌다. 에페수스의 소라누스가 쓴 의학서 스무 권 중 한 권은 부인과 의학에 할당되었다. 이 책의 원본은 사라지고 없지만 후대의 작가들에게 널리 인용되면서 그 내용이 전해졌다. 소라누스는 산파들에게 손을 깨끗이 씻으라고 충고하고 임산부를 위한 향기 요법(아로마 테라피)을 개발했다. 임산부들에게는 사과나 흙덩이의 향기를 맡으라고 권했다(향기에 대한 생각이 현대에 들어 어떻게 변했는지를 실감하게 한다). 또 출산 후 3주 동안 침대에서 휴식하라고 처방했다. 도시의 산모라면 자신의 침대, 즉 클리네로 들어갔을 것이다. 아기를 낳은 여성들은 유모를 고용했다. 역사가 타키투스는 직접 아기를 키우는 게르만의 여성들을 칭찬했다. 이것은 고결한 행동으로 생각되었지만, 경제적 여유가 있는 로마인들은 그 방식을 따르지 않았다. 어머니가 침대에서 산후조리를 하는 동안 아기들은 신생아의 위기를 넘긴 후에(여자아이들은 생후 8일째에, 남자아이들은 생후 9일째에) 이름을 갖게 되었다. 침대에서의 산후조리는 당연하다고 생각되었다. 하지만 그리스의 지리학자 스트라본(Strabon, 기원전 64?-서기 23?)의 《지리지Geography》 내용이 맞는다면 이베리아 반도의 여성들은 아기를 낳은 직후에도 남편의 침대에 가서 남편을 돌보았다.

오두막과 '분만 의자'

중국의 황실은 출산을 둘러싼 복잡한 규칙들을 정리해 태피스트리로 만들었다.[10] 침대의 역할에 대한 규칙도 마찬가지로 복잡했다. 임신 막달이 된 여성은 출산을 위한 천막을 설치하거나 오두막을 마련해야 했다. 이곳을 특별 거처로 삼았고, 평상시의 침대 둘레에 병풍을 치는 것으로는 안 되었다. 5세기에 중국 환초의 초대 왕 환현(桓玄)은 자신의 후궁에게 왕비의 낡은 천막을 재활용하라고 권유했다. 이것은 별도의 키트가 있었고 왕이 전혀 낭만적인 사람이 아니었다는 뜻이다.

천막이나 오두막은 집 밖이나 집 안의 방 안에 설치되었는데, 고대 이집트의 정자와 상당히 비슷했다. 천막을 세우는 것은 위험한 일이었다. 어떤 의학서는 "출산용 오두막을 만들 때... 방금 칼로 벤 밀짚 위나 키 큰 나무 아래를 피해야 하는데, 엄청난 불행을 가져오기 때문!"이라고 경고했다.[11] 출생 차트(출생 천궁도)는 오두막이 향할 방향과 태반을 묻을 위치를 알려주었다. 10세기 이후로는 따라야 할 규칙이 너무 많아지자 출생 차트를 아예 분만 장소에 걸어두기도 했다. 일단 분만이 시작되면, "가족은 침대와 탁자를 들어내고 바닥 서너 군데에 풀을 깔고 끈을 나무에 묶어서 가로 막대를 만들고... 대들보처럼 기댈 수 있게 했다"라고 중국의 중세 초 기록에 나와 있다.[12] 바닥에 쪼그리고 앉는 출산 자세가 오랫동안 표준으로 자리 잡았던 듯하다. 5세기의 의사 진연지(陳延之)는 "옛날에 여성들은 마치 죽음을 기다리듯 땅에 몸을 대고 밀짚 위에 앉아서 아이를 낳았다"라고 적었다.[13] 아마도 바닥에 밀짚을 미리 깔아놓았을 것이다.

여성 산파들이 뒤에서 임산부의 허리를 받쳤는데 이 자세는 20세기 전 중국에서 가장 흔한 자세였을 것이다. 산모는 지쳐서 탈진할 때에만 바닥이나 침대에 눕곤 했다. 한 문헌에서는 문제가 생기면 출산을 돕는 사람들은 먼저 "산모를 침대에 눕혀야 한다"라고 조언한다. 이는 분만이 제대로 이루어지면 여성들이 침대를 사용하지 않았다는 뜻이다. 일부 침대의 높이 때문에 이런 조언이 나왔던 듯하다. 서기 3세기 후에 지식인층의 침대가 때때로 바닥에서 꽤 많이 떨어져 있었기 때문이다. 남북조시대의 어떤 산모는 낙태를 위해 자신의 침대에서 바닥으로 몸을 날렸다고 전해진다. 그녀의 침대가 꽤 높았음을 암시하는 것이다. 높은 침대를 선호한 것은 서기 200년 무렵 중국에 전파된 불교와 관련이 있을 수도 있다. 매트가 아닌 높은 단상에 앉아 있는 부처의 모습은 새로운 신앙을 대표하는 이미지로 각인되었다. 이것이 특별한 손님, 고위관료나 공직자들을 위한 영예로운 좌석으로 유행되었을 것이다. 이 좌석은 휴식을 위해 길이가 더 길어졌고, 높은 침대로 진화했다.

중국인들은 출산을 여성 산파가 도맡아야 하는 여성의 일이라고 여겼다. 하지만 아기의 아버지도 규범을 지켜서 자신의 도리를 다해야 했는데, 그래야 아내의 성공적인 분만이 남편의 공로로 인정받았다. 예컨대 태반과 태아가 동시에 나오게 하려면 남편이 자신의 옷가지를 가져다가 우물을 덮어야 했다. 또 무사히 아이를 낳게 하려고 아내에게 자신의 손톱 조각을 까맣게 태워 갈아서 먹이거나 불에 태운 자신의 음모와 진사(辰砂, 수은으로 이루어진 황화 광물로 진한 붉은색을 띤다. 붉은색 안료나 약재로 쓴다.—옮긴이)를 섞은 물을 마시게 했다. 이런 처방이 지금으로서는 기이해 보이지만 당시에는 매우 진지하게 따랐다.

출산이 끝나자마자 친지들은 돼지 간을 갖고 와서 축하를 했다. 가족의 경제력에 따라 산모에게는 양, 엘크, 사슴이 주어졌다. 중세 중국의 의사들은 출산 직후의 기간을 "생사의 갈림길에 서는 사흘간"이라고 부르고, 여성들에게 "진찰"을 위해 "높이 북돋운 침대에 무릎을 세우고 등을 댄 채로 있으라"라고 조언했다. 여성은 오염된 상태이므로 분만 전후 30일 동안 침실에 머물러야 한다는 뜻이었다. 또한 여성이 오로와 칠상(五勞/七傷, 질병을 부르는 다섯 가지 피로와 지나친 포식, 과도한 노여움, 무거운 것을 들거나 습한 곳에 오래 앉아 있기 등등 손상을 가져오는 일곱 가지 행동을 일컫는다.—옮긴이)으로 병에 걸리지 않도록 백일 동안 성교를 금지했다.

이 고대 문헌들은 출산 시 일어나는 문제에 대해 여성을 대놓고 탓하지는 않았다. 하지만 여성들은 순결하지 않으므로 금기사항을 깨거나 영령들이 화나지 않도록 순순히 따라야 한다고 속내를 드러낸다.[14]

유럽 전역에서는 출산과 관련해서 다른 종류의 금기 사항들이 등장했다. 튜더 왕조 시대에 영국의 산모들은 막달이 다가오면 해산을 위해 자신의 침대에 누워서 지냈다. 몇 주 동안 침대 시트에 성수를 뿌리고 창문을 닫고 모든 열쇠구멍을 틀어막고 햇빛이 들지 않도록 커튼을 닫아두곤 했다. 숨어 있는 악마나 달 바라보기 같은 미신을 무시하다가 출산이 힘들어질 수 있다고 생각했기 때문이다. 산모는 배에 개미알 가루 뿌리기 같은 민간요법을 따르기도 했다. 근대 이전에 사람들은 종종 질병과 비슷한 형태를 가진 음식에 착안해서 치료법을 찾았다. 이를테면 뇌의 활동을 돕기 위해 쪼글쪼글한 호두를 먹으라는 처방이 해당된다. 이 방법은 효과가 있지만 순전히 우연히 시작되었다.[15]

일단 분만이 시작되면 여성들끼리 알아서 하는 일이 되었다. '산파[midwife]'라는 단어조차 고대 영어로 '여성과 함께'라는 뜻이 있었다. 남성은 '바보가 되는 것', 즉 산파와 아내의 가까운 친구들과 친지들을 불러주는 것으로 역할을 다했다. 이 여성들은 'God-sibs' 즉 '가십(gossips)'으로 불렸는데, 산모에게 침실 밖 세상에서 어떤 일이 벌어지는지를 들려주어서 산모를 진정시키는 역할을 했다. 이 여성들은 또한 오래된 의식을 펼쳤을 수도 있다. 이를테면 산모의 반지를 빼주거나 허리띠를 풀어주었다. 자칫 목이 졸릴 수도 있고 아기를 해칠 수도 있다고 생각했기 때문이다. 이들은 개오지 조가비 같은 부적을 갖다 주기도 했는데, 그 생김새가 여성의 외음부와 비슷해서 그 부위에 행운을 가져온다고 믿었기 때문이다.

분만이 진행되는 동안 산모는 작고 이동이 가능한 나무 깔판 침대에서 쉬었을 수도 있다. 산모가 어디에 있든 옮길 수 있기 때문이다. 아니면 '앓는 소리를 내는 의자[groaning chair]'라고 불리던 분만 의자에 쪼그려 앉아 있었을 수도 있다. 종교개혁 이후로 분만의 통증을 줄이는 것은 기독교 교리에 어긋난 이단 행위로 규정되면서 앓는 소리는 한층 커졌을 것이다. 1591년에는 분만을 도우려 아편을 준 산파가 산 채로 불태워지기도 했다. 가톨릭의 오랜 관습(참charms 부적, 소형 조각상, 민간요법, 주문)도 대부분 이단으로 금지되었다. 하지만 가톨릭 신자인 메리 여왕이 왕위에 오른 이후에는 금지된 물품들이 재등장했고, 아마도 결코 없어지지 않을 듯이 보였다.[16] 오늘날 여성들 대부분은 공공연히 약초, 기도 그리고 자신들의 '가십'에 의지해야 한다.

많은 산모들에게 결혼할 때 받은 집안의 가보가 있음에도 분만 도중에는 특별한 분만용 리넨을 가져다주었다. 분만 도중에 흘리는 피는 보통 해진 천이나 낡고 부드러운 리넨을 사용해 닦았다. 부유층 산모는 주 침실로 들어갔을 수도 있다. 부자가 아닌 사람들은 가운데 난로 둘레에 사생활 보호를 위해 설치한 칸막이 안으로 들어갔다. 분만이 끝나면 산파가 아기를 물로 씻겼다. 왕자는 포도주로 씻긴 뒤 피부에 버터를 바르고 배꼽에 알로에 가루와 아라비아나 아비시니아(에티오피아의 옛 이름)산 프랑킨센스(유향) 화합물을 뿌렸다.

튜더 왕조 시대에 산모는 신분과 상관없이 '그린 우먼(green woman)'으로 불렸고, 성교와 분만으로 더럽혀져서 청결하지 않다고 여겨졌다. 해산하는 동안 산모는 하늘이나 땅을 바라보거나 심지어 다른 사람의 눈을 보면 안 되었고, 성교는 엄격히 금지되었다. 자신의 사회적, 도덕적 정체성을 회복하기 위해서는 출산달이 지난 후에야 '교회에 갈 수 있었다.' 산모는 결혼식을 올릴 때처럼 얼굴을 베일로 가리고 침실에서 교회 현관으로 인도되었다. 그 이후에 산모는 처녀에 가까운(청결한) 상태로 돌아간다고 여겨졌다. 산모가 교회에 갈 수 없을 정도로 몸이 안 좋으면 사제가 집에 있는 산모를 찾아오기도 했다.

당시의 여성들은 출산의 위험성을 잘 알고 있었다. 임신한 여성들은 죽음을 대비하여 자신의 초상화를 의뢰하기도 했다. 15세기 피렌체의 여성들 대다수는 임신을 알게 되는 즉시 유서를 썼다. 가장 부유한 여왕조차 앞일을 장담할 수 없었다. 사실 면역성이라는 측면에서 보면 여왕은 일반인들보다 훨씬 취약했다. 미래의 왕이 태어날 때는 참관을 위해 왕실의 침실에 70명 가까이 들어오는 경우도 있었다. 이것이 더러운 손이나 치렁치렁한 셔츠를 통해 전염되는 세균성 질병인 '산욕열'의 위험성을 높였다. 헨리 8세의 왕비들 중 제인 시모어(Jane Seymour)와 캐서린 파(Katherine Parr, 두 번째 결혼에서 출산을 함)는 불안을 느낀 궁정 사람들이 침실로 들이닥친 후에 합병증으로 세상을 떠났다. 전체 산모의 사망률을 확인하기는 힘들지만, 16세기 런던 알드게이트(Aldgate) 지역의 사례 연구에 따르면 산모 100명당 2.35명꼴로 사망했다.[17]

분만을 돕는 사람의 숫자는 식민지 미국에서 훨씬 늘어났다. 청교도 임산부는 산파와 시어머니, 이웃 몇 사람을 포함해서 열 명이 넘는 사람들이 분만을 도왔다. 재산과 환경에 따라 주 침실이나 부엌이 아이를 낳는 장소로 선호되었고 여기에 밀짚 침대가 놓였다. 이 침대는 분만 후에 불에 태웠을 것이다. 1760년 무렵 미국의 상류층 여성들이 처음으로 분만을 위해 의사를 불러달라고 요구했다.

침대에서의 분만

침대가 분만 장소로 바뀐 것은 16세기 프랑스에서 근대적인 산부인
과 수술이 실시되면서부터이다. 당시 한 산부인과 의사가 산모에게
침대에 등을 대고 누우라고 했고, 의사는 산모의 '앞에 서서' 자신의
의료도구를 사용할 수 있게 되었다. (당시 산부인과 의사는 전부가 남성
이발사 겸 외과의사였다.)

　18세기 전까지 산부인과 의사의 일은 상스럽게 여겨졌고 이들의
사회적 신분은 목수나 신발 만드는 장인과 다를 바 없었다. 이 남성
들은 여성의 영역에 진입하면서 여성 산파와 치열한 경쟁을 벌였다.
이 산부인과 의사들은 우위를 차지하기 위해 출산을 질병으로 규정
했다. 출산은 언제나 위험해 보였지만 이전까지는 결코 병으로 여기
지 않았다. 하지만 새로운 의사들이 여성들에게 임신은 질병이고 환
자처럼 침대에 누워야 한다고 요구했다. 이후로 의료기기를 다루는

외과의사라는 존재가 분만에 적절할 뿐 아니라 필수라고 여기게 되었다. 산모는 수동적으로 등을 대고 누웠고, 의사는 자신의 기술을 통해 적극적으로 출산을 도왔다.

출산에 대한 새로운 개념은 순식간에 뿌리를 내렸다. 1598년 프랑스의 선구적인 산부인과 의사 중 하나인 자크 기요모(Jacques Guillemeau, 1550~1613년)는 자신의 책 《출산, 여성의 행복한 분만 *Childbirth, or The Happie Deliverie of Women*》에서 침대에 등을 대고 눕는 것이 여성을 편안하게 하면서 분만 시간도 앞당길 수 있는 최적의 자세라고 썼다. 1668년 산부인과 의사 프랑수아 모리소(François Mauriceau)는 책 《분만 중 여성들에게 생길 수 있는 질병 *The Diseases of Women with Child and in Child-Bed*》을 펴냈다. 모리소는 루이 14세의 궁정에서 왕실 외과의사로 종사하기도 했다. 모리소의 책은 임신을 남성이 치료할 질병이며 침대를 활용해야 한다는, 지금은 널리 알려진 관점을 제안했다. "침대는 분만을 앞둔 여성들에 맞춰서 제작되어야 한다. 산모는 그 위에 등을 대고 머리와 가슴을 살짝 들어서 눕지도 앉지도 않아야 된다. 이 자세에서 산모는 숨을 잘 쉴 수 있고 산통을 덜면서 힘을 줄 수 있다. 그렇지 못하면 침대 속으로 맥없이 주저앉게 될 것이다."[18]

침대는 이렇듯 분만의 최적의 장소로서 확고히 자리를 잡아갔다. 그런데 임신한 여성들이 등을 대고 누우면서 기이한 일이 벌어지기도 했다. 모리소가 모시던 루이 14세는 분만 중인 여성들을 지

아기를 낳는 여성의 모습. 18세기

켜보기를 좋아했는데, 전통적인 분만 의자 때문에 관찰이 어려워지자 루이 14세가 이 자세를 고안했다는 이야기가 전해졌다. 사실을 확인할 길은 없지만, 신과 동등한 지위를 누리던 태양왕이 원했다면 그러고도 남았을 것이다. 사실이 무엇이든 간에 17세기 말 프랑스에서는 시골 여성을 빼고 대부분의 여성이 침대에서 분만을 했다.

산부인과 의사들이 고안한 의료기기 중에는 17세기 초 챔벌렌(Chamberlen) 가문이 가장 먼저 사용했던 챔벌렌 겸자[forceps]가 있다. 이것은 앞쪽에 아기 머리 둘레에 맞춘 집게가 달려 있는데 현대의 겸자에 있는 골반굽이가 없다. 이 겸자의 사용법은 가문의 비밀로 유지되다가 1690년대에 휴 챔벌렌에 의해 진실이 드러났다. 겸자를 몰랐던 시절, 침대 시트나 담요 아래서 펼쳐진 챔벌렌 가문의 의술은 기적처럼 보였을 것이 분명하다. 처음에 이런 기기들은 의심의 눈길을 받았고, 산파들은 겸자를 사용하는 외과의사들에 맞서 맹렬히 싸웠다. 하지만 산파들은 결국 미신, 지나간 시대의 유물로 밀려나기 시작했다. 1899년 미국의 외과의사 조지프 볼리버 딜리(Joseph Bolivar DeLee)는 시카고 산부인과 병원을 열면서 분만이 산파가 감당하기 어려운 의료 과정이라고 주장했다. 그는 또한 산통 완화, 겸자 분만과 더불어 침대에서의 분만을 옹호했다.

병원 침대에서의 분만

조지프 볼리버 딜리는 병원 침대의 우월성을 줄기차게 주장했지만, 초기에 병원 침대는 그리 행복한 곳이 아니었다. 18세기에 오텔디외 (the Hôtel-Dieu)라는 최초의 산부인과 병원이 파리에 세워졌다. 이 병원은 침대 1,200개와 대형 분만실을 갖추고 있었다. 하지만 이 병원을 찾는 임산부들이 늘어나면서 침대를 같이 써야 했다. 때로는 한 침대에 나란히 누워서 아기를 낳기도 했다. 이 병원은 산욕열이 수시로 전파되면서 고통을 받았다. 이 병원을 찾은 여성들 중 백 명당 2명에서 8명꼴로 사망했다. 이 수치는 병원 밖 사망률의 열 배 가까이 되었다. 분만 직후 여성들은 갑자기 열이 오르고 통증이 심해지고 부어오르고 복부에서 출혈이 심해지다가 며칠 만에 죽곤 했다. 누구도 이런 패혈증의 원인을 알지 못했지만 누군가는 산모의 젖이 상했기 때문이라고 주장했다. 오텔디외 병원은 1746년에 산욕열이라는 병원

전염병을 처음으로 기록한 후에 이런 가설을 꾸준히 지지했다. 이 병원의 직원이 사망한 여성들의 시신을 해부해서 창자와 다른 곳에 달라붙어 있던 '응고된 모유'를 찾아냈다. 하지만 사실 이것은 모유가 아니라 고름이었다.

다른 생각을 가진 의사들도 있었지만, 그럼에도 언제나 여성의 잘못된 행실이 원인으로 지목되었다. 이를테면 임신 초기에 꽉 끼는 페티코트를 입어서 질액이 오염되었기 때문이라는 식이었다. 누구도 이 환자에서 저 환자로 다니며 자기도 모르게 의료기기나 손으로 박테리아를 옮긴 의사의 잘못이라고는 짐작하지 못했다. 마침내 이그나츠 제멜바이스(Ignaz Semmelweis, 1818~1865년)가 빈 종합병원의 제1 산부인과 클리닉에서 의사와 의대생들에게 환자를 진료하기 전에 손을 씻으라고 열정적으로 주장했으나 소용이 없었다. 때때로 의사들은 부검실에서 곧장 진료실로 가기도 했다. 제멜바이스는 자신의 진료실에서는 사망률을 줄였지만 동료 의사들을 설득하지는 못했다. 외과의사이자 시인인 올리버 웬델 홈스(Oliver Wendell Holmes)는 미국에서 전염병의 전파를 막으려 캠페인을 벌였다. 그는 의사들에게 침대에 있는 여성들을 돌보기 전에 손을 씻으라고 권고했지만 거센 반발에 부딪쳤다. 필라델피아 제퍼슨 의과대학의 찰스 메이그스(Charles Meigs)는 의사는 신사이고 "신사의 손은 청결하다"라고 주장하기도 했다.[19]

19세기 영국에서 성에 대한 언급을 회피하던 태도는 산과학에도 그대로 반영되었다. 1837년 빅토리아 여왕이 왕위에 올랐을 때 남성 의사들은 분만에 참여할 수 있었지만 환자를 보면 안 되었고 만져볼 수만 있었다. 때때로 침대 시트 여러 겹 아래에 있는 아기를 보지도 못하고 여기저기 더듬거려서 찾았다. 훗날 남성 의사의 진찰을 받는 동안 빅토리아 여성들은 무릎을 굽히고 배를 접어서 왼쪽으로 누웠고, 몸을 뒤틀어서 서로 얼굴이 마주치지 않게 했다. 귀족 가문에서는 분만 전용으로 만든 이동 침대가 유행했다. 혼인 침대와 다른 별도의 침대에서 아기를 낳는 것이 출산의 성적 암시를 약화시킨다고 여겼기 때문이다.

하지만 그로부터 머지않아 성과 무관하고 위생적이며 금속 프레임과 뻣뻣한 시트로 이루어진 병원 침대가 더 많은 여성들에게 손짓을 했다. 의학은 획기적인 발전을 이루었다. 1860년대에 조지프 리스터(Joseph Lister)가 개발한 소독법이 엄청난 공헌을 했다. 이제 무균 수술이 가능해졌고 재사용하던 피투성이의 침구는 과거 속으로 사라졌다. 1847년에는 영국의 의사 제임스 심프슨(James Simpson)이 클로로포름을 사용했다. 클로로포름이 지닌 기적과 같은 마취효과가 세상에 알려졌다. 1853년 8번째 출산을 맞은 빅토리아 여왕에게 클로로포름이 처방되었다. 여왕은 이것을 "정말로 기분이 좋아지게 하는" 약이라고 말했다. 이후로 산부인과에서 전신 마취를 위해 클로로포름의 사용이 폭발적으로 증가했다.

현대의 침대 분만

1930년대 중반 미국에서 분만은 병원 바깥보다 병원 안에서 더 많이 이루어졌다. 아기는 태어나자마자 대형 신생아실의 금속 프레임으로 만든 청결한 아기침대로 옮겨졌다. 그 후에 아기는 엄마에게 보내졌고, 공장 조립라인처럼 줄줄이 앉은 산모들이 서너 시간마다 아기에게 젖을 먹였다. 양질의 영아용 조제분유가 개발된 덕분에 제법 할 만한 일이었다고 전해진다.

의학이 발전했다고 하지만 1930년대 말까지 200명 중 한 명꼴로 산모가 분만 도중에 사망했다. 1940년대에 항생제가 개발되면서 산모의 사망률은 급감했다. 호모 사피엔스의 커다란 뇌와 자유자재로 움직이는 손이 이전에는 생각도 할 수 없던 일을 해냈다. 마침내 인간은 자연에게 승리를 거둔 듯 보였다. 20세기 말 분만은 대부분 집이 아니라 병원 침대에서 이루어졌다. 중대한 변화가 나타났다.

1900년 미국 여성의 약 5퍼센트가 병원에서 분만을 했다. 1920년대에는 이 비율이 미국 대도시에서 65퍼센트에 달했고, 1955년에는 95퍼센트로 올라갔다.

오늘날 예비 '부모'는 아기를 낳기 전 각종 검사를 받는다. 또 미국과 영국의 산모 중 약 3분의 1이 제왕절개수술[caesarean section]을 받는다. 고대 로마의 과학자이자 철학자였던 대(大) 플리니우스는 율리우스 카이사르(Caesar)의 조상이 이런 방식으로 분만을 했다고 주장했다. 사실 이 명칭은 '자른다'라는 뜻을 지닌 라틴어 'caedere', 또는 로마법 '렉스 카이사레아(Lex Caesarea, 황제령)에서 유래한 듯하다. 이 로마법에 따르면 임신한 채로 죽은 여성은 사망 직후에 분만이 허용되었다. 태아를 몸에 지닌 어머니의 장례를 치를 수 없게 한 문화적 금기 때문이었다. 무균수술과 마취제가 개발되기 전에 제왕절개 분만은 산모에게 죽음을 의미했을 것이다. 하지만 오늘날 산부인과 병원의 침대는 우리 대부분이 처음으로 만나는 침대가 되었다.

유산 가능성이 높다고 진단을 받은 8만여 명의 북아메리카 지역의 산모들은 분만 전 몇 주 동안 침대에서 꼼짝하지 말라는 처방을 받는다. 이런 처방이 최종 결과를 바꾸지 못할뿐더러 도리어 여성의 정신건강에 해롭다고 주장하는 사람들이 있다.[20] 최근 한 연구에 따르면, 등을 대고 누워 있을 때보다 쪼그리거나 서서 분만을 할 때 분만 시간이 단축되고 제왕절개수술과 무통주사도 줄어들었다고 한

다. 1961년 조사에 따르면, 산업화 이전 사회의 여성 중 18퍼센트만
이 반듯이 누워 아이를 낳았다. 우리가 알아본 대로 이는 서구의 역
사적 관습을 반영하는 듯 보인다. 그리고 조산사들이 강력한 반격에
나섰다. 2010년 영국 왕립 조산사 학회(Royal College of Midwives)는
<산모를 침대 밖으로*Get her off the bed*>라는 제목의 보고서를 발표
했다.

새로운 생명의 탄생과 관련해서 침대는 적극적인 회복을 위한
공간에서 수동적인 출산의 공간으로 바뀌었다. 이런 전환은 여성 산
파가 남성 산부인과 의사로 바뀐 것과 일맥상통한다. 오늘날 산부인
과 의사의 85퍼센트가 남성이다. 이전의 가부장 사회처럼 우리 사회
는 출산의 공로를 대부분 남성에게 돌리고 있다. 하지만 침대는 더
이상 여성이 오염되는 공간이 아니다. 출산과 관련된 수많은 질병이
치료되면서 한 달 동안 침대에서 나오지 못하는 '불결한' 여성들은
이제 없다. 그 대신 여성들은 출산 후 며칠 만에 청바지를 입고 팔짝
팔짝 뛰어다니는 미디어 속 유명인을 따라 하라는 압박에 시달린다.
이것도 여성의 정신건강에 좋을 리 없다.

1970년대 초에 페미니즘 운동가들은 출산과 관련된 치료가 이해
하기 쉬워야 하고 여성의 삶이 의료행위의 대상이 될 수 없다고 주
장했다. 출산은 질병이 아니므로 임신부 모두가 병원에 갈 필요는
없다면서, 일반 조산사의 부활을 옹호했다. 여성 운동가들이 가정출
산을 지지하면서 의사들과 갈등이 일어났다. 가정에서의 분만을 금

지한 미국의 주는 없었다. 하지만 가정출산을 시행하는 의사들은 권위의 상실과 심지어 의사자격증에 대한 위협을 받았다. 오늘날 조산사들은 미국 내 출산의 8.2퍼센트를 맡고 있다. 1980년 1.1퍼센트에 불과했던 수치보다 높다.

그런데 현대의 의학 덕분에 그 어느 때보다 인간은 안전한 삶을 살고 있다. 오늘날 대부분의 여성들이 자발적으로 병원 침대로 가는 이유이다. 이들은 대부분 장신구를 두른 오스투니의 여성 유골이나, 1631년 열네 번째 아이를 낳다가 죽어 타지마할에 묻힌 인도 왕비 아르주만드 바누(뭄타즈 마할), 1855년에 임신으로 인한 구토증(=입덧, 지속적인 구토와 체중감소, 탈수)에 시달리다가 죽은 소설가 샬럿 브론테의 운명을 피할 수 있다. 산후조리를 하는 동안 침대는 삶이 갑자기 죽음으로 변할 수도 있는 장소였다.

5장

장례 의식과 임종 침대

서기 450년 무렵 검은 머리카락의 모체(Moche)족 여성이 20대 중후
반에 세상을 떠났다. 이 여성의 유해는 수백 미터에 달하는 무명천
에 휘감기고 속이 빈 갈대로 짠 매트에 덮여서 묻혔다. 매트는 여성
이 생전에 사용하던 침대였을 것이다. 이 유해는 자연 건조가 되면
서 오롯이 보존되었다. 배 주위의 겹겹이 늘어진 피부로 보건대 그
녀가 적어도 한 번 이상 출산했음을 알 수 있다. 미라를 발견한 고고
학자들은 그녀가 출산 합병증으로 사망했을 가능성이 있다고 결론
을 내렸다.[1]

2006년, 매우 드물게도 훼손되지 않은 이 여성의 무덤은 진흙 벽
돌로 쌓은 카오 비에호(Cao Viejo) 피라미드의 꼭대기에서 발견되었
다. 그렇지 않았다면 심하게 도굴되었을 것이 분명한 이 피라미드는
페루 북쪽 해안가에 자리한 엘 브루호 피라미드 유적지의 일부이다.
'카오의 귀부인(Lady of Cao)'이라고 불리는 이 여성 미라의 무덤에
는 이상하게도 여성용 부장품과 남성용 부장품이 함께 묻혀 있었다.
금 장신구, 금으로 만든 바늘, 직조 도구, 의례용 전투곤봉 2구, 창
23구 등이었다. 이 여성은 생전에 권력을 가진 여성 지도자였을까,
아니면 군용품을 내려주던 통치자의 아내였을까? 기록이 없어서 우
리로서는 알 수 없다. 확실한 것은 그녀가 중요한 인물이었다는 사
실이다. 그녀의 육중한 침대 옆에는 또 다른 유골 몇 구가 놓여 있었
다. 그중 17~19세 사이로 짐작되는 여성이 포함되어 있는데, 목둘레
에 끈이 남아 있는 것으로 보아서 아마도 망자를 사후세계로 이끌어

줄 희생물로 바쳐진 듯하다.

그런데 카오의 귀부인은 어쩌다 지위나 호화로운 제물과 어울리지 않는 소박한 갈대 침대에 싸인 채 묻혔을까? 이 갈대 침대는 어마어마한 부장품을 담기 위한 현실적 대안이었을 가능성도 있지만, 어쩌면 마지막 여행을 배려한 것이었을 수도 있다. 최근의 연구에 따르면 현대 서구인의 70퍼센트가 자신의 침대에서 죽고 싶어 한다는 조사 결과가 나왔다. 이중 50퍼센트는 자신이 태어난 살균 병원 침대와 똑같은 곳에서 세상을 떠나면서 이 소망을 이루지 못한다. 자기 침대에서 죽고 싶다는 소망은 잠과 죽음, 상상 속 사후세계 사이의 오랜 연관성을 드러낸다. 기원전 2200년경으로 올라가면 세계에서 가장 오래된 문학 작품의 주인공 길가메시는 죽음을 잠과 동일시한다. 길가메시는 병으로 죽은 친구에게 말한다. "지금 너를 덮친 이 잠은 무어란 말인가? 너는 거무스름하게 변했고 내 말을 듣지 못하는구나!"[2]

고고학자들이 인간의 무덤을 찾아낼 때마다 유골 대부분은 잠들어 있는 듯한 자세를 하고 있다. 등이나 옆구리를 바닥에 대고 몸을 쭉 뻗고 있거나 태아처럼 웅크리고 있다. 버려졌거나 떨어진 그대로 누워 있는 무질서하거나 기이한 자세는 적과 범법자, 비인간적인 존재들에게서나 볼 수 있다. 예를 들어 잉글랜드 남부 도싯에 위치한 리지웨이 힐(Ridgeway Hill) 지역에서 약 천 년 전에 참수된 것으로 보이는 바이킹의 유해 54구가 발굴되었다. 이들처럼 위아래가 뒤집혀 있거나 앉아서 묻히는 경우는 아주 드물다. 물론 9세기에서 14세기까지 페루 해안가에서 번성했던 시칸 문화(Sican culture)의 지식인층은 이런 자세로 묻히기도 했다.

우리 대부분은 이런 잠-죽음-사후세계의 연관성을 아직도 믿고 있다. 망자에게 "평화롭게 잠드소서(Rest in peace)." 또는 "숙면에 들기를(Sleep tight)."라는 마지막 인사를 건넨다. 구약성서에서 침대를 일컫는 단어가 페니키아어와 우가리트어로 관[mskb]과 똑같고, 웨일스어 'bedd'는 침대와 무덤 둘 다를 가리킨다. 나일강 상류에서 오래전부터 거주한 목축민인 누에르(Nuer)족은 잠자는 동안 조상들 사이를 헤매던 영혼이 돌아오기 전 육신이 먼저 깨어나면 죽음을 맞는다고 믿는다. 그 믿음이 틀렸다고 단정할 수는 없다. 이렇듯 인간은 죽음에 대해 알 수 없으므로 그 어떤 사건보다 많은 의식들로 죽음을 에워쌌다. 이런 드라마에서 침대는 꾸준히 무대 중심에 있었다. 비록 최후의 공식적인 작별 인사를 위해 죽어가는 군주를 침대로 끌고 올지라도.

의식과 영혼

장례 절차에 관해 가장 오래된 기록을 남긴 메소포타미아인들에게 임종 침대는 심오한 의미가 있었다. 어떤 사람이 죽어가는 게 분명하다면, 그 사람은 특별한 장례용 침대로 인도되고 그 둘레에 가족과 친구들이 모였다. 그런 후에 빈 의자가 침대 왼쪽에 놓였다. 이 의자는 죽은 후 영령이 앉는 자리이다. 그 사이 시신을 씻기고 향유나 향수를 바르고, 시신의 입을 굳게 다물린 뒤에 향을 피웠다. 시신 옆에는 죽은 이가 가장 좋아하던 소지품들, 신을 위한 선물, 음식, 술, 샌들 등 무덤에 함께 묻힐 물건들이 놓였다.

샌들은 사후세계로 떠나는 영령의 여행에 필수품이었다. 물론 최고 부자들은 수레를 선호했는데, 몹시 고된 여정이라 믿었기 때문이다. 먼저 영령은 서쪽으로 가기 위해 악령으로 가득한 대초원을 지나가야 한다. 그리고 배를 타고 지옥의 강인 쿠부르(Khubur)를 건너는

데, 여기에서 마지막으로 인간의 명부에서 이름을 확인하는 신이 맞아준다. 일단 지하세계에 편히 자리를 잡으면 영령은 친척들에게 간혹 음식 제물을 받을 뿐 따분하게 지낸다. 한 가지 예외는 사산된 아기들이었다. 이 아기들은 놀이를 하고 꿀을 먹으면서 영원의 시간을 보낸다는 이야기가 있다.

지상에 남은 친구들과 가족들은 망자를 애도하는 시간을 보냈다. 가장 가난한 사람들도 홀로 죽어가게 하는 것은 엄청난 결례라고 여겨졌다. 사람들은 상복을 입고 큰 소리로 울부짖으며 몸에 상처가 날 정도로 할퀴는 행동으로 애도를 표했다. 때때로 매춘부를 비롯한 전문 조문객들이 고용되기도 했고 큰 소리로 북을 치기도 했다. 장례식은 비용이 많이 들었기 때문에 매장 관리자들은 곡식과 빵, 맥주뿐만 아니라 망자의 옷가지, 장례용 침대와 의자를 가지려 했다. 기원전 2500년경 수메르를 다스리던 라가시의 이리카지나(Irikagina of Lagash) 왕은 장례식 물품의 수량을 엄격히 제한했다. 장례식당 맥주단지를 7개에서 3개로, 빵은 420개에서 80개로 줄였고, 침대 하나와 머리받침대 한 개만을 허용했다. 침대는 장례식 후에 무덤에서 거두어들여야 한다는 조건도 달았다.[3] 메소포타미아의 장례식은 오늘날의 결혼식처럼 상업적으로 이용되기에 적합했다. 육신이 제대로 묻히지 못하면 귀신으로 돌아와서 살아 있는 사람들 주변을 떠돌아다닌다고 믿었기 때문이다. 이런 이유로 메소포타미아의 승리자들은 언제나 전투 중에 죽은 적의 병사들도 땅에 파묻어 주었다.

이리카지나 왕이 침대를 무덤에 놔두지 못하게 금지한 것은 사람들이 그렇게 했었다는 뜻이다. 이처럼 침대째로 매장하는 풍습은 홍해의 반대쪽 지역에서도 목격된다. 기원전 4000년대 초 이집트와 누비아(오늘날의 수단) 사람들은 시신을 침대와 모양이 비슷한 들것 또는 상여에 뉘어 매장했다. 이것들은 집안 침대와 마찬가지로 나뭇가지를 엮어서 만들었다. 미국의 고고학자 조지 라이스너는 1900년대 초 누비아인이 세운 쿠시(Kush) 왕국의 수도였던 케르마(Kerma)를 발굴했다. 이 지역에서 기원전 1700년 무렵에 침대째로 묻은 듯 보이는 무덤 터를 여러 곳 찾아냈다.[4] 나무로 만든 임종 침대가 가장 많았고, 소의 다리 모양을 한 침대 다리와 물갈퀴 모양의 매트리스도 발견되었다. 가끔 닳은 흔적이 보이는 침대도 발견되었는데 생전에 망자가 사용한 침대였음을 암시한다. 침대가 없는 무덤보다 침대가 있는 무덤의 숫자가 더 많았지만, 이런 매장 풍습은 침대를 버려도 되는 부자들에게만 해당되었을 수도 있다. 오늘날 수단의 장례식에서 사람들은 여전히 시신을 침대에 뉘어 무덤으로 옮기지만, 보통 정화 의식이 끝나면 침대를 집으로 되가져온다.

고대 이집트의 장례식에서도 임종 침대는 필수적이었다. 기원전 14세기에 투탕카멘이 죽었을 때 그의 무덤은 아직 미완성이었지만 왕의 시신을 두는 널방(묘실)의 벽에는 장례 행렬이 그려져 있었다.[5] 하얀 튜닉을 입은 조문객 12명이 썰매로 투탕카멘 미라가 실린 나무 침대를 끌고 있다. 투탕카멘의 침대는 이 무덤을 발견한 영국의 고고학자 하워드 카터가 표현한 대로 '꽃 줄 무늬'로 장식한 석관 안에 들어 있었다. 투탕카멘의 장례 담당자들은 나일강이 보이는 사막 끄트머리에 위치한 왕의 사당에서 미라를 무덤으로 옮겼다. 아마도 이 사당에서 투탕카멘의 시신에 방부 처리가 되었을 것이다. 투탕카멘의 침대 뒤쪽에는 사후세계에 필요한 모든 것을 옮기는 신하들의 행렬이 그려져 있다. 투탕카멘의 장기를 담은 카노푸스 단지, 옷가지, 음식, 보석과 가구가 포함되있다. 이 행렬에는 조문하는 여성들이 뒤따랐는데, 때때로 고용된 이들은 산발한 머리와 맨 가슴, 크게 휘젓는 팔 동작으로 슬픔을 표현했다.

장례 행렬이 무덤 입구에 다다르면 미라는 최종 장례 의식에 들어갔다. 보통은 망자의 장남이 미라를 옮겼다. 투탕카멘은 열아홉 살의 나이에 직속 승계자가 없이 사망으므로, 다음 파라오로 선출된 장관 아이(Ay)가 가장 신성한 의식, 곧 미라의 입을 여는 의식을 맡았다. 이 의식을 통해 미라는 무덤 안에서 환생하고 음식과 술, 빛을 받는다고 생각되었다. 음식과 빛은 사후세계에 필요한 두 가지 필수품이었다. 아이는 표범가죽으로 만든 예복을 입고 특별한 도구로 미라의 눈과 입을 만지면서 주문을 외웠다. 신생아의 탯줄을 자를 때 쓰던 물고기꼬리 모양의 칼이 포함되었고, 그리하여 죽음에서 탄생과 환생을 이끌어내려 했던 듯하다. 스위스 미라 프로젝트(Swiss Mummy Project)가 51구의 미라를 조사한 바에 따르면, 이런 장례의식 도중에 과격한 행위들이 일어나면서 미라의 앞니 대다수

가 금이 가고 빠졌다고 한다.[6]

투탕카멘의 미라는 한 벌의 관 안에 놓였고 이 관은 금박을 입힌 침대에 올려졌다. 카터의 유물카드에 따르면 "사람 형태를 띤 바깥쪽 관의 볼록한 면에 들어맞도록 오목한 형태"로 이루어진 "육중한 나무 침대 형태의 상여(bier)"였다.[7] 관은 위쪽에 두 개의 사자 머리, 아래쪽에 꼬리 형태로 우아하게 장식하고 다리는 사자의 앞발과 뒷발처럼 보이게 했다. 밑바닥에는 금으로 짠 그물 매트리스가 있었고, 그 아래쪽은 검은색으로 칠해졌다. 그야말로 왕이자 신의 위상에 걸맞은 침대였다. 금으로 만든 사당이 그 주변에 세워졌고, 무덤은 보물로 채워진 후 입구가 봉쇄되었다.

투탕카멘은 한때 지상의 신으로서 동료 신들과 함께 사후를 보냈는지는 상세한 기록이 없어서 알 수 없다. 한편 이집트의 '평민들'은 죽음을 이아루 들판(Field of Iaru, 나일강의 삼각주와 닮은 갈대밭.—옮긴이)처럼 또 다른 세상으로 가는 것이라고 생각했다. 이아루는 사람들이 사후에 완벽히 건강한 상태로 영생을 누리는 행복한 세상을 의미한다. 가난한 사람들은 사막에 부적 한두 개와 함께 소박하게 묻혔다. 반면 부자들은 엄청난 제물, 가구와 함께 매장되었을 것이다. 이런 호화 무덤 중에 아멘호테프 2세와 투트모세 4세, 아멘호테프 3세(기원전 15~14세기)의 무덤을 만든 건축가 카(Kha)의 무덤이 있다. 카의 무덤은 1세기 전 데이르 엘 메디나의 장인 마을에서 도굴된 흔적 없이 발견되었다.

카는 아내인 메리에트(Meryet)와 함께 묻혔다. 이 무덤에는 엄청 난 양의 보석, 의복, 음식, 삼각형 모양의 남성 하의 60벌과 두 사람 의 아름다운 침대가 묻혀 있었다. 카의 침대는 나무로 만들어졌고, 침대 다리는 사자 다리 모양이고 촘촘히 짠 매트리스가 깔려 있었 다. 침대가 묘실과 꼭 맞지 않는 것으로 보아서, 그것을 가져온 사람 들이 집으로 되가져가지 않고 문 입구 바로 밖의 통로에 남겨둔 듯 하다. 아마도 무덤 크기에 맞춰 주문한 침대가 아니라 카가 생전에 사용하던 침대였을 것이다. 메리에트의 침대는 카의 침대와 비슷하 지만 크기가 더 작고 흰색이 칠해져 있었다. 그녀의 침대는 시트, 술 이 달린 침대커버, 타월, 천 두 겹으로 감싼 나무 머리받침대로 이루 어져 있었다.[8] 이 침대들은 생전에 중요한 의미가 있었고, 또한 이 들의 시신을 무덤으로 옮기는 데 사용되었던 것 같다.

화려한 죽음

화려한 임종 침대는 지상과 천국에서 망자의 신분을 드러내는 방식이었다. 고대 그리스만큼 임종 침대의 상징성을 극적으로 이용한 문화는 없었다. 그리스 사회에서는 정찬용 카우치 침대(클리네)에 기대어 함께 식사하는 것을 매우 세련된 사교 활동으로 여겼다. 머지않아 그리스의 지식인들은 이런 클리네 침대를 시신을 매장하는 데 사용하기 시작했다. 장례용 클리네는 기원전 2000년에 만들어진 예리코의 무덤을 비롯하여 아주 일찍부터 등장했다. 기원전 5세기가 되면 클리네 임종 침대는 장례용 화병에도 자주 등장하게 된다.[9]

클리네 임종 침대는 실물이 거의 남아 있지 않다. 아마도 나무틀로 만들었기에 오래전에 사라졌거나 침대를 무덤에 남겨두지 않던 관습 때문일 수도 있다. 에게 해의 케오스(Keos) 섬에서 발견된 5세기의 비문에는 침대와 그 덮개를 장례식이 끝난 후 집으로 되가져와야 한다고 적혀 있다. 이 충고를 듣지 않은 드문 사례 중에 아테네 케라메이코스(Kerameikos) 공동묘지의 무덤 여러 개가 있다. 이 무덤들에는 동아시아풍으로 상아, 호박, 뼈 조각을 화려하게 상감한 나무 클리네의 조각이 남아 있다. 이렇듯 호화로운 카우치에 시신을 뉘어서 묻으면 사후에도 연회를 즐길 수 있으리라 믿었을 것이다.

고전기 그리스에서 클리네 임종 침대를 즐겨 사용하게 된 데는 내세 개념의 변화가 영향을 주었을 것이다.[10] 기원전 8세기 후반에 쓴 호메로스의 서사시 <오디세이아>를 보면 사후에 대한 그리스인의 생각은 메소포타미아인들과 비슷했다. 죽은 영혼은 하데스, 곧 물로 둘러싸인 캄캄한 지하공간에서 따분하고 무탈한 삶을 살게 된다고 믿었다. 그런데 육신이 땅에 묻힌 사람들만이 그 물을 지나 하데스로 들어갈 수 있었다. 머리가 여럿 달린 개 케르베로스(Kerberos)는 거기에서 도망치려는 자는 누구라도 먹어치웠다. 생전의 행동에 대해서는 어떤 보상도 처벌도 내리지 않았다. 고졸기(기원전 8세기에서 6세기)가 되면 하데스는 더 쾌적해지지만 고전기(기원전 5세기에서 4세기)에는 엘리시움(Elysium), 즉 이상향에 대한 생각이 뿌리내리면서 클리네가 임종 침대로 사용되기 시작했다.

클리네 임종 침대에는 진지한 의식이 필수적이었다. 먼저 예순을 넘긴 여성 친지가 시신에 향유를 바르고 씻기고 옷을 입히는 일을 맡았다. 그리고 시신은 클리네에 놓였는데, 머리를 베개에 두고 발을 문 쪽으로 향하게 했다. 당시의 화병 그림을 보면 남성들은 오른손을 든 채 클리네에 다가오는 반면 여성들은 일제히 머리와 가슴을 손으로 치고 있다. 때때로 여성 음악가들이 하프나 플루트, 리라를 연주하는 광경이 보이지만 고전기가 되면 전문 조문객들은 더 이상 고용되지 않았다. 그럼에도 침대 장례식은 계속되었다.

에트루리아의 지식인들 사이에서는 정찬용 카우치 모양을 본뜬 테라코타 관에 묻히는 풍습이 유행하게 된다. 기원전 6세기 말에 만들어졌다고 짐작되는 부부 석관은 에트루리아 미술품 중에서도 최고의 걸작으로 꼽힌다. 이 석관에는 머리를 길게 땋은 부부가 행복한 얼굴로 함께 연회를 즐기는 모습이 조각되어 있다. 이 조각은 모두 진흙으로 빚어 구워낸 듯하다. 아내는 왼손에 작고 둥근 물체를 들고 있는데 불멸을 상징하는 석류로 보인다. 에트루리아 여성들은 동시대의 다른 나라 여성들에 비해서 더 많은 자유를 누렸던 것으로 짐작된다. 여기서도 아내는 남편 곁에서 편안히 휴식을 취하고 있다. 그리스 사회에서는 남성들만이 연회 참석이 허용되었다. 클리네 임종 침대는 훗날 그리스와 로마가 점령했던 지역들에서도 발견되고 있다. 에트루리아의 경우처럼 보통은 그 지역의 특색이 반영되었다. 알렉산드로스 대왕이 오늘날 파키스탄에 있는 인더스강을 따라 원정에 나섰음을 감안하면, 헬레니즘이나 로마 양식의 원통형 다리가 달린 카우치 위 불상이 간다라 문화의 미술품에서 발견되는 것도 그리 놀랍지 않다.

16세기에 한쪽 팔을 카우치에 기대고 쉬는 무덤 인물상이 발견되기도 했지만, 서구에서 장례용 클리네는 로마 제국의 몰락과 함께 유행이 지나갔다. 그랬던 클리네 침대가 빅토리아 시대에 접어들어 다시 등장한다. 당시 제국으로 발돋움하고 있던 영국은 고전적인 것이라면 무엇이든 되살려 유행을 시켰다. 야심만만한 빅토리아 사람들은 때때로 친지의 시신을 고전 양식의 클리네, 즉 셰이즈 롱(chaise longue, 프랑스어로 '긴 의자'라는 뜻으로 침대와 소파의 중간 형태—옮긴이)이나 '페인팅 카우치(fainting couch, 셰이즈 롱과 비슷하지만 등받이 모양이 기울어져 있다.—옮긴이)에 누인 후에 조문객을 맞았다. 연회의 요소는 사라지고 빅토리아 카우치는 이제 남성보다 여성과 깊이 관련되었음에도, 호화로운 죽음에 대한 열망은 여전했던 것이다.

침대를 둘러싸다

많은 문화권에서 임종 침대는 친구들과 가족, 그 밖의 사람들이 대규모로 모이는 사교 장소이기도 했다. 죽어가는 사람, 예컨대 가문의 수장이 자신의 지위를 넘겨줘야 할 때 관중은 필수적이었다. 중국의 황제들은 매우 공적인 죽음을 맞았던 듯하다. 황제들은 죽기 바로 직전에 후계자의 이름을 알려주었는데, 후계를 둘러싼 분란을 막기 위해서였다. 물론 이런 방식이 항상 성공적인 것은 아니었다. 언제나 예상하지 못한 위험이 도사리고 있었다. 북제(北齊)의 문선제(文宣帝, 526~559년)는 임종 침대에서 불로장생의 효과가 있다는 묘약을 먹었고, 이 묘약 때문에 죽었다.[11] 많은 황제들이 그의 뒤를 따랐다. 각종 묘약이 중국의 황제와 고관대작의 생명을 빼앗았다. 365년에 스물다섯 살의 나이로 죽은 진애제(晉哀帝)도 여기에 포함된다. 그는 늙지 않고 영원히 살게 한다는 불로장생약을 마신 후에 죽었다. 문선제는 적어도 자신의 죽음이 임박했을 때에 이런 묘약을 먹을 정도의 분별력은 있었다.

인도의 통치자 마하라자(maharajah)는 임종 침대에서 후계자를 선택하고 입양하려 했다. 입양할 아들을 일찍이 정해두었을 때 승계를 앞당기려 일어날 수 있는 풍파를 막으려는 합리적인 선택이었다. 임종 침대는 후계자에 대한 추측으로 어지러울 때 더욱 중요한 의미를 가졌다.

1603년 엘리자베스 1세 여왕이 69세의 나이로 침대에서 죽음을 맞았을 때는 소수의 사람들이 지켜보았다. 여왕의 시녀인 엘리자베스 사우스웰(Elizabeth Southwell)에 따르면, 죽음을 목전에 둔 여왕이 '진실을 보는 거울'을 달라고 하면서 문제가 시작되었다.[12] 국가가 통제한 초상화는 여왕을 한결같이 잡티 하나 없는 완벽한 미인의 모습으로 그렸다. 사실 여왕은 천연두로 인한 피부 흉터와 썩은 이 때문에 고통을 받았다. 여왕은 거울에 비친 자신의 모습에 충격을 받았고 자신에게 아첨하고 진실을 감춘 사람들을 모조리 침실에서 몰아냈다.

그럼에도 엘리자베스 1세 여왕이 사망한 날 시중들던 시녀들, 의사들, 채플린(chaplain, 잉글랜드 왕실 예배당의 성직자. 종교적인 활동 이외에도 왕의 비서직인 서기를 주로 맡았다.—옮긴이), 캔터베리 대주교, 추밀원 관료들이 곁을 지켰다. 기도소리가 들렸고, 죽음의 문턱을 넘기 직전의 여왕에게 스코틀랜드의 제임스 왕을 후계자로 세우는 데

동의하는지 질문이 이어졌다. 말을 할 수 없었던 여왕은 손을 들어서 동의를 표시했다. 자신의 처녀성과 출산 경험을 의심하는 소문을 접했던 여왕은 사후에 자신의 몸에서 장기를 빼내거나 검사하면 안 된다는 유언을 남겼기 때문에 여왕의 시신은 곧장 관에 옮겨졌고, 이 관은 침대 위에 놓였다. 여왕의 시녀들이 침대 곁을 지켰다. 침대에는 검은색 벨벳이 둘러쳐지고 커다란 타조깃털이 장식되었다. 중세의 전통을 따라서 후계자가 왕좌에 오르기 전까지는 여왕의 모습을 똑 닮은 목각인형[effigy]이 대리했다. 이 인형은 여왕이 매장되기 전까지 그 자리를 지켰다.

유럽 전역에서 왕의 죽음을 알리는 메아리가 울려 퍼졌다. 1715년 프랑스의 루이 14세는 '군주의 침대'에서 공적인 죽음을 맞았다. 군주의 침대는 프랑스 왕실에서 너무나 중요한 상징이었기 때문에 비어 있을 때조차 침실을 드나드는 사람들은 제단에 하듯 침대를 향해 무릎을 꿇었다. 루이 14세는 죽기 이틀 전까지 이 침대에서 정무를 보았는데, 증손자를 후계자로 지정하는 일도 포함되었다. 측근의 신하들이 왕의 침대 곁을 지키는 동안 많은 이들이 침실을 찾았다. 괴저에 걸린 다리를 진찰하던 의사들, 가족, 궁정 관료들, 다른 참관자들이 왕의 침실에 들어왔다.

왕이 타계하면 왕궁의 여러 방에 검은색 천이 드리워졌다. 하지만 루이 14세는 장례용 인형을 내세우는 전통을 따르지 않았다. 프랑스에는 고리버들(영국에서는 나무로 만들었음)로 왕의 인형을 제작

기독교인의 임종 침대. 존 웨슬리 A. 목사의 죽음. 1840년경 제작된 석판화.

하고 거기에 죽은 왕의 시신을 본뜬 밀랍 마스크와 밀랍 손을 붙이
는 관습이 있었다. 이런 도플갱어에 옷을 입히고 왕의 침대에 앉혀
서 조문객을 맞이했다. 이 인형에게는 마치 살아 있는 왕에게 하듯
음식을 올렸다. 이 인형은 장례 행렬에서 눈에 잘 띄는 곳에 전시되
었고, 이것을 보기 위해 사람들이 몰려들곤 했다. 하지만 루이 14세
의 아버지인 루이 13세가 이단적이라는 이유로 이 관습을 1622년에
금지시켰다.

임종 침대 둘레에서의 모임은 왕실에서만 중요한 것은 아니었다. 임종 침대는 친구들과 가족이 망자를 (그리고 서로를) 지지하기 위해 모이는 사교장이기도 했다. 엘리자베스 1세 시절 영국에서는 사람이 죽으면 보통 시신을 씻기고 수의를 입힌 후에 경제적 여유가 있으면 간단하게 방부 처리를 했다. 이 시신은 상여나 뚜껑 없는 관이나 망자의 침대에 놓였다. 그리고 조문이 시작되었고, 친구들과 가족은 시신을 묻기 전까지 망자를 결코 홀로 두지 않았다. 이런 전통은 20세기 중반까지 이어졌다.

가톨릭교는 임종을 지키는 관습을 중요하게 여겼다. 이때 망자의 운명이 갈린다고 믿었기 때문이다. 망자의 사후는 침대를 천사가 둘러쌀지 아니면 악마가 둘러쌀지에 달려 있다고 믿었다. 고요한 죽음은 천사가 승리했다는 표시였다. 종교개혁 이후 개신교도들은 인간의 운명이 마지막 1분으로 정해질 리 없다며, 이런 태도가 분명 임종 침대에 불안감을 가져온다고 주장했다. 그럼에도 개신교도인 엘리자베스 1세의 채플린은 여왕이 마지막 숨으로 곧장 천국으로 갔다고 주장하기 위해 갖은 애를 썼다. 그는 "여왕께서는 마치 양처럼 온화하게, 나무에서 익은 사과를 따듯 편안하게 이생을 떠나셨다"라고 적었다.[13]

이슬람에서도 가족과 친구들이 임종 침대 둘레에 모여들었다. 죽음을 앞둔 사람에게 아랍어로 "알라는 유일신이고, 무함마드는 알라의 사자"임을 믿는다는 신앙 고백이 이어졌다. 원래 이 기도는 반복된 '라'음으로 편안하고 서정적으로 진행된다. 죽어가는 사람의 몸이 편치 않을 때에는 갓 태어난 아기에게 하듯 귀에 대고 성스러운 말들을 속삭여주었다. 죽은 후에 시신은 의식에 따라 씻기고 수의가 입혀져 상여 위 관에 놓였다. 매장은 가능한 빨리, 보통 하루 이내에 진행되었는데, 매장된 후에 조문 기간이 이어졌다. 이렇듯 신속하게 매장이 진행된 것은 위생과 부패 문제 때문이었다. 이슬람교는 물론이고 유대교도 마찬가지로 오랫동안 화장을 금지했다.

16세기와 17세기 유럽의 유대인들은 임종 침대를 지키는 풍습을 미츠바(mitzvah), 즉 선행이나 종교인의 의무라고 생각했다. 유대인 공동체는 누구도 홀로 죽게 하지 않으려 부단히 노력했다. 죽어가는 사람은 열 명의 유대인 앞에서 고해를 하는데, 여기에는 일련의 기도가 포함되었다. 이후에 죽어가는 사람이 가족을 위해 축복을 빌거나 기도를 했다. 죽은 후 시신은 24시간 안에 씻기고 매장되어야 했다. 탈무드에 따르면 하느님은 "나는 너희 사이에 나의 형상을 두었고, 너희의 죄로 인해 나는 그것을 뒤엎었다. 이제 너의 침대를 뒤엎는다."라고 말한다.[14] 유대인 조문객들은 이 구절을 따라서 자신의 카우치나 침대를 엎어놓았다. 7일간 이어지는 시바 기간(shivah 기간, 부모·배우자와 사별한 유대인이 장례식 후 지키는 7일간의 복상服喪 기간—옮긴이)에는 바닥에 누워서 잠을 잤다.

17세기 유럽인들은 아프리카 골드 코스트(African Gold Coast, 아프리카 서부 기니 만 주변에 설치된 영국의 식민지—옮긴이)에서 비슷한 장례식 광경을 목격하고 기록했다. 어떤 유럽인도 임종 침대를 제대로 관찰할 수 있을 만큼 그곳 사람들과 친하지 않았음에도 죽음 후에 대규모 인원이 모였다고 적었다. 주술사가 시신에게 어떻게 죽었고 누가 죽음을 초래했는지를 직접 물었다며, 경멸하듯 기억을 떠올렸다. 이런 아프리카인들의 의식은 유족들의 정신건강에 도움이 되었을 수 있다. 망자의 장남은 자신의 침대 밑이나 근처에 아버지의 시신을 묻었다. 매일 아침 아들은 자신이 먹거나 마시는 모든 음식의 첫입을 떼서 죽은 아버지에게 바쳤다. 영국의 식민주의자들은 이런 관습을 야만적이라고 부르고 금지시켰다.

마지막 말

임종 침대에 모여든 사람들은 죽어가는 사람 쪽으로 몸을 기울여 마지막 말을 간절히 듣고자 한다. 자신의 업적과 목적을 집약할 마지막 말을 하게 될까? 다음 세상을 이끌어줄 길잡이가 될 신성한 말을 해줄까? "버티(훗날 에드워드 7세로 왕위에 오른 버티 왕자를 가리킨다.—옮긴이)야"라고 빅토리아 여왕은 숨이 넘어갈 듯 꺽꺽대며 말한 후 "모든 것이 다 지루하구나"라고 말했다. 스탈린은 경호원들을 집으로 보내기 전에 "난 침대에 들 것이네"라고 큰소리로 외친 후 "자네들을 더 이상 부를 일이 없을 것이네. 자네들도 침대에 들어가도 되네"라고 말했다. 죽기 직전에 심오해지는 것이 어렵거나 그런 것 등에 신경 쓸 겨를이 없을 수도 있다.

서구인들은 마지막 말에 유달리 관심을 갖는다. 이런 유행은 인상적인 소크라테스의 죽음으로 거슬러 올라간다. 기원전 399년 소크라테스는 불경죄와 아테네 젊은이들을 타락시킨 죄로 고발되었고 헴록(hemlock, 독미나리과의 다년초로, 독이 있어 사약으로 쓴다.—옮긴이)을 마시는 독약형을 선고받았다. 젊은 제자인 플라톤이 당시 사건의 흐름을 기록으로 남겼다. 소크라테스는 독약을 마시고 (아마도 침대에) 누워서 온몸을 시트로 덮었다. 독이 소크라테스의 발에서 머리로 차츰 퍼지면서 최고조에 이르렀다. 마지막 순간 소크라테스는 자기 얼굴에서 시트를 내리고 지켜보던 친구에게 부탁을 남겼다. "크리톤, 내가 아스클레피오스(의료의 신)에게 수탉 한 마리를 빚졌는데 자네가 대신 갚아줄 수 있겠는가?"[15]

어이없는 결말이라고 생각할 수도 있다. 하지만 소크라테스를 지켜보던 친구들은 경외심을 느꼈고 소크라테스가 끝까지 고결하다고 여겼다. 로마인들에게 소크라테스의 죽음은 궁극의 죽음이었고, 그리하여 누군가의 마지막 말에 관심을 쏟는 유행이 시작되었다. 로마의 철학자 세네카는 소크라테스와 비슷한 방법으로 자살을 결심하고, 비서에게 지켜보며 자신의 마지막 말을 기록해 주겠다는 약속을 받았다. 로마의 역사가 타키투스(Tacitus)에 따르면 세네카는 이렇게 말했다. "나는 여러분의 친절한 마음에 감사 인사를 전할 기회를 박탈당했기에, 대신 단 하나 나의 가장 좋은 것을 남기고자 합니다. 바로 내가 이 세상에 살아 있을 때의 모습입니다. 그 기억을 간직한다면 여러분의 우정은 선한 사람이라는 명성으로 보답 받을 것입니다."[16] 또 다른 사람들은 세네카가 해방자 유피테르(주피터)에게

술을 바치려 했다고 주장한다. 그것은 타키투스가 말한 대로 세네카의 계획이 틀어지고 망가지고 길어졌기 때문일 가능성이 크다. 헴록에 의한 죽음은 보통 격렬한 경기와 경련, 구토가 따른다. 십자가형이 차라리 훨씬 단정했으므로 그리스 시대에도 범죄자를 처리하는데 보통 이 방법을 사용했다.

헴록의 실체를 고려하면 소크라테스의 행동뿐만 아니라 마지막 말도 지어낸 이야기일 가능성이 있다. 아니, 어쩌면 최고의 마지막 말 모두가 지어낸 것일 수도 있다. 로마 최초의 황제 아우구스투스는 이렇게 말했다고 전해진다. "나는 진흙으로 된 도시 로마를 발견했지만 대리석으로 된 로마를 남길 것이오." 하지만 왕비인 리비아는 아우구스투스 황제가 그리스 연극의 대사 몇 구절을 인용했다고 주장했다. 이 주장 또한 사실인지 알 길이 없다. 엘리자베스 1세 여왕의 말 "내가 가진 모든 것이 아주 짧은 한순간을 위한 것이었다"도 허구일 수 있다. 파리의 하숙집에서 무일푼으로 죽은 오스카 와일드(Oscar Wilde)의 마지막 말 "이 방의 벽지와 나 중 누군가 하나는 가야 한다"도 자주 인용되곤 한다. 하지만 사실 와일드는 이 말을 죽기 몇 주 전에 했다.

망자가 대꾸할 리 없으므로 마지막 말은 지어내기 쉽다. 예수회와 다른 북아메리카 선교사들은 종종 죽음을 앞둔 '인디언' 원주민들의 말을 언급했는데, 이는 자신들의 명분을 위해 끌어들인 것이었다. 이들에게 모범적인 인디언의 임종 침대는 끝이 다가왔다는 깨달음으로 시작한다. 이미 기독교로 개종한 인디언이라면 하느님을 위해, 친구와 가족의 건강을 위해, 자비를 위해, 또는 비기독교 인디언들을 꾸준히 개종시키기를 기원하며 기도를 올렸다. 이들은 언제나 하늘 쪽을 응시한 채 마지막으로 "예수님이시여, 저를 데려가세요!" 따위의 말을 했다고 전해진다.

이따금 건강한 상태에서 죽어간다면 놀라운 말을 할 수 있을지도 모르겠다. 1887년 조지 엔젤(George Engel, 1886년 시카고에서 노동자들이 8시간 노동을 요구하며 총파업을 일으켰는데, 이 시위를 주동한 사람 중 한 명이다.—옮긴이)은 교수대에 매달린 채 큰소리로 외쳤다. "무정부 만세! 지금이 내 인생에서 가장 행복한 순간이다!" '마지막 말'로 기록된다면 더 많은 생각을 할 수도 있다. 요즘에는 트위터와 소셜미디어가 선호되고 있다. <스타 트렉>에서 스포크(Spock) 역할을 했던 배우 레너드 니모이(Leonard Nimoy)는 자신의 마지막 말을 트위터에 올렸다. "인생은 정원과 같다. 완벽한 순간이 있을 수는 있어도 영원히 지속될 수는 없다. 우리의 기억 속에서만 가능할 뿐이다. LLAP(live long and prosper)."[17] 하지만 리바 스틴캠프(Reeva Steenkamp)처럼 그것이 자신의 마지막 트윗이 될지 꿈에도 생각하지 못했을 수 있다. 스틴캠프는 "여러분은 내일 애인을 깜짝 놀라게 할 어떤 계획을 세웠나요???#설레임#발렌타인데이"라고 썼다.[18] 그녀는 애인인 올림픽에 출전한 육상선수 오스카 피스토리우스가 자신에게 총을 쏘리라고는 상상하지 못했다.

당신의 임종 침대

토머스 하디는 더버빌 가의 테스에서 이렇게 썼다. "또 다른 날...그
녀 자신이 죽은 날이 있었다. 한 해의 다른 날들 가운데 은밀하게 숨
어 있어, 그녀가 해마다 그날을 넘길 때 아무런 신호도 소리도 내지
않는. 하지만 확실히 존재하는 날."[19] 성경에서는 '그날'이 보통 3스
코어(score, 스코어는 손가락과 발가락을 합한 수, 즉 20이다.—옮긴이) 더
하기 10, 즉 70년이 지나면 온다고 말한다. 시리아 북부의 에마르
(Emar) 지역에서 발견된 지혜서(智慧書, 구약 성경의 제2경전 가운데 하
나. 1세기경 알렉산드리아의 유대인이 그리스어로 쓴 책.—옮긴이)에 따르
면, 신들은 인간에게 최대 120년의 수명을 부여했고, 매우 많은 나
이인 구십 대에 4대를 보는 것을 최고의 행복이라고 규정한다.

여러분도 나도 언젠가 죽으리라는 사실을 알고 있다. 그리스의
철학자 에피쿠로스(Epicouros)는 이런 인식이 무엇보다 우리의 행복

을 방해한다고 말한다. 그는 자신의 추종자들에게 삶을 즐기라고 조언하면서 죽음을 겁낼 아무런 이유도 없다고 했다. 사람이 죽으면 감각이 더 이상 존재하지 않고 느낄 수 없는 상태가 된다는 것이다. 그런데 얼마나 많은 사람들이 그의 충고를 귀담아들었을까? 오늘날 세상을 살아가는 우리는 죽음에 맞서 싸우거나 아니면 무시하는 경향이 있다. 임종 침대에 대한 우리의 태도가 모든 것을 말해준다. 예전에 공적 장소였던 임종 침대는 이제 병원 커튼 뒤에 숨겨져 있거나 완전히 사라졌다. 우리 대다수는 죽음이라는 이별을 맞은 사람들에게 말을 걸기보다 회피하려 든다. 우리가 죽음을 다루는 데 익숙하지 않거나 그 자체를 회피하고 싶어 하기 때문일 것이다.

북아메리카에는 충분히 가능할 것이라 생각하고 몰두하면 영원히 살 수 있다고 믿는 운동도 있다. 애리조나에 본사를 둔 알코르 생명연장재단(Alcor) 같은 업체들은 냉동보존 서비스를 제공한다. 사후에 당신의 육체를 냉동해서 미래 기술이 가능해질 때 부활시키는 선택을 할 수 있다. 죽음을 그냥 받아들일 수 없다는 것이다. 우리는 심지어 생명의 속성을 잃은 듯 보이는 이들의 생명을 연장하기 위해 싸우기도 한다. 2010년대 말 영국에서는 세 가지 사건이 사람들의 관심을 끌었다. 뇌사판정을 받은 아기의 부모들이 의사의 권고를 거부하고 이 아기들을 살려달라는 캠페인을 벌인 것이다. 부모들의 노력에 힘입어 대중은 엄청난 지지를 보냈다. 도널드 트럼프는 심지어 교황에게 청원을 내기도 했다.

역사를 되돌아보면 죽음에 대한 우리의 생각이 얼마나 달라졌는지를 실감할 수 있다. 19세기 유럽과 북아메리카에서는 적어도 아이 한 명을 잃는 일이 아주 흔했다. 그렇다고 죽음을 쉽게 받아들이지는 않았다. 빅토리아 여왕은 40년 동안 남편 앨버트의 죽음을 슬퍼했다. 세상으로 나오지 못한 아기는 영원히 천국에서 놀이를 한다는 메소포타미아인들의 믿음도 분명 애통해하는 부모들을 위로하기 위해 만들어졌을 것이다. 죽음은 어디에나 있고 공적이다. 받아들이기 힘들어도 견뎌야 하고 그 슬픔을 나누어야 한다. 사람들이 임종 침대에 모이는 것은 죽음이 언제나 삶의 일부이기 때문이다.

침대에 누운 빅토리아 여왕의 시신을 찍은 사진들을 온라인에 올리면서 영국 정부는 '상당히 충격적'이라는 설명을 붙였다. 여왕은 눈이 감긴 채 흰 천으로 싸여 있고 꽃과 남편의 초상화로 장식된 침대에 누워 있다. 이 사진과 이 사진을 바탕으로 에어브러시로 그린 사후 초상화는 현대 시각으론 꽤 감상적으로 느껴진다. 그런데 빅토리아 시대에는 여왕의 사후 사진이나 초상화가 충격적이라고 생각되지 않았다. 유럽에서는 오래전부터 아내가 죽으면 임종 침대 주변에 모인 가족들의 초상화를 의뢰하는 것이 유행했다. 이렇게 연출된 임종 침대 초상화는 오늘날에는 일탈 행동이라고 생각된다. 서구에서 임종 침대에 누운 누군가를 찍은 마지막 예술사진은 앤디 워홀의 슈퍼스타 캔디 달링(Candy Darling)의 사진이 될 듯하다. 캔디 달링은 트랜스젠더로 1974년 림프종으로 사망했다. 마릴린 먼로로

분장한 캔디 달링은 머리 위로 팔을 섹시하게 들어 올린 채 꽃으로 둘러싸였고 하얀 시트가 깔린 침대에 똑바로 누워 있다. 이 이미지는 엄청난 논란을 일으켰고, 우리가 빅토리아 시대에서 멀리 돌아왔음을 실감하게 한다.

빅토리아 여왕은 자신이 살던 시대의 기준에서 벗어나 있었다. 그녀는 남편 앨버트가 죽은 후에 줄곧 검정 옷만 입었다. 관습이 정한 1년이 아니라 장장 40년 동안 검정 상복을 입었다. 또한 남편의 침실을 영원히 그대로 두었다. 앨버트가 마지막 한 모금을 마신 유리잔은 침대 옆 탁자에 남아 있고, 흡묵지(吸墨紙, 잉크나 먹물 따위로 쓴 것이 번지거나 묻어나지 않도록 위에서 눌러 물기를 빨아들이는 종이.—옮긴이)와 펜은 마지막에 열어둔 그대로 두었다. 여왕은 매일 그 방에 싱싱한 꽃을 배달하라는 명령을 내렸다. 당시에 이런 행동은 불안감을 주거나 문제 있는 행동으로 보이지 않았다. 사람들은 여왕의 헌신을 칭찬했다.

하지만 죽은 사람과의 주기적인 소통(빅토리아 여왕이 남편의 침실에 꽃을 보내거나 식민지 이전 서아프리카의 아들이 죽은 아버지에게 음식의 첫입을 바치는 것 같은)에 대해 오늘날 사람들은 달리 생각한다. 이런 행동을 제멋대로이고 불쾌하다고 생각하는데, 예를 들어 현대 인도네시아의 토라자(Toraja) 지역 주민들에게 혐오의 시선이 쏟아진다. 토라자 지역 주민들은 이슬람과 기독교 교리가 뒤섞인 전통적인 애니미즘을 신봉하며 죽음에 관한 현대의 금기들을 가뿐히 넘어선다.

이들은 친지들의 시신을 화려한 장례식을 치를 여유가 생길 때까지 몇 년씩 집에 보관한다. 집의 앞쪽 방 침대에 시신이 놓인 관을 뚜껑을 열어 둔 채 올려두는데 그 안에서 시신은 서서히 부패하게 된다. 사람들은 죽은 사람이 아니라 아픈 사람을 대하듯 날마다 음식과 담배, 커피를 가져다놓는다. 매장 후에도 시신을 홀로 두지 않고 3년에 한 번씩 꺼내서 시신을 씻긴 후에 새 옷을 입히는 특별한 의식을 치른다. 토라자 주민들에게 이런 풍습은 정상적이며 위로가 된다.[20]

현대를 살아가는 우리 대다수는 타인의 시신을 본 적이 없고, 시신을 보는 행위를 혐오스러운 일이라고 여긴다. 2016년 데이비드 보위의 마지막 노래 <라자루스*Lazarus*> 뮤직비디오에는 임종 침대에서 죽음을 앞둔 보위가 카메라를 향해 손을 뻗는 장면이 등장한다. 이 비디오는 지독히 나쁜 취향으로 몰렸고, 나중에 감독이 이 뮤직비디오에 대해 "보위의 병과 아무 관련이 없다"라고 해명해야 했다. 그는 데이비드 보위의 암은 뮤직비디오를 촬영한 이후에 손을 쓸 수 없을 정도로 악화된 것이라고 힘주어 말했다.

오늘날 임종 침대는 일반적으로 소설 속에나 등장한다. 최고와 최악의 공포영화 중 몇 편에 임종 침대가 등장한다. 임종 침대가 예의 바른 사회에서 금기가 된 상황을 감안하면, 이런 영화들은 불가피하게 X-등급, 통속적, 일탈, 또는 이 세 가지를 골고루 갖췄다는 평가를 받는다. 임종 침대를 등장시킨 영화는 '시대를 통틀어 가장 무서운 공포영화'라고 불리는 <엑소시스트*The Exorcist*>(1973)부터 살인을 벌이는 침대에 대한 영화까지 다양하다. <엑소시스트>에서 가장 소름이 끼치는 장면은 침대에서 피를 토하고 악령이 씌어 머리가 돌아간 소녀의 모습이다. 저예산 영화 <임종 침대: 식인 침대*Death Bed: The Bed That Eats*>(1977)에는 자신이 사랑하는 여인과 사랑을 나누려 침대로 변하는 악령이 나온다. 침대 밑에 살인자 괴물을 등장시키는 영화로 <언더 더 베드*Under the Bed*>(2012)도 나왔다. 이 영화는 언더그라운드에서 히트를 치면서 속편 <언더 더 베드 2>와 <언더 더 베드 3>도 제작되었다. <슬립 타이트*Sleep Tight*>(2011), <데스 베드*Death Bed*>(2002)도 마찬가지로 죽음과 잠, 침대에 얽힌 우리의 두려움을 다룬다.

우리는 얼마나 겁먹으며 살아왔는가! 우리는 죽음과 맞서며 여기까지 왔다. 살균된 시트와 격리 커튼이 있는 병원 침대는 우리의 생명을 살려내는 곳이며 또한 우리 중 50퍼센트가 죽는 곳이기도 하다. 많은 사람이 병원이 아닌 곳에서 죽기를 바라는 소망을 이루지 못한다. 어쩌면 임종 침대에 사람들을 모아서 마지막 인사를 하고 용서를 건네는 전통을 되살리면 카타르시스를 느끼고 유족에게 도움이 될 수도 있다. 그리고 침대 위에 시신을 뉘어서 모든 사람이 보고 받아들이고 큰 북소리, 가슴 치기, 친구들의 지지, 큰 축제가 포함된 장례식을 여는 건 어떨까. 인간은 무엇보다 사교적인 동물이다.

6장

다른 사람과의 침대 공유

독일 중부에 자리한 안할트쾨텐 공국의 루트비히 왕자는 영국을 거쳐 간 평범한 여행자였지만, 여행하는 동안 형편없는 시로 쓴 일기는 특별했다. 1596년 루트비히 왕자는 런던 북부의 허트포드셔에 위치한 웨어(Ware)라는 작은 마을의 여관 화이트 하트 인(White Hart Inn)에서 머물렀다. 웨어는 중세 시대에 순례자들과 여행자들이 거치던 주요 경유지로, 이 지역의 여관들은 서로 격렬하게 경쟁을 벌이고 있었다. 모험심이 강한 여행자를 끌어들이기 위해 그중 한 곳, 아마도 화이트 하트의 주인이 '거대한 침대'라는 육중한 네 기둥 침대를 고안해 제작을 의뢰했다. 그는 이 침대에서 한꺼번에 열두 명의 여행자가 잘 수 있다고 광고했다. 루트비히 왕자는 이 거대한 침대의 규모에 놀라서 방문자 중 처음으로 밤을 보낸 곳을 기록으로 남겼다. "네 커플이 나란히 누워 아늑하게 잠들 수 있고/ 그리하여 서로를 건드리지 않으며 머물 수 있다."[1]

1590년경 네덜란드의 건축가이자 엔지니어, 정원 설계가인 한스 프레데만 데 프리스(Hans Vredeman de Vries)가 디자인한 이 대형 침대는 크기가 오늘날 더블베드의 두 배 정도나 된다. 길이와 폭이 각각 3미터가 넘고 높이가 2.5미터이며 무게는 약 640킬로그램에 달한다. 지역의 장인들이 오크나무로 만든 40개의 부품을 조립했고, 여러 개의 나무 조각을 한데 붙여서 거대한 침대 기둥을 만들었다. 장인들은 이 침대에 쪽매붙임 기법(나무쪽이나 널조각을 바탕이 되는 널이나 바닥에 붙이는 세공 방법—옮긴이)으로 유럽 르네상스 문양을

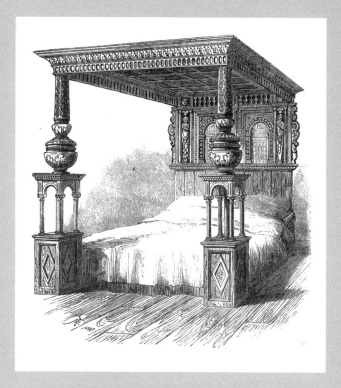

웨어의 대형 침대, 런던 빅토리아 앨버트 박물관

공들여 장식했다. 여기에는 원래 밝은 색이 칠해져 있었지만 지금은 색칠의 흔적이 거의 남아 있지 않다. 이 침대는 완성되자마자 방문 자들 사이에서 인기를 끌었는데, 신기하기도 했고 어떤 작가가 '성 교 장소(the coital)'로 이름을 붙였기 때문이다. 방문자 중 일부는 나 무 프레임에 자신의 이름 이니셜을 새기거나 침대 기둥에 붉은 인장 을 남겼다.

이 침대가 유명해지자 셰익스피어의 희곡 <십이야*Twelfth Night*>(1602)에도 등장했다. 여기서 토비 벨치 경은 앤드루 에이규치큐 경에게 오시노 공작의 시종 세자리오와 함께 결투장을 쓰라고 말하는데 그 편지는 거짓말로 가득하다. "종이는, 그 영국 땅 웨어의 거대한 침대처럼 아무리 널찍해도 상관없으니 거짓말을 늘어놓으란 말이야."[2] 그로부터 3년 후 <노스워드 호*Northward Ho!*>라는 자코뱅 시기의 소동극은 "자, 우리 아내들에게 웨어의 거대한 침대에서 싸움을 시켜 볼까나"라는 대사로 끝을 맺는다. 벤 존슨(Ben Jonson)은 1609년 희곡 <말 없는 여인*The Silent Woman*>에서 이 침대를 언급했다. 그리고 한 세기 후에 조지 파쿼(George Farquhar)는 <모병관*The Recruiting Officer*>(1706)에서 "웨어의 거대한 침대의 절반 크기"라고 언급했다. 웨어의 침대가 갖는 문학적 비유는 오늘날까지 이어진다. 2001년 앤드루 모션(Andrew Motion)은 시에서 이 거대한 침대에 대해 "이파리 돌풍처럼 잠자는 사람들을 흔들어 깨운다"라고 썼다.[3]

이 침대 방문자 중 몇몇은 호기심에서 찾아왔던 것이 분명하다. 《런던 크로니클*London Chronicle*》 1765년 7월 4일자에는 1689년에 26명의 푸줏간 주인과 그 아내들(총 52명)이 그 침대에서 하룻밤을 보냈다는 이야기가 등장한다(허구가 분명하다). 웨어의 자부심과 즐거움은 대중에게 쓸데없는 허세에 대한 비유로 자리 잡았다. 1856년에 임명된 브리스톨의 주교는 조각이 새겨지고 캐노피가 달려 있어 네 기둥 침대처럼 보이는 좌석을 차지하면서 웨어의 거대한 침대와 비교되는 조롱을 당했다.

이 거대한 침대에 대한 호기심은 19세기까지 웨어 주변의 여관에서 여관으로 이어졌다. 당시 이 침대는 철도 여행자들에게 주말 행선지로 인기를 끌던 호드스턴(Hoddeston) 근방의 붙박이세간이 되었다. 1931년에는 미국으로 건너갈 뻔하기도 했지만 런던의 빅토리아 앨버트 박물관이 4천 파운드에 매입했다. 이는 성공적인 거래였는데, 그 침대는 박물관에서 가장 인기 있는 전시품에 속하기 때문이다. 이 침대는 이후로 거기에 줄곧 전시되어 있다. 2012년 영국 복권위원회가 22만 9,200파운드의 비용을 대고 웨어의 작은 박물관에 1년간 전시한 것을 빼고는. 큐레이터들이 이 침대를 해체하는 데 6일이 걸렸고 웨어로 옮기는 데 9일이 더 걸렸다고 한다.

이 거대한 침대를 가장 최근에 사용한 사람은 배우인 엘리자베스 헐리였다. 헐리는 2015년 빅토리아 앨버트 박물관에서 칵테일 파티가 열리는 동안 가드레일을 넘어가서 이 침대에 앉아 '야릇한' 포즈를 취했다. 경보기가 울리는 통에 헐리는 호위를 받으며 나왔다. 영국의 타블로이드 신문들이 일제히 법석을 떨었다. 물론 많은 이들을 위해 디자인된 침대가 단 하나의 목적을 띤다는 숨은 의미가 작용했을 것이다. 하지만 과거에 여기서 잠을 잤던 사람들 몇몇은 에로틱한 가능성을 인정한 반면 그렇지 않은 사람들도 있었다. 플라토닉한 사교를 위해 침대를 같이 쓰는 관습은 한때 완벽히 일상적이었다. 거의 모든 집단들이 과거의 어느 시점에 함께 잠을 잤다. 가족과 친구, 주인과 하인, 그리고 처음 보는 사람들도 포함되었다. 때때로 섹스가 끼어들었지만, 종종 그런 주선은 실제적인 측면이 고려된 것이었다. 즉 침대 구입비, 전기가 발명되기 이전의 세상에서 온기를 유지해야 하는 필요성, 안전성을 잠동무가 제공했기 때문이다.

여행 중의 잠동무

웨어의 거대한 침대가 유명해진 이유는 낯선 사람들과 함께 잠들어서가 아니라 그 크기 때문이었다. 큰 침대는 부와 사치의 상징이었다. 여관에서 하룻밤을 지내는 여행자들은 모르는 사람들과 침대를 함께 쓰곤 했다. 사교를 위한 동침은 인기가 있었고 아시아와 다른 지역, 특히 몽골의 농촌 지역에 여전히 남아 있다.

중국과 몽골에서 캉[炕], 즉 매트를 깐 가옥 난방장치는 20세기에 길가 여관들에서 흔히 볼 수 있었다. 기원전 5000년 무렵에 등장한 초기의 '캉'은 진흙 바닥을 장작으로 데우고 잠들기 전에 빼버리는 방식이었다. 한층 발전된 캉은 기원전 4세기 초부터 사용되기 시작했는데, 옆방의 취사용 장작불이나 바닥 아래에 놓인 아궁이로 따뜻하게 데웠다. 캉은 보통 방의 절반이나 3분의 1을 차지했고 밤새 열기가 보존되었다. 이곳은 수면뿐만 아니라 식사와 사교에도 이용되었다. 나중에는 많은 캉에 난간이 설치되었고, 때때로 엘리트층은 따로 잠을 잤다.

오늘날 많은 여행자들은 야간 비행기를 탈 때에만 모르는 사람 바로 옆에서 잠을 잔다. 비행기 안에서는 자기 좌석의 팔걸이에 팔 올리기, 옆 사람 건드리지 않기, 조용하기 따위의 예절이 암묵적으로 지켜진다. 이런 규칙들은 중세 시대에 영국인 여행자들을 위한 일상 프랑스어 회화책에 담긴 내용들과 그리 다르지 않다. 이 책에는 이런 표현들이 실려 있다. "당신이 이불을 몽땅 끌어갔네요.(You pull all the bed clothes.)" "당신은 온 방을 돌아다니며 자는군요.(You do nothing but kick about.)" "당신은 나쁜 잠동무입니다.(You are an ill bedfellow.)"[4] 고대 중국의 캉이나 현대의 비행기처럼 수면의 질은 경제적 여유에 달려 있었다. 형편없는 여관의 침대는 가로로 가슴 높이의 줄이 딸린, 나무로 대충 만든 벤치였을 수 있다. 손님들은 벤치에 함께 앉은 채 팔을 줄 위로 올려놓고 푹 쓰러져 잠이 들었을 것이다. 성지순례처럼 사람이 많이 모이는 행사 동안에 공간은 종종 모자랐다. 이때에도 부자들은 유리했을 것이다. 돈을 더 낼 수 있는 부자들은 다른 사람을 침대 밖으로 쫓아낼 수 있었다. 그가 얼마나 현명한지 독실한지 환자인지 임산부인지는 중요하지 않았다. 잘 알다시피 마리아와 요셉은 아기와 함께 여관 마구간에 머물렀고, 어쩌면 그곳에서 다른 방문자들과 함께 잠을 잤을 수도 있다.

기독교 미술은 침대 공유에 대한 현대인의 생각이 과거와 얼마나 달라졌는지를 보여준다. 이것은 예수에게 줄 선물을 가지고 동쪽에서 온 세 명의 현자인 동방박사의 모습에서 확연히 드러난다. 성 마태오에 따르면 이들은 꿈속에서 헤롯 왕을 믿지 말라는 하느님의 경고를 듣는데, 동방박사의 꿈은 중세 후기 미술의 소재로 자주 그려졌다. 이 세 사람은 침대에 나란히 누워 있고, 때때로 알몸 상태이지만 언제나 왕관을 쓴 모습으로 등장한다.

이렇게 여행자들이 함께 잠을 자는 관습은 성적 의도와는 전혀 관계가 없다. 1851년에 출간된 허먼 멜빌의 소설 《모비딕Moby-Dick》에서 여인숙 주인은 젊은 선원 이스마엘에게 '식인종 작살잡이'와 한 침대를 쓰며 묵어 보라는 제안을 한다. "두 사람이 침대에서 돌아다녀도 될 만큼 큰 방이라네. 엄청나게 큰 침대가 있지."라고 여인숙 주인이 그를 안심시킨다. 하지만 이스마엘은 작살잡이의 도착을 기다리는 동안 잠들지 못하고 매트리스가 옥수숫대나 깨진 도자기들로 채워진 것이 분명하다며 툴툴거린다. 이윽고 작살잡이 퀴퀘그가 도착한다. "저런! 엄청난데! 저런 얼굴이라니! … 그래, 생각한 그대로 끔찍한 잠동무야. 싸움깨나 하겠어." 그럼에도 그의 침대 파트너는 파이프를 내려놓으라는 말을 들어주고 "몸을 최대한 한쪽으로 붙이면서 이렇게 말하려는 듯하다. ― '네 발가락 하나도 건드리지 않을게.'" 마침내 이스마엘은 잠이 들고, 이튿날 깨어나서 퀴퀘그가 팔로 자신을 안고 있음을 알게 되지만 '내 인생에서 이렇게 달게 잔 적은 없었다'라고 속으로 생각한다.[5]

에이브러햄 링컨과 함께 관할 지역을 순회하면서 재판을 열던 판사들과 변호사들은 종종 한 침대에서 두 명이 자거나 한방에서 8명이 함께 잠을 잤다. 링컨이 몇 년 동안 조슈아 스피드(Joshua Speed)와 한 침대를 썼다는 사실에 주목해서 링컨을 동성애자라고 생각하는 사람들도 있다. 또 다른 사람들은 이런 수면 방식이 '허용되던' 시절에 스피드와 플라토닉한 관계를 즐겼을 뿐이라고 주장한다. 성적 정체성이 어떠했든 간에 링컨이 매일 밤 쾌락에 빠지지는 않았던 것 같다. 과거에는 여행자들끼리 성과 관련 없이 일상적으로 침대를 공유했다. 20세기 초에 소설가 토머스 울프(Thomas Wolfe)의 어머니가 노스캐롤라이나 주에서 운영하던 하숙집은 이른 저녁부터 사람들로 가득했다. 출장 중인 세일즈맨들은 한 침대에서 두 명이 자곤 했다.

물론 이런 관습을 모두가 당연하다고 여기지는 않았다. 존 애덤스(John Adams)는 자서전에서 벤저민 프랭클린과 이동하는 동안 얼마나 끔찍한 밤을 보냈는지를 회고한다. 미국의 13개 식민지가 영국에 독립을 선포한 직후인 1776년 9월이었다. 당시 두 사람은 대륙회의에서 독립전쟁을 끝내기 위한 협상에 대표단의 일원으로 파견되었다. 가는 도중에 뉴저지 여관에서 하룻밤을 묵었는데, 방을 구할 수 없었기에 두 사람은 한 침대를 써야 했다. "침대보다 약간 큰 방인데다가 굴뚝도 없고 작은 창문 하나만 있었다."[6] 이 '작은 창문 하나'가 두 사람 사이를 불편하게 만들었다. '허약하고 밤공기가 두려운' 애덤스는 즉시 창문을 닫았다. 창문을 열어두고 싶었던 프랭클린은 애덤스에게 자신의 '감기 이론'과 신선한 공기가 없으면 어떻게 질식할 수 있는지를 설파했다. 결국 애덤스가 창문 전쟁에서 승리했지만, 평화회담은 실패로 끝났다.

가족의 침대 공유

1975년 아이를 기르는 방법을 다룬 베스트셀러 《잃어버린 육아의 원형을 찾아서 *The Continuum Concept: In Search of Happiness Lost*》로 유명한 작가 진 리들로프(Jean Liedloff)는 일찍부터 타잔, 정글, 그리고 후에 아마존 원주민의 육아법에 매료되었다. 리들로프는 남아메리카를 다섯 번 찾았고 베네수엘라 열대림의 예쿠아나족과 함께 살았다. 그녀는 원주민들 삶의 면면을 살피고 소상히 기록했지만 성인들의 수면에 관해서는 단 한 번 다음과 같이 간략히 적었다. 예쿠아나족은 "모든 사람이 잠든 한밤중에 농담을 하는 버릇이 있었다. 코를 심하게 골면서 자다가도 다들 벌떡 일어나서 웃고 몇 초 만에 다시 잠들고 코를 골았다. 이들은 자다가 깨어도 불쾌감을 느끼지 않았다. 멀리 있는 야생보어 무리들의 소리가 들릴 때처럼 원주민들은 일제히 금방 정신을 차렸다. 한편, 깨어서 주변 정글의 소리에 귀 기울이고 있던 나는 아무것도 알지 못했다."⁽⁷⁾ 정글, 야외, 추운 곳, 또는 등불이나 전깃불이 없는 공간과 지역에서 사람들과 함께 잠드는 것은 안전과 온기 둘 다를 보장받을 수 있는 대단히 유용한 방법이었다.

1960년대에 인류학자 존 화이팅(John Whiting)은 자신이 조사한 사회들 중 3분의 2에서 수면 관습은 달라도 대부분의 엄마들이 갓난아기와 한 침대에서 잔다는 사실을 목격했다. 인도의 빈민가에서는 가족 전체가 한방의 바닥에서 잠을 자기도 했다. 서카메룬의 은소족 농부들 중 엄마는 한 침대에서 아이들 전부와 나란히 누워서 잠을 잤다. 가장 어린 아이가 엄마 바로 옆자리를 차지했다. 엄마는 아이들을 해치거나 데려가려는 악령들로부터 아이들을 지키기 위해 문 쪽을 향해 누웠다. 아버지는 다른 곳에 침대가 있었다.⁽⁸⁾ 화이팅은 또한 기후와 침대 파트너 사이의 관계를 찾아냈다. 따뜻한 기후에서는 사람들이 각자의 침대에서 따로 자는 경향이 있었다. 이를테면 아마존 원주민들은 각자의 해먹에서 잠을 자는 반면, 겨울 기온이 영하 10도 아래로 떨어지는 지역에서는 가족 전체가 한 침대를 사용했다.

생활공간을 구분하는 벽이 없는 곳(예를 들어 유럽 청동기시대의 원형 집이나 철기시대의 공동주택)에서는 어쩔 수 없이 모두 함께 잠을 잤다. 몽골과 티베트, 중앙아시아, 이란, 터키, 아프리카 북동부와 서부, 아라비아 반도에 사는 유목 목축민들처럼 오늘날 벽이 없는 텐트나 유르트에 거주하는 사람들도 한곳에서 잠을 잔다.⁽⁹⁾ 이런 생활방식은 기원전 800년 무렵 스키타이인들이 처음으로 시작했다. 이들은 무리를 지어 이동했고 도중에 텐트를 설치했다. 이들은 대부분 가구 형태의 침대보다는 섬유로 짠 바닥깔개와 매트를 선호한다. 운반과 보관이 용이하기 때문이다. 매트는 쓰지 않을 때는 치워두었다가 사용할 때 여러 개를 맞대거나 바닥 여기저기에 흩어놓는다. 신혼부부는 유일하게 가벽을 세우거나 커튼을 달아서 사생활을 보장받을 수 있다. 하지만 첫아이가 태어나면 나머지 가족과 합류한다. 조부모는 손자들과, 아빠들은 아이들과, 엄마들은 아기들과 함께 잠을 잔다.

근대 이전 이탈리아 속담에는 "침대가 비좁을 때에는 가운데에서 자라"는 충고가 있다. 영어에서 'to pig'는 한 명 이상의 잠동무와 잠을 잔다는 뜻이고, 'bed-faggot'은 제멋대로인 잠동무를 동부 잉글랜드에서 가리키던 명칭이었다. 'faggot'은 돌돌 만 두툼한 고기 덩어리를 그레이비소스를 넣고 조린 그 지역의 전통 요리였다. 화이팅의 원주민들과 마찬가지로 유럽의 대가족은 나이와 성별에 따라 잠자리를 배정하기도 했다. 딸은 엄마 옆에서 자고 아들은 아버지 옆에서, 나이가 가장 많은 딸은 문에서 가장 멀리 있는 벽에 붙어서 잤다. 방문자들과 이방인들은 끄트머리에 누웠다. 모두 침구를 함께 썼지만 베개는 여성적이라고 여겼다. 16세기의 어떤 작가는 남자는 "좋은 둥근 통나무" 베개로 만족해야 한다고 적었다. 가난한 사람들은 바닥에 건초를 깔고 그 위에 담요를 올린 후에 잠을 잤다.

중세 시대 영주의 저택에서 일하던 사람들은 커다란 홀에서 다 함께 잠들었고 영주와 영주 부인만 자신들의 방에서 잠을 잤다. 대부분의 하인들은 간단한 깔판 침대를 썼다. 나무 깔판에 때로는 짧은 다리를 달아서 이 방에서 저 방으로 쉽게 옮길 수 있게 했다. 집 안 식구들, 하인들, 남자 형제와 여자 형제, 방문자들이 한방에서 또는 같은 침대 옆에서 나란히 잠을 잤다. 이런 방식은 18세기까지 이어졌다. 당시의 세간에는 트러클 침대뿐만 아니라 '책상 밑으로 들어가는 침대 프레임', '접어 올리는 침대 프레임', '데스크 침대', '서랍장 침대'가 포함되었다.[10] 1756년 아이작 웨어(Isaac Ware)는 자신의 건축학 책에서, 런던의 집들이 조립해서 어디라도 설치할 수 있는 임시 침대들을 갖추고 있으면 방문자가 있을 때 편리하면서도 실용적일 것이라고 적었다.

잠자리 대화

침대 공유는 수면과 밤의 취약한 속성을 고려하면 사회 규범을 넘어설 빌미가 될 수도 있었다.[11] 영주나 여주인과 하인들 사이의 위계질서가 무너지기도 했다. 1836년 신변잡기적인 글 〈아이작 헬러의 삶과 고백*The Life and Confession of Isaac Heller*〉에서 저자는 잠이 두려워서 이따금 자신의 농장에서 일하던 '흑인들' 옆에서 자는 동안 위안을 얻었다고 털어놓는다. 이 저자는 훗날 뉴욕 리버티에서 도끼로 자신의 가족을 살해한 혐의로 교수형에 처해졌다. 가부장적인 사회에서 여성들은 밤을 틈타 자신의 생각을 내보이기도 했다. 코네티컷의 존 엘리엇(John Eliot)은 1786년 일기에서 이렇게 불평한다. 잠자리에서 아내가 쏟아낸 이른바 '침실에서의 잔소리'를 떠올리며, 아내가 어떻게 밤새 잠을 못 자게 했는지를 기록한다. 아내가 "첫째와 둘째 부인, 첫아이와 둘째 아이 등에 대한 옛날이야기를 꼬치꼬치 캐물었다"는 것이다.[12]

침대 공유는 또한 미혼의 하인들 사이, 동성의 개인 사이, 주인과 하인 사이를 비롯해 금지된 성적 관계를 허용하기도 했다. 여주인들은 때때로 하녀들과 한 침대를 써서 집안 남자들의 원치 않는 접촉을 차단했다. 하인들은 종종 주인의 침대 발치에서 잠을 잤는데, 침대에서 어떤 일이 벌어져도 모르는 척했다. 1600년대에 뉴잉글랜드에 살던 애비게일 윌리(Abigail Willey)는 남편과 잠자리를 갖고 싶지 않을 때에는 아이들을 사이에 재우곤 했다.

그런데 밤은 친밀감을 높여주는 시간이기도 했다. 유럽의 일부 공동체에서는 미혼의 젊은이들에게 이성과 한 침대에서 자면서 결혼 가능성을 살펴볼 기회를 주었다. 번들링(bundling)이라고 불리는 이 풍속에서는 번들링 보드라는 칸막이가 침대 가운데에 놓였고 섹스는 허용되지 않았다. 이 풍속은 스워첸트루버(Swartzentruber) 아미시 교도처럼 극보수주의 집단에서 여전히 유지되고 있다. 이 아미시 공동체는 번들링을 허용하지만 옷을 다 갖춰 입어야 하며 신체 접촉은 안 되고 밤새 이야기만 나눌 수 있다.

침대 공유는 날이 어두워진 후에 유대감과 자유로운 대화의 즐거움을 가져다주기도 했다. 일기작가 피프스는 다른 사람들과 함께 잠들기를 광적으로 좋아했는데, 여자들뿐 아니라 플라토닉한 친구들과도 함께 잤다. 17세기에 그의 일기는 유명한 구절 "이제 그만 자야겠다."라고 종종 끝을 맺는다. 그는 대화 기술과 침대에서의 행실을 평가해서 잠동무들의 등급을 나누었다. 그가 최고 등급으로 꼽은

<침실의 여인들>. 두 명의 일본 여인이 다다미 위에 잠들어 있다. 구사카베 김베이 사진.

잠동무는 '남성으로서의 삶 전반'에 대해 이야기가 통하던 상인 토머스 힐(Thomas Hill), '훌륭한 학자이자 냉철한 성격의' 존 브리스베인(John Brisbane), '훌륭한 동료'가 되어준 '명랑한' 크리드 씨(Mr. Creed)가 있었다.[13]

나란히 누워서 자는 잠은 오늘날에도 여전히 많은 사회에서 일상이 되어 있다. 일본인들은 이것을 '소이네添(い)寝'라고 부르는데, 따스하고 편안한 신체 경험과 그것이 주는 안도감[안신칸, 安心感]을 높이 산다.[14] 소이네는 특히 어린아이들이 있는 집에서, 특히 부모 사이에서 자는 영아들의 감정을 가리킨다. 영아들은 자꾸 보아서 눈

에 익거나 친숙해지면 안전감을 느끼고 깊이 잠든다. 자는 영아들은 돌보미를 만지고 젖을 빨고 함께 숨을 쉬는 동안 일종의 사교를 경험하게 된다. 이는 사람들이 잠에서 깨어난 후에도 계속된다.

바닥에서 떨어진 침대보다는 푸톤[布団]이 소이네에 더 적합하다고 여겨진다. 푸톤은 장점이 많다. 아이들이 자라면서 잠잘 공간이 더 넓어지고 안락해지며, 가족이 많아지면 추가하기가 쉽다. 푸톤이 함께하기 좋고 온기를 주는 반면, 일반적인 더블침대는 독점적인 관계에 어울린다. 푸톤은 낮에는 접어두었다가 어디서든 펼칠 수 있으며, 다른 가족이나 손님용 방이 별도로 필요하지 않다. 소이네는 침대나 푸톤을 넘어 상호의존성을 가리키는 개념이다. 구사카베 김베이(日下部 金兵衛, 1841~1934년)가 1880년에 찍은 사진 <침실의 여인들*Girls in Bed Room*>에는 가족인지 알 수 없는 두 일본 여인이 자수가 놓인 이불을 덮고 요에서 함께 잠을 자고 있다. 두 사람의 이부자리 옆으로 책 한 권이 놓여 있고, 그림을 그린 병풍이 둘러쳐져 있다. 두 사람은 카메라 쪽을 향해 눈을 감은 채 누워 있는데, 더없이 만족한 표정을 짓고 있다.

엄마와 영아의 침대 공유

어린 아기와 함께 잠드는 습관은 뜻밖에도 비극적인 결말에 이르는 경우가 있었다. "그 아이가 잠들었을 때/밤에 나는 숨을 빨아들였다"라고 벤 존슨의 1609년 희곡 <여왕의 가면극*The Masque of Queens*>에서 마녀가 말한다.[15] 영아급사증후군, 즉 SIDS(이전에는 요람사라고 알려짐)는 한 살 이하 영아들이 알 수 없는 이유로 침대에서 죽는 것을 일컫는다. 이런 사건은 대부분 자정과 오전 9시 사이에 일어난다. 과거에는 잠자던 부모가 아이를 눌러 질식시키는 압사가 주요 원인으로 지목되었다. 구약 성경에는 "이 여인의 아이가 밤에 죽었으니, 아기가 여인에 깔려 죽었기 때문이다"라는 구절이 있다. 고대 그리스의 외과의사 에페수스의 소라누스는 아기의 질식사를 피하려면 한 침대를 쓰지 말고 엄마나 유모의 침대 옆 요람에 따로 재워야 한다고 말한다.[16] 사실 영아급사증후군에는 감염, 유전질환, 담배연기 노출, 침구에 끼어서 질식되는 것을 포함해 많은 원인이 있다. 아기를 똑바로 눕히면 사망률이 줄어들기도 했다. 영아급사증후군을 막기 위해 침대는 침대 공유를 바라보는 입장에 따라 가장 무시무시한 악령 아니면 가장 위대한 구원자로 묘사되었다.

미국 소아과학회는 "침대가 아니라 방을 공유하라"고 권고하며, 침대 공유가 영아급사증후군의 위험성을 50퍼센트 정도 높인다고 설명한다. 영국의 국민보건서비스(National Health Service)는 모유를 먹는 생후 3개월 미만의 아기들 중 침대 공유와 관련된 영아급사증후군의 위험성이 5배 높다고 보고한다. 단, 부모가 담배를 피우지 않고, 엄마의 알코올이나 약물 문제가 없다고 했을 때에 그렇다. 공식적인 메시지는 분명하다. 침대 공유가 당신의 아이를 죽일 수도 있다는 것이다.[17]

이것을 생물인류학자 제임스 매케나(James McKenna)의 연구 결과와 비교해 보자. 매케나는 엄마와 아이의 곁잠을 연구해 왔고 그것이 안전할 뿐만 아니라 아이와 산모의 건강을 보장하는 '생물학적인 필수요소'라고 믿는다. 그는 곁잠이 어떻게 영아의 사망률을 절반으로 줄이는지를 입증하는 역학(疫學) 연구 세 가지를 근거로 든다.[18] 오늘날 비서구권 세계에서는 대부분 엄마의 침대가 신생아에게 가장 좋은 장소임에 동의한다. 그곳은 편안하고 수유를 하기 쉽고, 또 피프스가 알아낸 대로 함께 자면 친밀감이 높아진다. 그런데 엄마들이 아기와 함께 잠을 자는 비서구권에서 영아 사망률이 높다.

아기와 같이 자면 안 된다는 것일까? 곁잠 옹호자들은 높은 사망률은 침대 공유 자체가 아니라 가난과 관련이 있다고 주장한다. 일본과 비교해야 공정한 비교가 가능하다는 것이다. 일본은 부유하고 고도로 산업화된 사회로서 영아 대부분이 부모와 같이 잠을 자는데, 남자아이의 경우에는 열 살 때까지 함께 자기도 한다. 그런데 일본은 세계에서 영아 사망률이 가장 낮은 나라 중 하나이다.

침대를 둘러싼 찬반이 치열한 와중에도 아기들은 잠을 잔다, 아주 많이. 침대 공유는 인류의 역사 내내 이루어졌지만 동시에 인류는 아기에게 꼭 맞는 침대를 찾아 왔다. 해먹, 공중 요람, 바구니와 아기침대가 사용되었다. 이것들을 돌보미 근처로 옮겨서 낮 동안 잠을 자는 아기들을 돌볼 수 있었다. 서기 79년 베수비오 화산이 헤르쿨라네움이라는 부유한 바닷가 마을 사람들을 덮치는 동안 한 아기가 요람에 남겨졌다. 인술라 오리엔탈리스(Insula Orientalis) 1구역에 위치한 어느 집 거실에서 나뭇잎을 채웠던 듯한 매트리스에 누워 있던, 새처럼 가냘픈 유골이 발견되었다. 유럽의 필사본을 보면 13세기에 흔들 요람을 그린 삽화들이 급격히 늘어난다. 영아들은 띠 모양의 천으로 단단히 싸인 채 양팔을 내놓고, 때때로 요람에 묶여 있는 모습으로 등장한다. 이런 속박은 구루병을 막는(당시 사람들의 생각이 그러했음) 동시에 울음을 그치게 하는 기능을 했다. 가족들은 발을 쭉 뻗어 손쉽게 요람을 흔들어주면서 다른 일을 할 수 있었다. 상류층 가족은 요람을 흔들어주는 전담 보모를 고용하기도 했다.[19]

왕실의 아기들에게는 종종 두 개의 요람이 있었는데, 하나는 낮에 쓰고 더 작은 것은 밤에 썼다. 두 개 모두 금과 은, 비싼 직물로 장식했다. 요람 대부분은 옆면이 견고해서 작은 후드나 덮개를 설치하고 담요나 커튼을 드리울 수 있었는데, 온기를 보존하고 차가운 공기를 막는 데 좋았다. 또 요람 양쪽에 구멍이 있어 이 방에서 저 방으로 들어서 옮길 수 있었다.

18세기 말이 되면 아기의 팔다리 운동과 신선한 공기가 선호되면서 아기를 단단히 싸고 흔들어주던 유행이 지나간다. 19세기가 시작되면서 고정된 아기침대가 부유한 집안에서 요람을 대체하기 시작한다. 아기침대의 옆면은 널빤지나 색을 칠한 금속 봉으로 높은 가로막을 세우고 이 작은 수면 공간에서 아기를 들어올리기 쉽도록 한쪽을 아래로 내릴 수 있었다. 아기침대는 긴 낮 시간 동안 (그리고 밤 내내) 영아를 탁아소에 맡기던 시대의 흐름과 딱 들어맞았다. 빅토리아 시대의 중산층 아이들은 더 이상 부모와 같이 자지 않았지만 아이들끼리 함께 자는 관행은 이어졌다. 또 나이 든 아이들은 동성의 형제끼리 자야 한다는 새로운 윤리가 등장했다. 이는 작은 집이라도 최소한 침실 3개는 갖추어야 한다는 뜻이었다. 하나는 부모에게, 하나는 여자아이들에게, 하나는 남자아이들에게 주어졌다.

역사적으로 보면 이런 분리는 비교적 근래에 등장한 현상이다. 18세기 잉글랜드에서조차 대부분의 방은 기능이 중복되었고 시간대에 따라 쓰임이 달라졌다. 때때로 커튼이나 캐노피에 싸인 오래된 침대가 발견되지만, 사생활 보호나 잠재적 잠동무를 막으려는 의도는 아니었다. 대신 이런 캐노피는 열기를 보존하거나 벌레를 막는 따위의 실용적인 기능 때문에 사용되었다.

스카라 브레에서 발견된 선사시대 침대 주변의 기둥은 탈부착식 캐노피를 떠받쳤을 수도 있다. 스코틀랜드의 추운 겨울에는 온기를 보존하는 것이 필수였기 때문이다. 한편 대략 기원전 2580~2575년에 만들어졌다고 짐작되는 이집트 헤테프헤레스 1세 여왕의 무덤에서 발견된 호화 침대의 육중한 캐노피는 모기를 막는 용도였던 듯하다. 커튼은 사용하지 않을 때에는 준보석으로 장식된 상자 안에 보관되었다.

그로부터 몇 세기 후에 고개지의 화풍을 따른 소묘 작품에 중국 황실의 캐노피 침대가 등장한다. 네 기둥으로 천을 떠받친 평상은 벌레를 쫓기 위해 이전부터 사용되었을 가능성이 있다. 이집트의 사례와 마찬가지로 캐노피가 설치되면서 침대는 방 안에 또 다른 방을 만들었던 듯 보인다. 중국에서는 때때로 침대를 문 바깥으로 내놓기도 했다. 이런 경우 캐노피로 비단을 과시하는 동시에 뜨거운 해로부터 잠동무를 보호할 수 있었다. 한(漢)나라(서기 206~220) 때의 시는 이렇게 노래한다. "너의 커튼이 침대 앞에서 펄럭이고 있네! / 나는 햇빛으로부터 우리를 가려줄 수 있도록 너의 줄을 잡아당긴다. / 아버지의 집을 떠날 때 나는 너를 갖고 왔다. / 이제 너를 돌려주려 한다. / 너를 고이 접어서 너의 상자에 반듯이 올려놓을 것이다. / 커튼이여, 너를 다시 꺼낼 날이 올까?"[20]

빈대와 다른 생명체들

벽의 일부로 짜 넣기도 한 커튼 침대는 또 다른 역할을 하기도 했다. 동물들과 방을 함께 쓸 수 있었던 것이다. 인류는 역사 내내 집 안의 공간을 동물들과 나누어 썼지만 언제나 그 결과를 감당한 것은 아니었다. 1780년대 스코틀랜드 서쪽 헤브리디스 제도를 찾은 방문자는 집에서 소의 오줌을 수시로 치웠지만 똥은 일 년에 단 한 번 치웠다고 주장한다. 애완견은 고대 이후로 언제나 왕궁에 있었고 오늘날에도 주거지에서 함께 살아간다. 성당에 놓인 조각상들 중에는 중세의 기사들이 발치에 충실한 하운드를 둔 모습이 보인다. 13세기에 프랑스의 왕 루이 9세는 상냥한 군주였고 미스토댕(Mistodin)이라는 이름의 그레이하운드를 소유했다. 왕은 이 개에게 침대뿐만 아니라 감기에 걸리지 않도록 특별한 잠옷을 하사했다. 17세기에 잉글랜드의 제임스 1세는 하운드에 집착했고, 그 뒤를 이은 찰스 2세는 자신의 스패니얼로 유명세를 떨쳤다. 오늘날 엘리자베스 2세 여왕은 웰시코기를 기르는데, 이 개들은 버킹엄 궁전에서 여왕의 침대에 드나들 뿐 아니라 전용 방도 갖고 있다.

18세기에 베르사유 궁전은 개들로 바글거렸다. 사냥개들은 야외의 개집에서 지냈지만, 또 다른 개들은 주인과 함께 자거나 전용 쿠션에서 잠을 잤다. 나폴레옹의 첫 아내인 조세핀 왕비는 밤에 자신의 개들을 밀리 가지 못하게 했다. 이 개들은 캐시미어 숄이나 비싼 카펫 위에서 잠을 잤다. 이 개들의 배설물이 내뿜는 악취를 감추기 위해 침대 주변에 장미꽃잎이 뿌려지기도 했다.

옛날 사람들은 청결에 대해 각기 다른 생각을 가졌다. 이슬람교도들은 흐르는 물로 규칙적으로 세정식을 해야 했다. 고여 있는 물에서 씻는 행위는 불결하다고 생각했기 때문이다. 반대로 서구의 상류층은 17세기 말 이전까지 거의 씻지 않았다. 엘리트층의 어린아이들은 두세 살까지 목욕을 시키지 않았다. 1601년에 태어난 루이 13세의 기록을 보면, 의사가 신중하게 고안하고 승인한 특별한 왕실 일정표에 따라 열일곱 번째 생일날을 앞두고 처음으로 목욕을 했다고 한다. 체액이 보존되어야 하고 또 물이 너무 많으면 건강을 해친다고 생각했기 때문이다.

그런데 15세기 무렵 유럽의 몇몇 논평자들이 위생과 도덕을 근거로 공동 수면을 성토하기 시작했다. 가장 두려운 동물은 머릿니였을 것이다. 머릿니가 있으면 사회에서 낙인이 찍힐 정도였다. 머릿니는 흔했지만 해결하기 어려운 문제였다. 수시로 머리와 수염을 빗고 감는 방법 말고는 마땅한 해결책이 없었다. 서캐와 머릿니를 잡아 없애려 고안된 빗살이 가늘고 촘촘한 빗은 개인의 필수 소지품이 되었다. 고고학자들이 튜더 왕조 시대의 난파선 메리 로즈(Mary Rose)를 발굴하면서 익사한 선원들 대부분이 빗을 갖고 있었다는 사실이 알려졌다.

시멕스 렉툴라리우스(Cimex lectularius), 일명 빈대는 사람의 피를 빨아먹고 산다.[21] 빈대의 학명은 칼 린네(Carl Linnaeus)가 만들었고 '침대 벌레'라는 뜻을 갖고 있다. 빈대는 중동의 동굴에 살던 박쥐의 기생충에서 유래되었고, 사람들이 그곳에서 야영하기 시작하면서 사람을 숙주로 삼았다. 기원전 3500년 전의 빈대 화석도 발견되기는 했지만, 빈대가 존재감을 발휘하기 시작한 것은 도시가 성장하고 인구가 밀집되기 시작하면서부터였다. 빈대는 기원전 14세기에 파라오 아크나톤의 수도로서 테베강의 하류에 만들어진 엘 아마르나(El-Amarna) 지역에서 발견되었다. 그리고 기원전 400년 초에는 그리스인들에게 옮겨갔다. 중국의 저자들은 서기 8세기 초부터 빈대에 대해 불평을 늘어놓았다.

빈대에 대한 터무니없는 미신이 퍼져나갔다. 서기 77년 무렵에 발간된 대(大) 플리니우스의《박물지Natural History》는 빈대에 약효가 있다고 주장했고, 이런 미신은 수세기 동안 수그러들지 않았다. 비교적 최근인 18세기에 프랑스의 의사 장 에티엔 게타르(Jean-

Étienne Guettard)는 빈대를 활용해서 히스테리를 치료할 수 있다고 추천했다. 생물분류학의 창시자인 칼 린네는 빈대로 귓병을 치료할 수 있다고 주장했다.

빈대에 아무런 약효가 없음이 밝혀지면서 침대 주인들은 빈대를 퇴치하려 매달렸다. 침대에 갖가지 위험한 독성물질을 뿌렸다. 영국에서는 침대를 탈탈 털거나 잿물에 담가서 침구를 소독하는 방법을 썼지만 소용이 없었다. 방 안에 덫 역할을 하도록 접착제를 바른 앨더(오리나무) 이파리와 빵 조각을 흩뿌리기도 했다. 1746년의 한 광고는 '테레빈유'를 침대 프레임과 서식 장소에 발라보라고 권유했다. 18세기의 철학자 존 로크는 빈대 퇴치제로 침대 아래에 말린 강낭콩 잎을 두었다. 훈증소독, 불로 태우기, 이탄 연기 쏘이기, 심지어 블로 토치(소형 발염장치), 유황가루와 빳빳한 솔이 동원되었으나 효과가 없었다. 마침내 1939년 살충제 DDT가 개발되면서 단숨에 빈대의 확산이 멈추었다.

2차 세계대전에 널리 사용된 DDT 덕분에 베이비붐 세대들은 빈대에 물린 경험 없이 자라났다. 하지만 DDT는 동물과 특히 조류에 치명적이라는 사실이 발견되어 1972년에 사용이 금지되었다. 그로부터 20년이 안되어 빈대가 돌아왔다. 우리는 오래된 퇴치법으로 돌아가고 있다. 오염된 매트리스를 버리고, 침구와 옷을 빨고, 눈에 띄는 빈대를 눌러 죽인다. 하지만 빈대는 가장 비싼 호텔과 집에서도 출현할 정도로 생명력이 강한 생물체이다. 빈대는 사람들을 악몽처럼 괴롭힌다. 이것들을 퇴치하려면 더럽고 가렵고 복잡한 과정을 견 뎌야 한다.

사람들과 같이 자는 동물들이 언제나 사람들의 신경을 건드리는 것은 아니다. 오늘날 서구의 많은 사람들은 애완동물과 함께 잠을 잔다. 이는 중앙난방이 등장하기 전까지 더욱 빈번했을 것이다. 오를레앙 공작(프랑스 루이 14세의 남동생)의 아내인 엘리자베스 샤를로트(Elizabeth Charlotte) 팔라틴 공주는 강아지 여섯 마리가 침대 속에서 자신을 진심으로 따뜻하게 해준다고 말한 적이 있다.

잠동무는 이제 그만

침대 공유의 역사는 오래되었지만 19세기 말 즈음이 되자 이 풍속은 유럽 대부분과 미국에서 사라져가고 있었다. 19세기 미국의 의사 윌리엄 휘티 홀(William Whitty Hall)은 함께 잠을 자는 사교 행위를 "늑대와 돼지, 해충 등 가장 불쾌하고 더러운 동물 왕국"의 행태라고 분류했다. 홀은 기침부터 장수까지 온갖 건강 관련 사안에 대해 장황한 훈계를 늘어놓았다. 그는 독자들에게 문명인의 사교는 별도의 침대를 유지해야 가능하다고 설교했다. 그런데 서구 바깥의 많은 사람은 이런 사생활 개념을 아직은 중요하게 생각하지 않았다.

그런데 오늘날 서구에서 플라토닉한 곁잠은 비행기와 감옥, 캠핑장, 장거리 요트 경주처럼 몇 안되는 이례적인 상황에서만 일어난다. 그리고 기숙학교와 유스호스텔이나 파자마 파티 등 젊은이들 사이에서 보인다. 이 경우에도 침대 자체는 대부분 함께 쓰지 않는다.

때로는 한 침대에서 여러 명이 잠을 자지만, 동시에 자지는 않는다. 나의 친구인 남아프리카 출신의 기젤 쇼취(Gizelle Schoch)는 자신의 친구들 대다수가 런던에 처음 왔을 당시 침대를 함께 써야 했다고 말한다. "런던은 물가가 높은 도시이니까 딴 방법이 없었어. 내 기억으로는 침대가 네 개인 집을 열아홉 명이 함께 썼어. 하지만 같이 잠을 잔 것은 아니고, 교대로 사용했지."[22] 영화 제작자 존 허버트(John Herbert)는 우리에게 1990년대에 아라비아해와 북해의 촬영장에서 벌어진 이야기를 들려주었다. 그곳에서 사람들은 석유굴착장치와 보급소의 '핫 베드(hot bed)'에서 잠을 잤다고 한다. 각 벙커 침대는 24시간마다 세 명의 지정 수면자가 있었고 여덟 시간씩 돌아가며 사용했지만 같이 자지는 않았다는 것이다. 2차 세계대전 동안 잠수함 승무원들은 일상적으로 벙커 침대를 돌아가며 썼다. 이런 방식은 군사 작전을 벌일 때 여전히 일상적으로 행해진다.

인간은 비인간적이고 치욕스러운 상황에 굴복해야 할 때에도 어쩔 수 없이 침대를 함께 써야 했다. 예를 들어 식민 지배자들은 자신들의 선박 짐 선반에 아프리카 노예들을 욱여넣었다. 나치 강제 수용소에 갇힌 사람들은 3단 이상의 벙커 침대에서 한 침대를 일고여덟 명씩 사용해야 했다.

가장 무서운 2분 30초짜리 영화라는 평을 듣는 2008년 영화 <베드펠로*Bedfellows*>에서는 한 여성이 한밤중에 전화를 받다가 곁에서 자고 있는 게 자신의 남편이 아니라 굴(ghoul, 사람의 시체를 먹는 악귀

—옮긴이)임을 알게 된다. 이 단편영화만큼 오싹한 영상이 가수 카니예 웨스트가 2016년에 발표한 노래 <페이머스*Famous*>의 뮤직비디오이다. 여기에서는 알몸의 유명인사 12명이 잠을 자는데, 카니예와 도널드 트럼프, 조지 W. 부시, 킴 카다시안, 앰버 로즈가 등장한다.[23] 이들 모두 현대판 웨어의 침대에 일렬로 누워서 코를 킁킁거리며 몸을 떨고 있는데 약간 젖어 있어 무기력한 분위기가 감지된다. 이 영상의 메시지는 분명하다. 현대를 살아가는 우리에게 잠동무는 악몽일 뿐이다.

7장

움직이는 침대

통치자들은 오랜 시간을 이동하며 보내야 했다. 왕실 전용 기차, 리무진, 개인 비행기가 등장하기 전까지 백성들에게 오랫동안 모습을 드러내서 권력을 각인시켜야 했다. 이때에 위험이 높아질 수 있었다. 고대 이집트는 아주 오랫동안 정권이 교체되지 않았기에 안정되고 평화로운 왕국—파라오가 질서와 무질서 사이에 균형을 잡으면서 적들의 접근을 차단하는 고요한 왕국—이었다고 생각하는 사람들이 많다.

하지만 이집트는 왕실 파벌 사이의 정쟁 때문에 조용할 날이 없던 나라였다. 또한 막강한 권력을 가진 사이비 종교집단에 의해 키워진 신들뿐 아니라 주도(主都), 소도시와 부락까지 분쟁이 많았다. 파라오는 이렇듯 이해관계로 얽힌 국가를 엄격하고 막강한 행정부, 종교이념, 군사력을 결합해서 통치했다. 이런 현실 때문에 통치자와 고위 관료들은 쉴 새 없이 이동해야 했다. 이들은 태양신 아문(Amun)과 다른 신들을 기리는 주요 축제들을 열기 위해 이동했다. 장엄한 왕실 행렬은 배를 타고 왕국 어디에라도 갔다. 신왕조 시대의 투트모세 3세(기원전 15세기)와 세티 1세(기원전 13세기)를 비롯한 파라오들은 야심찬 정복자였다. 물론 물려받은 영토에 만족하거나 침략자를 막아내는 데 급급한 파라오들도 있었다. 어떤 통치 방식을 선택하든 모든 파라오는 왕실과 멀리 떨어져서 백성들 앞에 모습을 드러내야 했다. 다시 말해 자신의 침실이 아닌 곳에서 자야 했다. 하지만 파라오가 바닥에서 잘 수는 없는 노릇이었다. 파라오들은 접이식 여행용 침대를 사용했다.

여행용 침대

이집트의 소년 왕 투탕카멘의 무덤(기원전 14세기)에서는 가장 오래된 것으로 알려진 여행용 침대와 3단 접이식 침대가 나왔다.[1] 훨씬 만들기 쉬웠던 2단 접이식 침대는 그보다 오래전부터 사용되고 있었다. 투탕카멘의 여행용 침대는 Z자 형태로 접을 수 있었고 왕을 위해 특별히 제작되었던 듯하다. 제작 과정에서 시행착오가 있었는지 경첩 근처에 사용 흔적이 없는 장인들이 뚫어놓은 여분의 구멍이 남아 있다. 나무 침대 프레임에는 구리합금으로 만든 원통 모양 부품 위에 사자 다리 네 개가 붙어 있고 리넨실로 짠 매트가 깔려 있다. 정교하게 만들어진 가벼운 간이침대였다. 고대 가구를 연구하는 건축가 니시모토 나오코(Nishimoto Naoko)는 이 침대 디자인을 두고 "태생 자체가 시적(詩的)"이라고 묘사했다.

일반인들은 훨씬 더 소박하게 여행했고 때로는 이주 노동자들과

투탕카멘의 3단 접이식 간이침대

다르지 않았다. 이름 없는 노동자와 군인, 선원과 석공 들이 생계를 위해 온갖 공공 공사에 동원되었다. 이들 중 일부는 농한기 동안 피라미드 건설에 강제로 소환되었고 여러 마을에서 와서 팀을 이루었다. 평생 동안 이곳저곳을 떠돌면서 가혹한 조건에서도 묵묵히 일했던 이들도 있었다. 카이로 부근 기자에 피라미드를 건설하는 데 수많은 일꾼들이 동원되었는데, 높이 10미터에 달하는 대규모 석회암벽 뒤쪽, 대규모 기념비들의 남쪽에 이들의 마을이 들어섰다. 이집트 고고학을 연구하는 마크 레너(Mark Lehner)는 작업장, 빵집, 막사로 사용되던 기다란 공간들이 늘어서 있던 대규모 도시 유적을 찾아냈다. 이 도시는 수면을 위한 공간 4블록과 가벼운 지붕을 떠받치고 거리 쪽을 향해 줄지어 선 기둥들로 이루어져 있었다. 수면 공간 하나 당 40명에서 50명의 노동자나 보초가 이용했는데, 나란히 누우면 꽉 들어찰 정도였다.[2] 이들은 옷을 입은 채로 또는 담요를 뒤집어쓰고 잠을 잤을 것이다. 이들은 거의 빈손으로 자신들의 마을을 떠나 일자리를 찾아 단체로 이동했고, 그곳 현장에서 기본적인 물품들을 제공받았다. 한편 서기와 관리자들은 훨씬 크고 견고한 숙소에서 지냈다. 수천 명이 참여한 기자 피라미드 공사가 끝나면 일꾼들의 마을은 근처 신전에 딸린 작은 부락으로 줄어들었다.

고대 이집트 노동자들은 바닥에서 잠을 잤다. 오늘날 전 세계 수백만 명의 이주 노동자들과 일부 여행자들도 바닥에서 잠을 잔다. 달리 구할 수 있는 곳이 없고, 또 바닥에서 자면 플리스(fleece) 천, 담요나 망토만 있어도 되기 때문이다. 호메로스의 영웅 오디세우스의 아들 텔레마코스는 메넬라오스 왕의 궁전을 방문할 당시 포르티코(portico, 기둥으로 지붕을 버티고 적어도 한쪽 편이 개방되어 있는 구조물.—옮긴이) 바닥에 누워 잠을 잤다. "그리고 헬레네가 시녀들에게 포치 쉼터에 잠자리를 마련하라고 힘차게 말했다 / 침대에 두툼한 보라색 깔개를 깔았고 / 그 위로 담요와 두꺼운 양모 가운을 얹고 / 따뜻한 이불을 다시 올렸다." 오디세우스는 아내 페넬로페의 구애자들을 죽이기 전에 자신의 궁전 바닥에서 잠을 잤다. "바닥에 황소 가죽을 펴고 / 그 위에 양모로 만든 플리스를 올렸고, 에우리노메가 / 자신이 누워 있던 담요를 그에게 던져주었다."[3]

20세기 영국의 탐험가 윌프레드 세시저(Wilfred Thesiger)는 전통에 대해 굳은 신념을 품었던 불굴의 여행가였다. 그는 많은 시간을 사하라 티베스트 산지와 아라비아반도의 전설적인 룹알할리(일명 Empty Quarter: 사우디아라비아, 예멘, 오만, UAE의 국경이 맞닿아 있는 방대한 사막.—옮긴이) 등 오지 중의 오지에서 보냈다. 세시저는 언제나 단출한 짐을 꾸려 여행에 나섰다. 이라크 남부의 아랍 습지대(아흐와르, 세계에서 가장 규모가 큰 내륙 삼각주.—옮긴이)에서 지냈을 때는 담요와 천을 둘둘 말고 습지 바닥에서 잠을 잤다. 주위로 떼 지어 달려드는 벌레들도 아랑곳하지 않았다. 그는 사막에서 우주와 침묵에 잠겨 여행하면서 '과거와 하나가 되는' 기분을 느꼈다. 낙타의 능력에 기대어 '아주 오래전에 사막을 건너 이동했던 사람들'과 말없이 소통했다. 세시저는 중앙아시아의 산악지대도 탐험했다. 1956년에는 또 다른 유명 여행가이자 작가인 에릭 뉴비(Eric Newby)와 뉴비가 여행에 초대한 친구를 만났다. 두 친구가 고무 에어 매트리스에 바람을 넣는 모습을 보고 세시저는 눈치 없이 말했다. "자네들은 한 쌍의 팬지꽃 같군."[4]

또 다른 유라시아 여행가인 미국인 오언 래티모어(Owen Lattimore)는 1920년대에 몽골 낙타 상인들과 동행했다. 그는 야생동물들과 어디나 똑같아 보이는 생태계를 구별해 내는 유목민들의 지식에 놀라움을 감추지 못했다. 낙타 등에는 교환할 물건뿐만 아니라 몰이꾼들의 식량과 차가 실렸다. 래티모어는 한밤중 언제라도 텐트를 거두고 손에 잡히는 아무거나 먹고 "몸 하나를 뉠 데가 있으면 어디서나" 잠을 자는 데 익숙해졌다. 두려움을 모르는 이 여행가들과 마찬가지로 가난한 이들의 침대는 수천 년 동안 변함이 없었다.[5]

침대는 과거에도 지금도 거추장스럽고 육중한 가구로서, 부유한 사람만이 개인용 이동 침대를 가질 수 있었다. 파라오의 침대처럼 기발하게 접을 수 있든가, 아니면 하인들이 짊어지고 따라다니든가 둘 중 하나였다. 근대 이전 왕실은 어마어마한 개수의 침대를 보유했다. 군대에서 사용하는 접이식 야전침대와 다른 사람들에게 과시하고 칭송을 받기 위해 설계된 외교 행사용 침대도 포함되었다. 이 침대들은 접이식이었지만 캐노피와 커튼 등 집 안의 침대에 쓰이는 부속물을 갖춘 정교한 구조물로서, 사용자의 부를 나타냈다.

가장 화려한 임시숙소를 꼽으라면 단연 그 유명한 '금란의 들판(Field of the Cloth of Gold)'이 될 것이다. 이것은 1520년 6월 7일부터 24일까지 잉글랜드 헨리 8세와 프랑스 프랑수아 1세의 회담을 위해 칼레 남쪽에 세워진 텐트 캠프였다. 헨리 8세는 벽돌 기단과 캔버스 천, 목구조 벽체로 궁전 모형을 세웠다. 두 통치자는 각자 웅장한 임시 구조물, 연회, 마상 창 시합을 열어서 상대를 제압하려 했다. 왕의 침대뿐만 아니라 텐트와 세간살이를 실크와 황금실로 짠 천으로 장식했다(이 회담이 '금란의 들판 회담'이라고 불린 이유이다). 이 들판 정상 회담은 통치자들이 호화로운 침대까지 경쟁을 벌이던 기상천외한 외교 전쟁이었다.[6]

몇몇은 제왕의 권력을 과시하는 차원이었던 반면, 부유한 사람들 다수는 여행할 때 정교한 잠자리를 갖고 다녔다. 잉글랜드 북부의 스톡포트 헤리티지 서비스(Stockport Heritage Service)에는 1600년 무렵에 만들어진 여행용 밀폐형 침대가 소장되어 있다. 이것은 침대 안으로 들어가는 데 썼던 사다리, 자물쇠가 달린 가발함, 남편과 아내 조각상 2개를 완비한 사치품이다. 조각상으로 판단하건대 결혼 선물로 만들어진 듯하다. 이런 침대를 가진 사람들은 낯선 여행자들(그리고 그들의 몸에 붙은 기생충)과 한 침대를 쓰지 않아도 되었다. 일기작가 존 에벌린(John Evelyn)은 스위스 르 부베르 여관에서 다른 사람의 침대에 누웠을 당시를 떠올리며 몸서리쳤다. 그는 '고통과 졸음에 눌려서' 시트도 갈지 못하고 잠에 곯아떨어졌다. 하지만 "얼마 안되어 나의 성급함에 톡톡히 대가를 치러야 했다. 나는 천연두에 걸려서 앓아누웠다."[7]

군대의 이동

고대에 이동 중에나 전쟁터에서 병사들은 하나같이 바닥에서 잠을 잤다. 가죽 텐트가 흔히 사용되었고 이동시에는 당나귀 등에 싣고 다녔다. 콘투베르니움(conturbernium)은 폭과 너비가 모두 2.96미터인 공간에서 병사 8명까지 수용했다. 백인대장에게는 더 큰 텐트가 제공되었고, 이곳을 집무실로도 사용했다. 장교들에게는 훨씬 큰 막사가 제공되었고 여러 마리의 당나귀에 싣고 다녔다. 로마의 성곽과 요새에서의 생활은 훨씬 더 긴밀히 조직되었다. 막사에서 병사들은 분대 단위로 구분된 기다란 블록에서 거주했고 한쪽 끝에 백인대장의 스위트룸이 있었다. 여덟 명이 한 분대를 이루었고, 총 80명이 간소한 벙커 침대가 놓인 블록에서 잠을 잔 것으로 짐작된다.

장교들은 더 안락한 곳에서 잠들었다. 율리우스 카이사르 시대와 아마 그 이전부터도 싸기 쉬운 군용 가구가 상급 장교들에게 보급품

인도 라자스탄 지역의 노인이 야자껍질 섬유로 짠 차르포이에서 쉬고 있다. 이 차르포이는 다리와 엮은 침상이 있고 휴대할 수 있다.

으로 지급되었다. 이런 짐들이 터무니없이 많아지면서 18세기와 19세기에는 군대의 기동력과 이동성이 심하게 떨어졌다. 콜린 캠벨 장군(Gen. Sir Colin Campbell)이 1858년 세포이 항쟁을 진압하고 러크나우를 떠날 당시 화물기차가 30킬로미터나 늘어섰을 정도였다. 《타임스》의 윌리엄 하워드 러셀(William Howard Russell)에 따르면, 캠벨 장군의 짐에는 '네 기둥 침대와 텐트 침대부터 온갖 유형의 침대'와 작은 집을 채우고도 남을 세간살이가 포함되었다. 이런 대규모의 군사 작전은 전략상으로 위험했다. 여기서 교훈을 얻은 영국은 19세기 말에 벌어진 보어 전쟁에서 신속하게 이동하며 싸웠다.

캠벨의 군인들은 차르포이(charpoy, '네 발'을 뜻하는 페르시아어 'chihar-pai'에서 유래함)에서 잠을 잤을 수도 있다. 차르포이는 세포이 항쟁이 벌어지기 오래전부터 사용되고 있었다. 14세기 모로코의 여행가 이븐 바투타는 인도의 차르포이 침대에 대한 소감을 전한다. "인도의 침대는 아주 가볍다. 한 사람이 들 수 있고, 모든 여행자는 자기 침대를 갖고 있어야 한다. 이것을 노예 한 명이 머리에 이고 다녔다. 이 침대는 네 개의 기둥 위에 올라간 네 개의 원뿔형 다리로 이루어져 있고 기둥 사이에 비단이나 면 띠를 엮어서 누울 자리를 만들었다. 침대는 탄력성이 있어서 거기에 눕는 데 다른 어떤 것도 필요치 않다."[8] 차르포이는 19세기 말 식민지 전쟁 동안 시크교도 군인들이 아프리카 수단으로 들여왔다.

인도 군인들과 달리 유럽 군인 대다수는 바닥에서 잠을 잤다. 군대가 주둔하던 군영은 아주 드물게 보존되어 있다. 조지 워싱턴의 군용품에는 텐트, 식기, 접이식 침대가 포함되었다. 워싱턴은 뉴욕 뉴버그의 본부에서 군사시설을 향해 북쪽으로 이동하는 동안 금속 프레임과 얇은 매트리스를 갖춘 접이식 침대를 썼다. 마운트 버넌에 위치한 조지 워싱턴의 생가에 전시되어 있는 또 다른 접이식 침대는 운송하기 쉽도록 경첩이 달려 있다. 워털루 전투가 벌어지기 전날 밤 웰링턴 공작과 나폴레옹 보나파르트는 각자 6킬로미터도 안되는 거리에서 잠을 잤다. 두 사람 다 호화로움과는 거리가 먼 카우치에서 잤다. '철의 공작' 웰링턴은 전기 작가이자 친구이며 동료 군인인

박물관에 전시된 나폴레옹의 야전침대와 침실. 1815년 워털루 전투 전날 막사에서 사용한 야전침대/책상을 복원한 것이다.

조지 로버트 글레이그(George Robert Gleig)가 묘사한 "커튼이 없는 야전침대와 녹색의 낡은 실크 이불"에 누웠다.[9] 웰링턴은 편안함을 택하지 않았고 1852년 켄트의 월머 성에서 바로 이 침대에 누워 세상을 떠났다.

나폴레옹 황제는 워털루 전투가 벌어지기 전날 밤을 접이식 야전침대에서 보냈다. 이 침대는 볼과 소켓 조인트를 달아서 가로 세로로 접을 수 있었다. 침대 프레임은 바퀴를 단 여섯 개의 다리가 떠받치고 있었고, 줄무늬 트윌천 매트리스에는 청동과 철 후크가 부착돼 있었다. 이 접이식 침대는 견고한 가죽상자에 넣어 다녔다. 황제와 고위 장교 모두 캐노피가 있거나 없는 이런 야전침대를 썼다. 나폴레옹은 이 야전침대를 너무나 좋아해서 웰링턴 공작처럼 세인트헬레나 섬 유배 중 그 위에서 세상을 떠났다.[10]

어떤 군용 침대는 오랫동안 사용되었다. 스페인의 반도 전쟁(1808~1814년) 동안 42 보병연대(일명 블랙 워치Black Watch)에 소속된 J. 말콤 중위(Lt. J. Malcolm)는 가벼운 금속관으로 만든 프레임과 두 장의 캔버스 천 매트로 이루어진 침대를 썼다. 이 침대는 접어서 트렁크에 넣을 수 있었다. 마찬가지로 블랙 워치에서 복무했던 말콤 중위의 손자도 1882년 허버트 키치너(H. H. Kitchener) 장군이 이집트에 주둔하는 동안 이 침대에서 잠을 잤다. 현재 이 침대는 군사박물관에 소장되어 있다.

'야생에서 보내는' 휴일

정복을 위해서가 아닌 오락으로서의 야영이 19세기 말과 20세기 초에 영국에서 유행하기 시작했다. 1872년에 창설된 소년단(Boy's Brigade)과 1910년에 로버트 베이든 파월 장군이 설립한 스카우트 운동이 따르던 신념의 영향이었다. 두 단체 모두 야외활동, 인격 수양과 자연과의 친밀감을 강조했기 때문이다. 베이든 파월 장군은 야외활동에 빠져서 눈이 올 때에도 사방이 뚫린 자기 집 베란다에 침대를 갖다놓고 잘 정도였다. 스카우트 활동 덕분에 야영은 도시의 빡빡한 일과에서 잠시 벗어나는 탈출구가 되었다. 사람들은 오지를 여행하고 이국적인 장소에서 야영하는 탐험가들과 선교사들의 이야기에 매료되었다. 야영을 통해 '야생에서' 지내고 햇빛과 바람을 맞고 얼굴과 팔다리를 태우며 휴일을 보냈다. 이런 캠핑 열풍은 완만한 경관, 그 윽한 시골 등 '에덴동산에서 추방되기 이전'에 대해 산업화 세대가 느끼는 향수, 환상과 들어맞았다. 처음으로 간이침대가 주류로 편입되었다. 에덴동산의 자연이 불편한 곳이라는 뜻은 아니었기 때문이다.

잡지《들판과 개울Field and Stream》의 편집자로서 요약정리에 능한 워런 밀러(Warren Miller)는 1915년에 온갖 종류의 간이침대를 수록한 책《캠핑의 기술Camp Craft》을 펴냈다. 이 책에는 약 90×20 센티미터 꾸러미로 접을 수 있는 정교한 캠핑 침대가 실렸다. 미국의 의류회사 애버크롬비(Abercrombie)는 카키색 천과 양모 퀼트로 이루어진 스틱 베드를 변형한 제품을 공급했다. 이 침대는 나무 막대용 포켓이 있어서 2.7킬로그램 꾸러미로 접을 수 있었다. 밀러에 따르면, 가족과 캠핑하는 여성들은 "풀이나 잔가지로 만든 딱딱한 매트리스, 로프 침대의 불편함을 견디지 못한다."[11]

매트와 러그 위에 담요와 외투를 덮어쓰고 눕기도 했지만, 예나 지금이나 가장 합리적인 여행용 침구는 단연코 아무데나 펴놓을 수 있는 침낭이다. 요즘의 침낭은 매우 가벼워서 휴대하기도 편하고 단열 효과도 뛰어나다. 오늘날의 캠핑 산업은 온갖 기후와 날씨 상황에 따른 맞춤용 침낭을 공급한다. 머리에 쓰는 단열 후드가 달린 머미백(mummy bag)도 개발되었다. 여기에 비박용 배낭과 방수 덮개를 더하면 황야에서의 캠핑이나 하이킹도 거뜬히 할 수 있다. 1960년대에 기술이 발달하면서 간소한 침낭은 맞춤용 잠자리로 탈바꿈했다.

어느 한 사람이 침낭을 개발한 것은 아니다. 1850년대 독일의 농부들은 마른 나뭇잎과 건초나 짚을 채운 리넨 자루를 사용했다. 19세기 프랑스의 산악구조대는 둘둘 말아서 어깨끈으로 멜 수 있고 양모로 안감을 댄 양가죽 배낭을 갖고 다녔다. 1861년 알프스산맥 탐험가 프랜시스 폭스 터켓(Francis Fox Tuckett)은 밑바닥에 방수고무를 덧댄 담요 배낭을 시도했다. 이런 기본적인 취침 준비물은 조정할 수 있는 사람 크기의 가방에 지나지 않았다. 웨일스의 사업가 프라이스 프라이스 존스(Pryce Pryce-Jones)는 양모와 플란넬 방직으로 유명한 도시 뉴타운에서 침낭을 제작해 전 세계 시장으로 공급했다. 그는 자신이 개발한 침낭을 유클리시아 러그(Euklisia Rug, 그리스어로 좋은 잠자리를 뜻함)라고 불렀다. 이 침낭은 2미터가 되는 양모담요의 위쪽 한구석에 주머니를 달아서 공기주입식 고무베개를 넣을 수 있게 했다. 실내에서는 이 러그를 접어서 덮으면 온기를 보존할 수 있었다.[12]

프라이스 존스는 열두 살의 나이에 뉴타운 포목점의 조수로 들어갔고, 후에 그 가게를 인수했다. 그는 우편망과 철도망의 잠재력을 알아보고 세계에서 처음으로 우편주문 카탈로그를 정기적으로 펴냈다. 그는 러시아 육군에 6만 개의 유클리시아 침낭을 팔았다. 이 침낭은 1877년 러시아-투르크 전쟁 당시 불가리아 플레브나 전투에서 사용되었다. 플레브나가 함락되면서 러시아 군대는 나머지 주문을 취소했다. 1만 7천 개의 침낭이 배달되지 못한 채 남았다. 프라이스 존스는 이 침낭들을 우편주문 카탈로그에 추가했고 빈민구호단체에 이것을 비싸지 않은 가격으로 팔았다. 이 침낭은 영국 육군도 채택하고 호주의 오지를 다니는 여행자들도 사용할 만큼 인기를 끌었다. 안타깝게도 원래의 유클리시아 침낭은 남아 있지 않다. 2010년 영국공영방송(BBC)에서 원래 특허권에 실린 그대로 복제품을 만들어 달라고 의뢰했고 이때에 만들어진 침낭이 프라이스 존스의 고향 박물관에 기증되었다.

침낭은 북극과 남극 여행가들에게 분명 매력적인 물건이었다. 1888년 노르웨이의 탐험가 프리드쇼프 난센(Fridtjof Nansen)과 다섯 친구는 스키로 그린란드를 횡단하기 전 라플란드 지역 주민들과 이누이트족과 함께 살면서 이들이 극한 추위에 어떻게 적응하는지를 관찰했다. 이누이트들은 물개 가죽 담요를 덮고 잤다. 그래서 난센 일행은 물개 가죽을 꿰매고 붙여 3인용 침낭을 만들었다. 그로부터 일 년 후 노르웨이의 충전재 제조사인 G. 푸글레상(G. Fuglesang AS)이 난센의 침낭을 변형해서 상품으로 내놓았다. 이 침낭은 점차 미라 형태로 발전했고, 일부는 팔과 다리 부분도 부착되었다. 1902년 로버트 스콧 선장이 이끄는 탐험대는 디스커버리호를 타고 남극을 탐험할 당시에 사슴가죽으로 만든 슬리핑 수트에 의지했다. 이것을 착용하는 과정은 비단뱀과 씨름하는 것과 같았다. 영국의 극지 탐험대는 사람이 짐을 끌었고, 그 과정에서 옷 속은 땀으로 가득 찼다. 침낭에 맺힌 습기는 금방 얼어붙었고 사람의 체온으로 녹이기 전까지 둘둘 말지도 안으로 들어가지도 못했다. 스콧의 경쟁자인 로알 아문센(Roald Amunsen)은 이누이트와 라플란드 주민들의 오랜 풍습을 세심하게 관찰했다. 아문센과 탐험대는 주민들처럼 몸에 달라붙지 않는 털옷을 입었고, 이는 효율적이고 보온에 뛰어났다. 또한 짐도 끌고 더 안전하고 신속히 이동하기 위해 개썰매를 활용했다. 오늘날의 합성충전재는 방수 효과가 뛰어나고 물에 빠졌을 때도 빨리 마른다. 경쟁상대인 깃털[down]은 가볍고 열을 잘 보존하지만 마른 상태를 유지해야 한다는 단점이 있다. 침낭은 오늘날 여행침대로 보편적으로 사용되고 있다. 제2차 세계대전까지 미국 군인들이 담요와 그라운드시트(ground sheet, 습기를 막기 위하여 천막이나 막사 안의 땅바닥에 까는 방수포.─옮긴이)만을 지급받았다는 사실은 곧잘 잊힌다.

프라이스 존스가 유클리시아 침낭의 특허를 낸 13년 후에 매사추세츠 리딩의 뉴매틱 매트리스 쿠션 컴퍼니(Pneumatic Mattress and Cushion Company)는 처음으로 에어 매트리스를 상품화했다. 이 침대는 요즘에 수영장에서 누울 때 쓰는 에어 매트리스와 비슷했다. 하지만 원래 이 침대는 대서양 횡단 증기선에서 사용되던 말총을 채운 매트리스를 대체하기 위해 개발되었다. 에어 매트리스는 장점이 많았다. 쉽게 공기를 빼거나 집어넣을 수 있고, 또 이론상으로 구명뗏목 기능을 할 수도 있다. 또한 도시의 비좁고 밀집된 아파트로 몰려들던 육지 사람들한테도 안성맞춤이었다. 뉴매틱 매트리스 쿠션 컴퍼니는 에어 매트리스에는 벌레도 세균도 번식하지 않는다고 자랑하는 광고를 했다. 또한 뒤집을 필요도 없고 악취나 퀴퀴한 냄새도 안 나고 습기도 안 찬다고 설명했다. 커버를 세탁하기 쉬워서 에어 색(air sack)도 보호할 수 있다. 크기는 1/2 크기, 3/4 크기, 풀 사이즈 세 종류가 있었는데 가격은 '최저 22달러부터' 있었다. 심지어 30일 무료 체험 기간도 제공했고 마음에 들지 않으면 전액 환불을 약속하는 광고를 내보냈다.

에어 매트리스를 만든 것은 뉴매틱 매트리스가 처음이 아니다. 16세기 초 프랑스의 가구제작자 윌리암 드자르댕(William Dejardin)은 밀랍을 입힌 캔버스 천으로 공기주입식 '바람 침대(wind bed)'를 개발했다. 아이디어는 그럴 듯했지만, 캔버스 천 침대가 금방 꺼지면서 이 기술은 잊혀졌다. 그로부터 3세기가 지난 1849년 미국의 개척자 마거릿 프링크(Margaret Frink)는 골드러시 동안 남편과 함께 육로로 인디애나에서 캘리포니아로 이동했는데, 가족의 짐과 식량을 보관하던 포장마차의 바닥에 대해 이렇게 썼다. "우리에게는 공기나 물로 채울 수 있는 인도고무 매트리스가 있어서 매우 안락한 침대를 만들 수 있었다. 낮 동안에 공기를 빼두면 공간도 적게 차지했다."[13]

오늘날에는 공기 펌프가 달려 있고 공기를 재빨리 빼낼 수 있는 '우쉬(whoosh)' 밸브 장치, 험한 여행 환경에 맞춘 디자인뿐만 아니라 실내에도 적합한 개별 조절장치가 달린 에어 매트리스를 구입할 수 있다. 궁극의 에어 매트리스는 네덜란드의 디자이너 얀야프 라이제나르스(Janjaap Ruijssenaars)가 설계한 '공중 부양 침대(hovering bed)'가 될 듯하다. 이 침대는 바닥에서 40센티미터 정도 공중에 떠

있게 된다. 침대에 붙인 자석과 마룻바닥에 붙인 자석이 서로를 밀어내는 힘을 이용하면 1톤에 가까운 무게도 뜰 수 있다는 것이다. 하지만 이 침대는 여행용 침대가 아니다. 2019년 3만 달러 안팎에 판매하는 등 아직은 천문학적인 가격표가 붙어 있다.

움직이는 가구

사람들은 여행할 때뿐 아니라 집에 있는 동안에도 여기저기로 침대를 옮겼다. 방이 단일한 용도로 사용되기 전까지는 일상적으로 벌어진 일이었다. 중세 시대의 깔판 침대와 서아시아의 차르포이 침대는 필요한 곳 어디에나 갖다놓을 수 있었다. 이런 침대는 사람들이 바닥에서 떨어져 자는 동안 늘 주변에 있었다. 오늘날 파키스탄 가정의 대부분은 차르포이를 보유하고 있다. 차르포이는 다양한 상황에 활용할 수 있는 매우 유연하고 용도가 다양한 가구이다. 여성들은 여자 친구들, 가족과 수다를 떨 때 차르포이를 이용한다. 또한 꽃으로 전체를 장식해서 혼인 침대로 쓰고 출산할 때는 지지대로 쓰며 아기를 누인 요람을 매달 때나 옷이나 향신료를 말릴 때에도 활용한다. 남성들은 마을사람들에게 연설할 때 단상으로 쓰거나 대화를 나누기 좋은 비공식적 장소로 활용할 수 있다. 차르포이는 어린아이 두 명이면

집 안 어디나 쉽게 옮길 수 있다. 이를테면 바깥 베란다나 지붕 위로 올려서 잠을 잘 수도 있다. 차르포이에서 잘 때는 모기장을 둘러치는 경우가 많다. 파키스탄의 가난한 동네 데라 가지 칸(Dera Ghazi Khan) 사람들은 크기를 엄청나게 키워서 카트(khatts)라는 슈퍼사이즈 차르포이를 만들었다. 하나에 24명까지 앉을 수 있는 이 침대는 모임 장소로 활용되고 있다. 친구들끼리 휴일에 모이거나 저녁에 담소를 나누기에 완벽한 공간이다.

표준적인(일인용!) 차르포이를 변형한 형태는 고대 이집트, 메소포타미아, 그리스에서 등장하지만, 오랫동안 살아남은 것은 인도에서 만든 차르포이 형태이다. 인도의 차르포이는 가볍고 끈이나 무명천으로 만들기 쉬워서 아시아 전역뿐만 아니라 아프리카 수단의 도시와 시골에서도 널리 사용되고 있다. 중국 농촌 지역에서도 많은 사람들이 나무 프레임에 노끈을 촘촘히 엮은 침대에서 잠을 잔다. 이 침대는 누워 있을 때 가운데가 살짝 꺼지지만 취침용 패드나 담요를 올리면 꽤 튼튼한 잠자리가 된다. 이런 침대는 가볍고 옮기기 쉬워서 저렴한 호텔에 쌓여 있는 모습이 자주 보인다. 이 침대는 다용도로 쓸 수 있어서 유행과 상관없이 계속 사용될 듯하다.

'취침용 그물망'

침대의 범주에 넣는다면 세상에서 가장 간소한 침대는 아메리카 대륙에서 기원한 해먹일 것이다. 이 놀라운 물건은 스페인 정복자들이 유럽으로 돌아오면서 가져왔다. 1492년 콜럼버스는 날마다 면과 하마카스(hamacas), 즉 '취침용 그물망'을 물물교환하려 배를 찾아온 수많은 원주민들에 대한 기록을 남겼다. 이렇듯 해먹은 이미 수백 년 전부터 중앙아메리카와 남아메리카 지역에서 사용되고 있었다. 스페인어 하마카(hamaca)는 아라와크족과 타이노족의 언어 하마카(hamaka)에서 유래했다. 이것은 두 고정된 지점 사이에 매달린 '신축성이 있는 옷감', 즉 섬유, 그물망, 로프 슬링을 가리켰다. 해먹은 중앙아메리카와 남아메리카의 열대우림이라는 환경에서 엄청난 이점이 있었다. 가벼워서 휴대하기 쉽고 또 나무 두 그루만 있다면 어디라도 달아맬 수 있는데다가 엄청나게 안락했다. 무엇보다 개미와 뱀, 다른 벌레들의 침 그리고 전염병을 막아준다는 장점이 있었다. 해먹은 새로 발견된 아메리카 대륙을 대표하는 이미지로서 오랫동안 알려졌다. 1630년 바로크 시대 플랑드르의 판화가 테오도르 갈레(Theodoor Galle)의 유명한 판화에는 탐험가 아메리고 베스푸치가 아름다운 아메리카 원주민 여인을 깨우는 모습이 보인다. 이 여인은 놀라서 그물 해먹에서 몸을 일으키고 있다.

해먹은 내구성이 강한 물건이 아니다. 쉽게 만들고 쉽게 버려지거나 사라진다. 따라서 콜럼버스 이전에 있었던 해먹의 역사를 알기는 어렵다. 하지만 스페인에 정복되기 2세기 전에 카리브해에서 유카탄반도로 들어왔다는 이야기가 전해진다. 우리가 아는 한 해먹은 마야 문명이나 신화에서 두드러지지 않았지만, 유럽인들이 도착하기 전부터 아마존 숲속에서는 널리 퍼져 있었다.

유럽인들은 때때로 면 슬링을 마차 좌석으로 이용하고 있었지만, 콜럼버스가 유럽으로 들여오기 전까지 여행용 침대인 해먹에 대해 알지 못했다. 초기에 해먹은 주로 바다에서 사용되었다. 1590년경 범선에서 쓰임새를 인정받았고, 1597년에는 영국 해군의 선원들이 도입했다. 해먹은 비좁은 배 안에서 쓰기에 알맞았다. 배가 요동치고 흔들릴 때에도 안락했고 거센 파도를 통과할 때에도 침대에서 떨어질 위험이 없었다. 둘둘 말아서 구석에 치워둘 수도 있고, 또 전함 갑판을 따라 쌓아두면 전투 도중 방어막이 되기도 했다. 배와 함께 흔들릴 때조차 해먹에서는 고치에 들어간 듯 편히 잘 수 있었다.

전투 도중에 죽거나 바다에 빠진 선원들은 그들이 사용하던 해먹에 씌워져 묻혔다. 미국 육군은 제2차 세계대전 중에 버마처럼 정글에서 전투를 할 때 모기장이 달린 해먹을 도입했다. 미 해군은 뉴브리튼과 습지의 벌레가 그득한 태평양의 섬들에 주둔할 때 해먹을 사용했다. 이들은 심지어 총격을 피하려 참호 안에 해먹을 달아매기도 했다. 베트남 전쟁 당시에 미군과 베트콩 모두 해먹을 사용했다. 해먹은 우주에도 다녀왔다. 아폴로 프로그램 동안 달착륙선에 탑승한 우주 비행사들은 문워크 사이에 해먹에서 잠을 잤다.

최근 해먹 산업은 중앙아메리카에서 높은 성장세를 보이고 있다. 침실뿐만 아니라 거실과 베란다에서도 해먹이 사용된다. 직조기로 해먹을 짜는 공예는 유카탄반도의 주요 공예산업으로 자리 잡았다. 산살바도르섬에서는 해마다 11월에 해먹 축제가 열린다. 이때 장인들은 화려한 색깔의 실로 짠 그네침대를 수백 개씩 팔기도 한다. 해먹은 아기들에게도 놀랍도록 훌륭한 침대가 된다. 아기들의 척추에 맞춰 휘어지는데다가, 가만히 있지 못하는 영아들을 자동으로 흔들어주고 어디에나 설치할 수 있기 때문이다.

철도와 도로

오늘날 우리는 2세기 전이라면 상상도 못했을 장소에서 침대에 누워 잠을 청한다. 수천 년 동안 여행자들은 군대나 선단에 소속되지 않는 한 홀로 또는 소수 인원이 함께 다녔다. 역마차는 울퉁불퉁한 도로를 내달렸고, 사람들은 매우 좁은 공간을 같이 써야 했다. 1815년 핸십 소령(Major Hanship)이라는 역마차 여행객은 이렇게 썼다. "마차 측면에 머리가 부딪쳐서 잠이 들 수 없는 한편으로, 당신의 다른 쪽 어깨가 코를 골아대는 농부의 지지대 역할을 한다."[14] 그는 무릎을 펼 수 없는데다가 쉴 새 없이 울리는 마부의 나팔 소리, 맞은편에 앉은 '노부인'의 집요한 시선에 대해 불평을 쏟아냈다. 그리고 철도를 통한 대중 여행의 시대가 왔다. 철도는 가깝고 먼 도시와 시골을 이어주었다. 철도 여행은 며칠씩 걸리기도 했는데, 이는 기차에서 잠을 자야 한다는 뜻이었다. 처음에 승객들은 자기 좌석에서 잠을 청했는데, 딱딱한 벤치는 전혀 편안하지 않았다. 침대열차는 1830년대 미국에서 처음으로 등장했다. 그 열차에 설치된 24개의 침대는 낮 동안 다인승 좌석으로 사용되었지만, 여전히 편안함과는 거리가 멀었다.

미국에서는 누군가의 이름이 철도여행의 대명사가 되었다. 바로 조지 모티머 풀먼(George Mortimer Pullman)이다.[15] 풀먼은 캐비닛 제작자이자 엔지니어로서 시카고에 스크루잭(screw jacks)으로 홍수위 위에 건물을 올리면서 명성을 얻었다. 매우 불편한 기차를 타고 돌아온 직후 풀먼은 시카고 앨턴 철도회사(Chicago and Alton Railroad Company)를 위해 침대열차를 제작하기로 결심했다. 그는 아래 좌석에 경첩을 달고 로프와 도르래로 위 침상을 지붕에 붙였다.

이 새로운 열차는 성공하지 못했지만, 그로부터 4년 후 풀먼은 다시 파이오니어(Pioneer) 침대차를 설계했다. 이 열차는 이전 열차보다 폭과 높이가 커졌고 고무를 입힌 스프링이 달려 있어 승차감도 개선되었다. 낮 동안 파이오니어는 호화롭지만 일반적인 객차처럼 보였고, 어둠이 내리면 바퀴가 달린 이층 호텔로 바뀌었다. 접이식 좌석과 위 침상이 결합되어서 침대로 변신했다. 특별교육을 받은 승무원이 돌아다니면서 개별 칸막이와 시트를 제공했다. 이 기차는 이전 객차들과 달리 안락함을 원하는 열차 승객들의 바람을 충족시켰다. 풀먼의 침대열차는 에이브러햄 링컨의 장례열차로 사용되면서 엄청난 홍보 효과를 얻었고 곧 상업적인 서비스에 들어갔다. 1867년 무렵 그는 3개 철도노선에서 약 50개의 열차를 운영했다. 미국 철도의 전성기 동안 뉴욕중앙철도주식회사(New York Central Railroad)의 '20세기 리미티드'를 포함해서 여러 개의 풀먼 기차가 있었다.

기차의 침대에 누워서 하는 여행은 낭만적인 감성을 자극한다. 런던과 스코틀랜드 횡단 야간열차는 안락함과는 거리가 먼데도 많은 여행자들 사이에서 이국적인 여행으로 명성을 얻었다. 영국의 오래된 침대열차에 설치된 침대는 좁다랗고 길이가 짧아서 키 큰 사람들에게는 불편하다. 만일 당신이 배가 좀 나왔다면 아무 생각 없이 몸을 뒤척이다가 바닥에 떨어질 수도 있다. 하지만 생면부지의 사람 여섯 명이 붙어서 자야 하는 프랑스의 쿠셰트(couchettes)보다는 안락하다. 침대칸은 많은 국가들, 특히 인도에서 여전히 흔하다.

인도에서 베이직 슬리퍼 클래스(Basic Sleeper Class)는 에어컨이 없는 침대 객차를 가리킨다. 여기서 3층 침대칸은 가로로, 2층 침대칸은 세로로 배치되어 있다. 가장 호화로운 침대칸은 비즈니스 클래스이고, 풀 사이즈 침대 객차에 캐빈 8실이 있고, 각 캐빈은 2인용이다. 이곳은 넓은 침상과 침구가 제공되고 바닥에는 카펫이 깔려 있다.

오늘날 침대열차 세계에서 오리엔트 특급열차와 견줄 수 있는 호화열차는 없다. 1883년 왜건스 리즈 열차회사(Compagnie Internationale des Wagons-Lits)는 파리와 동쪽 지역을 오가는 오리엔트 특급열차를 개설했다. 이 노선은 수십 년간 여러 차례 변화를 겪었는데, 운영권은 1982년 베니스 심플론 오리엔트 특급열차(Venice Simplon-Orient-Express) 같은 개인 기업으로 넘어갔고, 1920년대와

1930년대의 객차를 복원해서 사용하고 있다. 21세기에 들어서 풀먼 스타일의 침대 두 개로 변신하는 안락한 카우치가 있는 더블 캐빈이 설치되었다. 이 열차를 타면 애거사 크리스티가 쓴 불멸의 추리소설 《오리엔트 특급 살인*Murder In the Orient Express*》 속의 세계로 들어가는 기분이 든다. 물론 (사람들이 희망하는) 사건은 일어나지 않는다.

레저용 차량(RV로 줄여 부름)은 기차 침대칸을 합리적으로 확장한 것이다.[16] 1910년경 캐나다와 로스앤젤레스에서 출현한 최초의 모터홈(motor home)은 개조된 자동차나 자동차 뒤에 매달고 끄는 트레일러 형태였다. 이것은 말 그대로 트레일러에 작은 집을 올린 형태였다. 최초의 진정한 RV는 피어스 애로의 투어링 랜도(Touring Landau)였는데 뒷좌석을 펼치면 침대, 실내용 변기, 그리고 운전석 뒤에서 싱크대가 나왔다. 운전자는 전화로 승객들과 통화했다. 이후 수십 년간 자동차 캠핑이 유행했는데, 국립공원의 숫자가 늘어난 덕분이었다.

초기에 공원 방문객들은 대부분 길가 옆에서 텐트를 치고 야영을 했다. 후에 일부 트레일러에 접을 수 있는 여행용 텐트뿐만 아니라 침대가 갖추어졌다. 많은 사람이 음식을 데우기 위해 라디에이터에 깡통 캔을 용접해 부착했다. 1967년 위네바고(Winnebago)에서 냉장고와 석유스토브, 심지어 킹사이즈 침대를 갖춘 RV를 대량생산하기 시작했다. 2019년 미국과 캐나다의 8백여 만 가구가 RV를 갖고 있고 거기에서 휴가를 보낸다. 또 45만 명은 여기저기로 다니면서 온종일 차 안에서 생활한다.

침대차 여행이 중독성이 있는 반면 비행기에서의 취침은 또 다른 문제이다. 우리 대부분은 비좁은 이코노미 좌석, 다리를 뻗기 어려운 발밑 공간, 코를 고는 옆 사람에 너무나 익숙하다. 초대형 에어버스 380에 더블베드와 개별 샤워기를 갖춘 에미레이트 항공의 퍼스트 클래스를 타본 사람은 아주 소수일 것이다. 그보다 낮은 퍼스트 클래스(그리고 일부 비즈니스 클래스)는 좌석이 180도 수평으로 젖혀지고 성가신 팔꿈치를 편히 둘 수 있을 만큼 여유로운 공간이 있다.

이층 비행기인 보잉 스트래토크루저(Boeing Stratocruiser)와 록히드 컨스텔레이션(Lockheed Constellations)은 180도로 젖혀지는 침대형 좌석에 그치지 않고, 매트리스와 시트, 독서등과 커튼이 설치된 2층 침대와 때때로 침대에서의 아침식사를 제공했다. 여러 측면에서 이것은 프리미엄 요금을 낼 여유가 있는 사람들을 위해 기차 침대칸을 모방했던 듯하다. 이런 곳에서의 취침이 언제나 유쾌하지만은 않았다. 어떤 승객의 위나 아래에 있는 셈이고, 이중 많은 이들이 공짜 술을 너무 많이 마시거나 또는 금연석을 예약한 승객이 공기의 질이 어디나 똑같다는 사실을 알게 되었다. 또 종종 떠들썩하게 파티를 즐기는 무리들을 배경으로 잠을 자야만 했다. 스트래토크루저 같은 항공기가 날렵한 제트여객기와 점보제트기(대형여객기)로 대체되면서 비행기의 침대는 사라졌다. (가능한 많은 승객을 몰아넣는 형태의) 효율성이 호화로움을 밀어낸 것이다.

수세기 동안 실험이 이뤄졌어도 우리는 아직 바닥에서 자거나 좁은 캠핑 침대를 사용하는 단계에서 벗어나지 못했다. 우리는 여전히 담요를 덮어쓰거나 침낭 속에 들어가서 잔다. 우주기술 덕분에 침구는 훨씬 더 빨리 마르고 캠핑 침대는 더 가벼워졌지만 최고의 침대는 여전히 침실에서 탄생되고 있다.

8장

정치 무대로서의 침대

234

중세 시대 유럽 사람들은 대부분 건초더미 위에서 잠을 잤다. 외투를 뒤집어쓴 채 바닥에서 자거나 짚을 채운 자루를 깔고 그 위에서 가죽이나 담요를 덮고 잤다. 사람들은 공동주거지에서 온기를 찾아 난로 가까이에 모여서 자기도 했다. 이 주거지는 동물들과 함께 썼다. 사람들은 자루를 건초로 채워서 '침대를 만들었다.' 영주의 눈에 든 이들은 영주의 주 거주 공간 벽에 딸린 구석진 곁방에서 잠을 자기도 했다. 당시 침실은 창문에 유리가 없어서 외풍이 심했고 위생 상태가 형편없었다. 가장 중요한 영주만이 신화 속의 덴마크 왕 베어울프처럼 높다란 침대를 가질 수 있었다. 베어울프는 '자신의 침대 부근에 쭈그리고 앉아 있던 수많은 용사들'에 둘러싸여 잠이 들었다. 용사들 모두 갑옷만 아니라면 어디서도 잠이 들었다. 베어울프의 백성들은 1066년 잉글랜드를 정복한 노르만족에 비하면 거칠었다.

노르만족은 안락함을 선호해서 집을 지었고 영주는 응접실 역할을 하던 방에서 잠을 잤다. 이 방들은 침실 겸 알현실로 사용되었고, 귀족부터 평민 농부까지 모든 사람이 응대를 받았다. 훗날 이 방들의 형태는 유럽 궁정의 공적 침실의 원형이 되었다.

침대에서 판결을 내리다

12세기가 되면 유럽의 궁정 대부분이 예배당과 홀, 군주의 침실이라는 3개의 구역으로 나누어졌다. 영국에서 시종장[master chamberlain]은 원래 방을 관할하던 직책을 가리켰고, 그곳에서 매일 왕을 보좌했다. 군주는 밀착 경호를 받았으므로 방은 귀중품을 보관하기에 안전한 장소였다. 따라서 당시는 이곳이 재무부였고, 여기에서 옷장이 발전했다. 옷장은 옷을 보관하는 장소일 뿐 아니라 흐르는 물이 있으면 몸을 씻고 또한 양동이를 주기적으로 비워내면서 화장실의 역할을 하기도 했다.

헨리 3세가 통치하는 동안(1216~1272년) 런던 웨스트민스터에 있던 잉글랜드 왕궁에는 알현실과 침실 기능이 합쳐진 페인티드 챔버(Painted Chamber)가 있었다. 이 방은 길이가 24미터, 너비가 7.9미터, 높이가 9.4미터에 달했다. 벽에는 잠에 든 왕을 지켜주는 솔로몬

같은 수호자들뿐만 아니라 한 쌍의 미덕과 악덕을 그린 화려한 벽화
가 있었다.[1] 안타깝게도 이 놀라운 방은 오랫동안 그레이트 홀(Great
Hall) 옆을 지키다가 1834년 불에 타서 사라졌다. 하지만 상세한 내
용이 기록으로 전해지고 있다.

헨리 3세가 자신과 왕비의 침실에 돈을 낭비하면서 과도한 세금
에 지친 신하들의 불만이 터져 나왔다. 그 뒤를 이은 에드워드 1세
(1272~1307년)는 런던탑에 있는 자신의 침실 창문에 유리를 끼워서 외
풍을 막았다. 이 무렵 왕실의 침대는 제법 안락해졌다. 시인 제프리
초서(Geoffrey Chaucer, 1343~1400년)는 스물네 살의 나이로 왕의 침
실에서 시종관으로 근무했다. 시종관의 업무에는 에드워드 3세의 '깃
털 침대'를 매만지는 일이 포함되었다. 왕이 잠잘 때 몸을 뒤척이지
않도록 침대 위에 '베개 여러 개'와 보드라운 천 여러 겹을 깔았다. 왕
의 총애를 받은 초서는 고위직에 올랐다. 1374년 에드워드 3세는 시
인으로서 명성이 높아지고 주요 직책을 맡은 초서에게 급료로 매일
와인 1갤런을 주었다.

침대는 왕궁과 다른 대규모 시설에서 아주 중요한 가구였다. 그
중 가장 정교한 침대는 화려하게 꾸며졌고, 왕실 문장을 비롯한 상
징적인 무늬로 장식한 질 좋은 실크 침구가 곁들여졌다. 유언뿐만
아니라 세간 목록에서도 침대는 개인의 재산 중 가장 중요한 물품
으로 분류해서 기록했다. 침대는 필연적으로 왕의 상징, 군주의 드
라마가 펼쳐질 무대가 되었다. 군주는 침대에 앉아서 판결을 내렸는

데, 이것이 '군주의 침대(the state bed)'이다.

프랑스의 왕들이 침대에서 판결을 내리는 전통은 오랫동안 지속되었다. 성인(聖人)왕 루이라는 칭호를 듣던 루이 9세(1214~1270년)의 재위 기간 중 제정된 법전은 왕이 판결을 내리는 곳에는 언제나 군주의 침대를 두어야 한다고 지정했다. 그로부터 약 5백 년 후인 17세기 말에 프랑스의 작가이자 내과의사 베르나르 르 보비에 드 퐁트넬(Bernard Le Bovier de Fontenelle)은 "정의의 침대(bed of justice, 왕좌王座: 프랑스 대혁명 이전의 고등 법원Parlement에서 국왕이 앉는 자리—옮긴이)에서 정의가 잠들었다"라고 썼다.[2] 당시 군주의 침대는 7단 계단이 연결된 높은 단상에 있었고 왕은 거기에 앉거나 누워 있었다. 고관들은 일어서 있었고, 하급 관리들은 무릎을 꿇었다. 언제나 군주 일가를 둘러싼 위계를 눈으로 확인시키려 한 방법이었다.

왕좌[lit de parade]는 왕이 공식행사에서 자신의 모습을 드러낼 때 사용되었다. 이때 왕은 의례용 복식에 보석을 둘렀고 신분에 따라 구분된 시종들과 고관들에 둘러싸였으며 모든 사람이 자기 자리를 지켜야 했다. 이런 방식은 왕이 건강할 때에는 괜찮았다. 왕의 공식적인 침대는 바닥에서 높이 올라가 있어서 병을 치료하는 데는 불편했다. 왕은 훨씬 소박하고 높이가 낮고 바퀴가 달린 트런들 침대에서 불치병의 고통을 견뎠다. 하지만 죽음이 임박하면 관료들이 서둘러 왕을 '군주의 침대'로 모셨고, 왕은 공식적인 장소에서 죽음을 맞았다. 군주의 침대로 모셔진 왕은 세심하게 이발을 받고 단장되었다.

이때 대중은 그 광경을 보기 위해 줄을 섰다. 후계자가 정해지면 그는 인근 대주교의 궁전에 설치된 침대에서 내려와서 대관식을 시작하기도 했다. 사람들 대부분이 글을 읽을 줄 모르던 시절이었으므로 시각적인 이미지가 대단히 중요했다. 이런 상황은 죽음뿐만 아니라 탄생에서도 군주의 권력을 드러내는 데 영향을 끼쳤다.

군주의 침대는 이따금 난간을 둘러서 일반인의 접근을 막았고 호위병들이 하루 종일 지키고 있었다. 군주의 침대와 왕 주위에는 신성한 기운이 감돌았다. 발 보온용으로 길들여진 왕실 애완견 외에 다른 개들은 철저히 차단되었다.

왕궁의 침실에서는 트런들 침대가 흔히 사용되었다. 왕을 홀로 둘 수 없었기 때문이다. 왕의 곁에는 언제나 시종이 대기했다. 여왕의 침실에서는 좋은 가문 출신의 시녀가 트런들 침대를 사용하곤 했다. 상류 가문에서 태어난 궁정인들이 밤낮을 가리지 않고 여왕 곁을 지켰다. 소박한 트런들 침대는 지위가 높은 사람들이 사용하기도 했다. 나머지 궁정인들은 바닥의 파야스(paillasses), 즉 짚 매트리스 위에서 잠을 잤다. 트런들 침대는 다리 바퀴가 달려 있어 이동이 가능하므로 낮에는 치워두거나 왕의 침대 아래에 넣어두었다. 군주의 침대는 규모가 어마어마해서 왕은 유력자를 초대해서 여기서 밤을 함께 지내기도 했다. 이런 초대는 우호의 표시였고 완전히 플라토닉한 행동이었다.

정교하게 장식된 침대는 왕실의 결혼식에서도 중요한 공적 역할을 맡았다. 신랑신부의 잠자리와 결혼식 후 의식과 흥겨운 파티가 이어졌고, 수많은 증인들이 결혼 첫날밤을 인증하기 위해 침실에 들어왔다. 갓 결혼한 왕실 커플이 침대에 들어 관계를 맺지 않으면 그 결혼식은 무효가 될 수도 있었다. 침대 자체는 결혼식을 위해 공들여 장식되었고 때때로 거대한 공간을 차지하기도 했다. 1430년에 부르고뉴의 필립 선공과 포르투갈 이사벨라의 결혼을 위해 제작된 혼인 침대는 가장 큰 혼인 침대로 기네스북에도 실렸다. 이 침대는 길이가 5.79미터이고 너비가 3.8미터에 달한다.[3]

장엄한 침대

엘리자베스 1세 여왕의 침대는 왕궁의 한가운데에 자리를 잡았다. 여기서 여왕은 낮 동안의 압박감에서 벗어나 휴식을 취하고 잠을 잤다.[4] 여왕은 똑같은 침대를 여러 개 갖고 있었는데 모두 값비싼 천과 화려한 장식들로 꾸며졌다. 여왕이 여러 궁전을 옮겨 다니거나 귀족의 집으로 이동하는 왕실 행렬에 나서면 여왕이 아끼는 침대도 함께 길을 나섰다. 조각을 새긴 나무 프레임은 공들여 색을 칠하고 금박을 입혔다. 은과 벨벳으로 된 장식 천을 늘어뜨리고, 이국적인 타조 깃털을 진홍빛 새틴으로 감싼 침대 헤드보드에 꽂았다. 엘리자베스 1세는 금과 보석 단추로 끄트머리를 장식한 태피스트리 커튼 안에서 잠을 잤다. 여왕의 침대는 수면만큼이나 권력을 상징하는 곳이었다. 각 침대는 정교하고 웅장했다. 화이트홀 궁전에서는 여러 색깔의 나무로 짜맞춘 침대의 인도산 실크 커튼 안에서 휴식을 취했다. 여왕은 리치몬드 궁전을 방문할 때에는 '초록색 바닷물 빛'을 띤 커튼을 두른 배 모양의 침대에 누웠다. 여왕이 쉬는 곳이면 어떤 침대도 군주의 침대로 변모했다. 그리고 여왕은 어디에 가든 개인 숙소를 요구했고, 여기는 왕궁과 떨어져 있었다. 이 숙소는 알현실과 사실(私室), 침실을 구비했고 중앙 홀에 입구가 있었다. 이 개인 숙소를 드나드는 사람은 여왕에 대한 접근권, 친밀감의 정도에 따라 세심히 관리되었다.

엘리자베스 1세 여왕의 왕실은 시종과 수행원이 천 명이 넘는 거대한 조직이었다. 맥주 양조사와 제빵사, 요리사, 재단사, 마구간 관리자 등이 소규모 궁정인들과 외교관들을 위해 일했다. 이들은 화이트홀, 햄프턴 코트, 리치몬드, 윈저 네 군데 왕궁 사이를 단체로 오가며 순환 근무를 했다. 이 궁전에서 저 궁전으로 가구와 태피스트리, 옷, 장신구를 옮기는 데는 3백 개의 수레가 필요했다. 왕실은 여왕이 수도에서 먼 곳을 방문할 때에도 함께했다.

시끌벅적한 왕실에서 멀리 떨어진 여왕의 침실에 닿으려면 삼엄하게 지키는 경계선을 지나야만 했다. 알현실은 대형 응접실로 캐노피를 장식한 왕좌가 설치되어 있었다. 여기서 여왕을 잠깐이라도 뵙고자 하는 외교관, 궁정인, 주교, 구애자들이 기다렸다. 엘리자베스 여왕은 사실에서 대부분의 시간을 보냈고 146명으로 이루어진 친위대의 엄중한 호위를 받았다. 알현실에서 여왕은 정무를 처리하고 내빈을 맞고 담소를 나누었으며 음악을 듣고 때때로 춤을 추었다. 사실과 침실은 알현실로 이어져 있었다. 사실과 침실은 왕궁의 중심인 동시에 가장 사적인 장소였다. 이곳은 남성의 접근을 금하는 여성들만의 영역이었다.

엘리자베스 1세 여왕이 재위하는 동안 28명의 시녀가 여왕의 사실에서 일했다. 이들은 여왕의 가까운 친구였고, 이중 몇 사람은 여왕의 대관식에도 참석했다. 사실과 침실의 시녀들은 여왕의 몸을 씻기고 화장을 해주고 머리를 손질했다. 이들은 여왕의 옷과 보석을 고르고 착용을 도왔다. 또한 여왕의 음식과 음료에 독이나 다른 해로운 물질이 들어가지 않았는지를 점검하고 감독했다. 그중에서 체임버 메이드는 여왕의 방을 청소하고 세면기를 비우고 침구를 정리하는 일을 했다. 흰옷을 입은 상류층 출신의 미혼 시녀들은 여왕의 춤 파트너가 되기도 하는 등 오락을 제공했다. 또한 시녀 전원이 언제나 대기해야 했는데, 여왕의 부름이 가장 우선이었기 때문이다. 시녀들은 아프거나 임신 중일 때도 여왕을 돌보았다. 대개 출산하기 직전까지 근무를 했으며 출산 후에는 갓난아기를 유모에게 맡기고 곧장 자기 자리로 돌아왔다.

엘리자베스 1세는 총애하는 시녀들에게 겹겹이 둘러싸여 지냈다. 이들은 침대 위 여왕 곁에서 나란히 눕거나 캄캄한 방에 놓인 트러클 침대에서 잠을 잤다. 이 시녀들은 정쟁으로 언제나 위태로웠던 여왕을 가까이에서 지켰다. 누구보다 가까이에 있던 이들은 언제나 여왕의 생각과 심기를 헤아렸기에 대사들과 고위관리들은 이들의 환심을 사려 했다. 추밀원에 소속된 한 관리는 여왕의 비서관에게 지혜로운 충고를 했다. "여왕 전하를 뵙기 전에 사실의 숙녀들에게 의중을 알아내십시오. 이 숙녀들을 믿으셔야 할 것입니다."[5]

엘리자베스 1세는 엄중하고 빈틈없는 감시를 받으며 살았다. 기대수명이 낮고 돌연사가 흔하던 시대에 다른 나라에서 온 대사들은 정기적으로 여왕의 일상과 건강 상태를 자국에 보고했다. 여왕은 사춘기 이후로 만성적인 소화불량과 불면증을 비롯해 온갖 병을 달고 살았다. 여왕의 배우자 후보들과 임신 가능성에 대한 사람들의 관심은 지대했다. 당시에는 여성이 남성보다 성적 욕구가 훨씬 강하다고 생각되었고, 그리하여 미혼 여성들이 자발적으로 순결을 지키리라 믿지 않았다. 아직 허약한 프로테스탄트 교회의 미래를 여왕의 결혼과 후계자 출산이 좌우하던 시절에 여왕이 불임이라는 소문이 외교관들 사이에 떠돌았다. 여왕의 생리주기가 세계정세와 대응을 분석하는 데 중대한 요인으로 작용했던 것이다.

여왕이 어디에 있든 어디를 방문하든 매일 아침 시녀들은 여왕의 침대 커튼을 걷었다. 여왕은 보통 방을 청소하고 불을 피우는 일과가 진행되는 동안 침대에 머물렀다. 그리고 밤에 입었던 옷차림 그대로 아침을 먹었고, 이후 정원을 빠른 걸음으로 걷거나 창가에서 독서를 했다. 여왕을 씻기고 화장해주고 옷을 입히는 데에는 여러 시간이 걸렸다. 여왕과 이야기를 나누는 사이 시녀들은 여왕에게 우아하고 육중한 옷을 입혔다. 그 다음에 보석을 더했는데, 보석은 벨벳으로 싸이고 금실로 수를 놓은 귀중품 상자에 보관되었다. 왕실의 귀중품은 가장 안전한 여왕의 침실에 보관되었다. 마지막으로 쇠 구둣주걱으로 여왕의 발을 구두 안으로 밀어 넣었다. 이렇게 채비를 마친 후에야 여왕은 알현실과 사실로 들어갔고, 거기서 공적으로 모습을 드러냈다.

엘리자베스 여왕의 일과는 일일이 연출되었다. 식사조차도 복잡한 의식이 따랐는데, 연회를 빼고 여왕이 식사하는 모습을 공개하는 것이 부적절하다고 여겼기 때문이다. 낮의 일과가 끝나면 여왕은 침실로 돌아와서 옷을 벗었다. 시녀들이 혹시라도 벌레나 숨겨진 칼이 있는지 매트리스와 침구를 점검하고 방에 침입자가 있는지 수색했다. 그 후에 여왕은 침대로 올라갔고, 건초와 솜털을 채우고 맨 위에 보드라운 깃털을 올린 매트리스에 기대었다. 왕실 문장과 튜더로즈(Tudor rose)를 장식한 실크 시트가 여왕의 몸을 감쌌다. 창문은 위험한 밤공기가 들어오지 않도록 닫혔고, 침대 커튼이 내려지면 엘리자베스 여왕은 자신의 침실에 갇혔다.

이런 금남(禁男)의 세계로 남성이 공식적인 허가를 받지 않은 채들어온 적이 딱 한 번 있었다. 1599년 오랫동안 여왕의 총애를 받았지만 아일랜드에서 급히 돌아오느라 지저분한 상태였던 에식스 백작이 서리 논서치 궁의 여왕의 구역에 들어왔다. 에식스 백작이 여왕침실의 문턱을 넘었을 때 가발을 쓰지 않고 하프드레스를 입은 민낯의 엘리자베스 여왕이 그를 보았다. 놀라서 말을 잃은 여왕은 백작이 무릎을 꿇고 용서를 구하자 우아하게 처신했다. 그러나 하루 뒤에 에

식스 경은 가택에 구금되었고 1601년에는 반역죄로 처형되었다.

왕이 멀리 있을 때에도 왕의 침실이 안전한지 수시로 점검했는데 그럴 만한 이유가 있었다. 베르사유 궁전에서는 시종이 종일 왕의 침대에 둘러친 나무 담장 안에 앉아 있었는데, 마법에 걸릴까 두려워했기 때문이다. 적이 마법 주문이 담긴 독약을 침대에 뿌려서 왕을 위태롭게 할 수 있다고 생각했던 것이다. 1600년 니콜 미뇽(Nicole Mignon)이라는 여인은 프랑스 앙리 4세의 독살을 기도했다는 죄목으로 산 채 불태워졌다. 그보다 3년 전 '탕플 거리'의 한 가구 제작자는 "왕을 살해할 의도를 품었다"는 죄목으로 유죄를 선고받았다. 그는 교수형에 처해졌고 시신은 불태워졌다.

✳

왕실의 침대는 탄생, 세례, 결혼과 죽음에서 독보적인 존재감을 드러냈다. 왕실의 임산부가 분만하는 침대는 화려한 장식용 천들로 공들여 장식되었고, 아기의 몸무게보다 침대에 쓴 비용이 더 주목을 받았다. 여느 예비 산모들과 마찬가지로 왕실 여성들은 침대에서 친구들을 맞았지만, 도가 지나친 일들이 벌어지기도 했다. 때로는 임신부가 참석한 가운데 무도회가 열렸다. 왕실의 출산은 궁정에서는 지극히 공적인 일이었으므로 참관자들에게는 엄격한 의전이 적용되었다. 왕실 혈통의 왕자와 공주들, 대신과 고위관리를 비롯한 증인 전부가 거짓이 없음을 확인하기 위해 지켜보았다. 이런 온갖 조치를 했지만 악의적인 소문을 완전히 막지는 못했다. 1688년 제임스 2세의 가톨릭

교도 배우자 모데나의 메리(Mary of Modena)는 수많은 대신들과 궁정인들이 지켜보는 가운데 왕자를 낳았다. 하지만 강력한 반가톨릭 정서와 가톨릭 왕에 대한 두려움에 자극되어, 살아 있는 남자아기를 침대를 데우는 다리미 안에 숨겨 들여와 왕비의 죽은 아들과 바꿔치기했다는 소문이 돌았다. 이 소문 때문에 결국 제임스 2세는 왕좌에서 내려왔고 1689년에 독실한 프로테스탄트 교도인 윌리엄 3세가 왕위를 이었다.

침실의 장점 중 하나는 아무리 미묘해도 뉘앙스의 차이를 감지할 수 있다는 점이다. 1625년 리슐리외 추기경은 영국의 왕 찰스 1세와 프랑스 앙리에타 공주의 결혼을 협의하려 영국 대사와 만났다. 당시 협상 참석자들이 문을 지나 몇 걸음을 뗄지를 두고 어이없는 논쟁이 벌어졌다. 추기경은 자신의 침대에서 회담을 열어서 그 문제를 해결했고 이 때문에 규약이 바뀌었다.

리슐리외는 가톨릭 추기경이자 수상으로서 루이 13세의 통치를 도왔다. 루이 13세는 뚱한 성격에 말을 심하게 더듬었고 국정보다는 매사냥과 동물사냥에 더 관심이 많았다. 두 사람은 프랑스를 절대군주제로 바꾸었지만, 루이 13세는 왕답지 않게 소박한 취향을 지녔다. 그는 재위 기간 내내 단 두 개의 침대를 사용했다. 하나는 검은색으로 칠하고 은으로 장식했고, 또 다른 침대는 보라색과 금으로 장식했다. 아버지 앙리 4세의 정부인 가브리엘 데스트레(Gabrielle de' Estrées)가 겨울용으로 열두 개의 호화 침대를 사용한 것과 비교되었다. 몰리에르라고 알려진 풍자희극 작가이자 배우인 장 바티스트 포 클랭(Jean-Baptiste Poquelin)은 루이 13세 시절 왕의 침실에서 시종 으로 일했다. 이 직위는 그의 아버지가 돈으로 산 것이다. 몰리에르 는 왕의 취향에 공감하지 않았지만 청동 독수리발이 달리고 조각과 금박으로 꾸민 헤드보드, 꽃문양 커튼이 달린 화려한 침대에서 잠을 잤다. 그는 또한 열여덟 벌의 우아한 나이트가운을 소유하고 있었 다. 루이 13세의 침실에는 여성의 손길이 거의 닿지 않았다. 스페인 출신의 왕비 안 도트리슈와의 결혼 생활은 불행했고 두 사람은 줄곧 떨어져 지냈다. 루이 13세는 정부를 들이지 않았다. 하지만 1638년 에 네 차례의 사산 후에 두 사람은 마침내 아들을 얻었다. 이 아기가 훗날의 루이 14세로서, 1643년 다섯 살의 나이로 왕위를 물려받았 고 무려 72년 동안 통치했다.

왕실 의례

태양왕으로 알려진 루이 14세는 왕의 신성한 권력에 대한 확고한 믿음을 바탕으로, 프랑스를 베르사유 궁전에서 통치하는 중앙집권제 국가로 바꾸었다.[6] 귀족들에게는 연금을 비롯한 특권을 누리고 싶다면 밤낮으로 왕을 보좌하라고 요구했다. 루이 14세는 끊임없이 시민들에게 자신의 모습을 공개했다. 그는 날마다 온갖 의식과 연회를 열어서 귀족들을 만족시키는 동시에 자신의 감시 아래에 두었다. 루이 14세의 중앙집권체제는 귀족의 권력을 약화시켜서 선대 왕들을 괴롭혔던 만성적인 내전을 감소시켰다. 무엇보다 그는 자신의 침대에서 프랑스를 통치하고 군사작전을 기획했다. 루이 14세에게 침대는 퍼포먼스를 펼치는 무대였고, 그는 이것에 집착했다.

침대 목록에 따르면 루이 14세는 최소 25가지 다른 디자인의 침대를 갖고 있었다. 베르사유의 왕실 침대 창고에는 최소 4백 개의 침대가 있었고 대다수가 태피스트리 장식을 따라서 이름이 붙어 있었다. 비너스의 승리(Le Triomphe de Venus)라는 침대에는 당대의 태피스트리 장인 시몬 들로벨(Simon Delobel)의 재능이 12년간 집약되었다. 루이 14세는 자손들에게 선물로 침대를 주기적으로 주었고, 심지어 의사에게도 하사했다. 그는 금욕적인 내빈들을 격려하려 에로틱한 그림 대신에 침대 캐노피 아랫면에 붙인 거울로 장난치기를 즐겼다고 전해진다. 이 침대에서 열정이 넘치던 연인이 거울을 깨뜨려서 왕이 거의 죽을 뻔하자 왕실의 실험은 급작스럽게 끝이 났다.

침대 장식과 금박은 더욱 정교해졌고, 왕의 지침과 유행의 흐름을 따랐다. 루이 14세는 결국 등록사무관, 공증인, 변호사, 상인, 장인과 그들의 아내가 금이나 은으로 장식한 침대를 포함해서 금박을 입힌 가구를 갖지 못하게 금지했다. 이를 어기면 벌금을 내야 했고 해당 물건은 압수되었다. 하지만 누구도 이 규칙을 그리 오랫동안 지키지는 않은 것 같다.

이전의 많은 왕실 사람들처럼 루이 14세는 공적인 삶을 살았다. 그의 삶은 일과가 일일이 관리되고 조직된다는 측면에서 이집트 파라오의 삶을 떠올리게 했다. 고대 그리스의 역사가 디오도로스 시켈로스는 1세기 파라오에 대해 아내와 잠잘 때에도 정해진 시각이 있었다고 적었다.[7] 루이 14세도 재위 기간 내내 베르사유궁의 침실에서 정무를 보았고, 기상의례와 취침의례를 하루도 빠짐없이 수행했다. 왕의 대자녀로 말이 많은 생시몽 공작이 "달력과 시계가 있으면

베르사유 궁전 루이 14세의 침대

여기서 300리그 떨어져서도 왕(루이 14세)께서 무엇을 하시는지 알
수 있다"라고 적을 정도였다. 루이 14세는 낮 동안 왕실과 마찬가지
로 일정을 엄격히 따랐고, 이에 신하들도 자신의 일정을 계획할 수
있었다. 루이 14세는 침대에서 결정을 내리고 법령을 선포하고 반신
반인인 자신에게 접근할 수 있는 특혜를 받는 행운을 누리는 누군가
를 맞아들였다. 이 무리에는 궁정인들과 대가족뿐만 아니라 사생아
로 태어난 자손들까지 포함되었다. 이에 대해 생시몽은 몸서리치며
반감을 표시했다.[8]

　태양왕의 기상과 취침은 태양의 운동처럼 일정한 시각에 이루
어졌다. 왕은 자신의 침실이 해가 가장 먼저 뜨는 곳을 향하도록 리

모델링했다. 왕은 일찍 잠에서 깨어도 오전 8시 30분 무렵 수석시종이 깨워야 공식적으로 기상했다. 수석의사와 외과의사가 왕을 수행했고, 사적인 모임이 이어졌다. 루이 14세의 침실은 어린 시절 언제나 입맞춤을 해주던 보모를 비롯한 소수의 사람들에게 개방되었다. 왕은 이 관중들 앞에서 목욕과 머리손질, 면도(이틀에 한 번씩)를 받았다. 왕이 옷을 입고 아침으로 수프를 먹는 동안 침실과 의류 보관소의 관리들이 옷 입는 것을 거들었다. 웅장한 기상의례가 시작되고 침대 커튼이 올라가는 모습을 시종장, 왕의 측근 하인들, 궁정의 주요 인사들이 지켜보았다. 이들은 거기에 있었던 특권에 대해 대가를 지불했다. 이들은 침대와 침실의 나머지 공간을 구분하는 금박 난간 밖에서 지켜보았다. 이때에 귀족 한 명이 왕에게 재빨리 존경을 표할 수 있었는데, 접근성과 친밀감을 얻는 상징적인 순간이었다.

아침이 지나가면서 침실은 점점 더 많은 사람들로 북적이게 되었다. 왕이 신발과 스타킹을 신을 즈음이면 왕의 예술행사 조직자들과 대신들과 비서관들이 대열에 합류했다. 다섯 번째 순서에 여성들의 입장이 처음으로 허용되었고 여섯 번째로는 왕의 적자와 사생아들과 그 배우자들이 들어갈 수 있었다. 백 명에 가까운 사람들이 침실을 채울 때도 있었다.

한편 왕의 별실 옆에 위치한 거울의 방에서 행렬이 정비되었다. 오전 10시, 루이 14세는 궁정인들을 거느리고 접견실로 들어갔다. 이때에 왕의 주위로 사람들이 북새통을 이루었는데, 왕에게 종이를 밀어넣거나 짧은 말을 듣고자 했다. 왕은 그로부터 30분 후에는 왕실 예배당의 미사에 참석했다. 11시가 되면 자신의 별실로 돌아와서 대여섯 명의 대신들이 가져온 국정을 처리했다. 오후 1시가 되면 침실에서 창이 바라보이는 테이블에 앉아 홀로 식사를 했다. 혼자 식사했다고 하지만 사실 궁정 사람들에게 자신이 식사하는 모습을 지켜보게 했다. 2시에는 주변 숲으로 산책을 하거나 말을 타러 가기 전에 다음날의 계획을 알렸다. 6시가 되면 돌아와 이른 저녁 시간 동안 공적 문서를 검토하고 저녁 모임과 오락시간을 가졌다. 밤 10시가 되면 침실의 곁방으로 돌아와, 비집고 들어온 관중들이 지켜보는 가운데 왕실 가족에 둘러싸여 공식 만찬을 들었다. 그 후에 자신의 별실로 가서 가까운 친구와 가족들과 자유롭게 이야기를 나누었다. 11시 30분에 취침의례가 시작되었는데, 아침의 기상의례와 반대 순서로 진행되었다. 태양왕의 하루 일과는 이렇게 끝이 났다.

루이 14세는 72년간 재위를 마무리하고 자신의 침실에서 세상을 떠났다. 베르사유 궁전은 영토의 확고한 중심점으로서 루이 14세의 절대 권력을 상징하는 공간이었다. 정원조차 왕의 통치력을 드러내기 위해 설계와 유지에 한 치의 오차도 허용하지 않았다. 왕의 침실은 궁전 위층 대규모 건물의 동향 벽을 따라서 한가운데에 자리했다. 이곳은 궁전에서 가장 중요한 방이었다. 태양왕은 여기서 일어나고 잠들었고, 프랑스 방방곡곡에 영향을 끼칠 결정과 법령이 이곳에서 탄생했다.

침대 회의실

태양왕의 뒤를 이은 루이 15세는 침대를 하나만 사용했고 증조부의 침실 의례 대부분을 없애버렸다. 1765년 루이 15세의 궁정을 방문한 영국의 미술사가이자 정치가인 해럴드 월폴(Harold Walpole)은 루이 15세가 셔츠를 입는 동안 왕의 침실로 안내되었다고 기록했다. 루이 15세는 분명 "몇 사람에게 유머를 [말하고], 낯선 사람들을 쳐다보고, 미사와 정찬, 사냥에 참가한다." 왕비는 같은 방에서 지냈고, 화장대에서 "나이 든 여성 두세 명"의 보좌를 받았다. [9]

루이 15세의 의례용 침실은 웅장했지만 사생활을 중시하는 왕에게는 실용적이지 않은 공간이었다. 루이 15세는 1738년 남쪽을 바라보는 작고 난방하기 쉬운 방을 새로 만들었다. 여기서 침대는 알코브(alcove, 침실 벽을 파서 침대를 들여놓은 곳.—옮긴이)에 들여놓았는데, 이런 침실 형태는 스페인에서 유래했다고 알려져 있다. 난간이나 기둥으로 방과 분리되는 알코브는 방 안의 작은 방이라 할 수 있다. 루이 15세의 알코브는 의자를 두고 작은 접견실로 이용되었다. 한 세기 후에 이 공간은 더 작아지고 차단되면서 훨씬 더 분리된 전용 침실이 되었다.

루이 15세가 가장 사랑한 정부는 퐁파두르 부인(Marquis de Pompadour)이었다. 그녀는 1745년부터 1751년까지 왕궁 가운데에 위치한 방 네 개짜리 별실에서 거주했다. 루이 15세의 별실에서 그녀의 침실로 곧장 들어갈 수 있었다. 또 다른 정부인 바리 백작부인(Countess du Barry)은 또 다른 호화로운 별실을 차지했는데, 이곳은 숨겨진 계단을 통해 드나들 수 있었다.

왕의 침실은 이 무렵 공적인 장소가 되었고, 왕은 이 침대에서 잠을 거의 자지 않았고 열정적인 사랑도 나누지 않았다. 그곳은 왕의 회의실이라고 부르는 게 더 적절했다. 중요한 것은 접근성이었다. 침대에서 속옷을 입거나 대화를 나누는 왕의 모습은 야망이 넘치고 뛰어난 궁정인과 관료들에게만 관람이 허용되었다. 일부 침대는 앤 여왕이 1714년 사망하기 직전에 주문했던 침대처럼 진정한 권위를 상징했다. 이 침대는 높이가 5.5미터 가까이 되고 57개의 부품으로 조립되었으며 노란색과 진홍색 벨벳 벽걸이와 값비싼 실크 매트리스로 장식되었다. 비용은 674파운드가 들었는데, 이는 당시 런던의 중간 규모 타운하우스를 구입할 수 있을 만큼 어마어마한 액수였다. 누구도 이 침대에서 잠을 자지 않았다. 1716년에 조지 2세로 왕좌에 오르기 전 왕세자를 위해 실용적인 여행용 침대가 제작되었다. 이 침대는 54개의 부품으로 이루어졌고 매트리스와 벽걸이를 갖추었다. 1771년 말 왕실의 침대는 대부분 정교하고 화려했다. 하지만 조지 3세의 배우자인 샬럿 왕비가 갖고 있던 왕의 침대는 단연 독보적이었다. 이 침대는 왕비가 후원했던 자선단체인 피비 화이트의 여성고아원 학교(Phoebe White's School for Orphaned Women) 여성들의 아름다운 수로 장식되었다.

1837년 빅토리아 여왕이 즉위하면서 왕의 침실 문은 굳게 닫혔다. 빅토리아 여왕은 자신의 침실과 침대를 대중에게 보이지 않도록 숨기면서 프라이버시를 지키고 또한 검약을 중시하던 시대상을 따랐다. 왕실의 분만에 외무대신이 참관하는 것 등을 비롯한 몇 가지 규칙만이 남았다. 이 관행은 1948년 찰스 왕세자가 태어난 이후로 완전히 사라졌다.

정교하게 장식한 왕의 침대는 한동안 유행을 이어갔다. 특히 부자들과 동양의 독재자들 사이에서 두드러졌다. 많은 시간을 침대에서 보내기 때문일 것이고, 또한 자신이 누울 침대를 화려한 장식들과 순수미술로 꾸미면 안 될 이유가 없었다. 오늘날 파키스탄에 속한 바하왈푸르 지방의 나와브(nawab, 인도 무굴왕조 때의 지방장관 관직명. 18세기 무굴왕조의 중앙권력이 약해지자 각지에 할거한 지방장관들이 점차 독립적인 지위를 갖게 되었다.—옮긴이)인 사디크 무함마드 칸 아바시 4세의 침대는 비교 대상을 찾기가 어렵다. 1882년 아바시 4세는 파리의 메종 크리스토플(Maison Christofle)에 은으로 덮인 침대를 주문했다. 이 회사는 은세공과 고급 식기류로 명성을 얻고 있었다(지금도 그러하다). 또한 유럽과 아시아 전역의 귀족 가문뿐만 아니라 터키의 술탄처럼 왕실을 상대하는 데 익숙했다. 메종 크리스토플은 엘리제궁을 장식했고 1860년부터 1940년까지 오리엔트 특급열차에 식기와 가구를 공급했다.

아바시를 위해서는 "금박 부품, 모노그램과 스털링 실버로 장식한 검은색 나무 침대—천연모, 움직이는 눈과 부채와 말꼬리를 잡은 팔을 가진 실물 크기와 피부색의 청동 누드 여인상 4개로 장식된—를 만들었다."[10] 이 장식물을 만드는 데 은 290킬로그램이 들어갔다. 프랑스와 그리스, 이탈리아, 스페인 출신의 여성들을 묘사한 4개의 조각상은 각기 어울리는 머리색과 피부색이 입혀졌다. 기발한 기계장치 덕분에 이 조각상들은 부채로 바람을 일으키는 동안 나와브에게 윙크를 했다. 침대 속에 내장된 뮤직 박스에서는 구노(Gounod)의 오페라 <파우스트Faust> 중 30초를 들려주었다. 아바시가 세상을 떠난 후에 이 침대는 사라졌다. 바하왈푸르에 있는 아바시 가문의 사디크 가르 궁전에서 단서가 발견되었다. 1966년 나와브가 사망하자 수상이 물품 전부를 목록으로 정리해둔 것이다. 이 침대는 한동안 궁전의 실버 베드룸에 놓여 있었다고 한다. 그런데 나와브의 상속자들 사이에서 법적 분쟁이 끊이지 않으면서 궁전과 침대는 봉인되었고 1992년 사라졌다.

아바시 4세는 결코 침대에서 통치 행위를 한 적이 없고 침대를 매우 사적인 용도로 사용했다. 공적인 침실과 침대에서의 통치 행위는 유럽에서만 나타난 특수한 현상이라 할 수 있다. 오늘날 어떤 통치자도 침대에서 나랏일을 의논하지 않는다. 또한 왕실의 요람은 대중의 눈길을 끌지 않는다. 이제 침대는 오로지 역사 속에서만 두드러지고, 배경으로만 등장한다. 침대는 더 이상 신성한 권위를 과시하는 데 쓰이지 않는다.

제2차 세계대전 내내 윈스턴 처칠은 기이하면서도 위풍당당한 태도로 자신의 침대에서 영국을 통치했다. 이 때문에 혼란과 무질서가 벌어지기도 했다. 영국군에서 가장 직위가 높은 로드 앨런브룩(Lord Alanbrooke) 육군참모총장은 처칠의 침실에서 많은 시간을 보냈고, 처칠 수상을 대할 때의 곤란한 심경을 일기에 털어놓았다. 1942년 1월 27일 일기에 일상적인 만남이 나온다. "오늘 면담은 앞으로 숱하게 보게 될 그런 종류였다. 수상의 침실은 언제나 똑같았고, 미술가에게 그 광경을 그림으로 옮겨 보라고 주문하고 싶을 지경이었다. 빨간색과 금빛 드레싱 가운은 한 번은 가서 구경할 만하고, 윈스턴만이 입을 생각을 할 것 같다! 그는 마치 중국의 고관처럼 보였다! 그의 민머리에서 몇 가닥의 머리카락이 여느 때처럼 펄럭였다. 얼굴에서는 커다란 시거가 옆으로 튀어나와 있었다. 침대에는 서류와 공문이 어질러져 있었다. 이따금 아침식사를 끝낸 그릇이 테이블에 그대로 있었다. 비서와 타이피스트, 속기사나 충직한 집사 소이어스(Sawyers)

를 호출하는 벨소리가 쉴 새 없이 울렸다."

역사에는 처칠이 침대에서 회의를 주재해서 중요한 공무를 망쳤다는 기록이 없다. 처칠은 분명 탁월한 능력을 가진 지도자였다. 하지만 그가 루이 14세의 기상의례와 취침의례처럼 연출할 의도를 전혀 갖고 있지 않았다고 단정할 수는 없다.[11]

9장

침대와 프라이버시

여태까지 침대의 진화 과정을 전부 살펴보았고, 이제 당신의 침대에 이르렀다. 당신의 침대는 아마 위층이나 집 뒤쪽 침실에 숨겨져 있을 것이다. 사생활과 성적 취향, 수면이라는 개념으로 정의된 당신의 침실은 선택된 몇 명만이 발을 들이고 당신의 침대를 볼 수 있다. 영국의 젊은 미술가 트레이시 에민(Tracey Emin)은 1990년대에 자신의 헝클어진 침대를 공개하면서 격한 반응을 이끌어냈다. 2008년 비평가 조너선 존스(Jonathan Jones)는 에민에게 개인적 트라우마를 들추어 내는 것 말고 무엇이 있냐고 신랄하게 비판했다. 그런데 셰익스피어가 서른네 살의 아내에게 '두 번째로 좋은 침대'를 남겼던 1616년에는 이것은 모욕이 아니라 자신들이 함께한 혼인 침대로 애정을 표시한 행위였다. 당시에 가장 좋은 침대는 주 거실에 두고 공동으로 사용했다. 그리하여 방문자들에게 그것을 감탄하며 바라보게 하고 또 두 개의 침대를 가질 정도로 자신이 부유함을 과시했던 것이다. 이랬던 우리의 침대가 어떻게 사적인 공간으로 바뀌게 되었을까?

프라이버시를 찾아서

2013년 인터넷의 개척자 구글의 빈트 서프(Vint Cerf)가 프라이버시를 근래에 태어난 변종이라고 했을 때, 원색적인 비난이 쏟아졌다.[1] 하지만 역사적으로 보면 서프의 말은 완벽한 진실이다. 프라이버시는 개인적인 비밀, 공적 영역과의 분리 개념으로 약 150년 전에 등장했다. 그러나 그 뿌리는 훨씬 더 오래전으로 거슬러 올라간다. 흥미로운 사실은 근대적인 개념의 침실이 등장한 것은 불과 2세기 전이었다는 것이다. 산업혁명 이전까지 프라이버시는 어느 인간 사회에서도 최우선이 아니었다. 돈·권위·안전·편리성에 비해 고독은 뒷전으로 밀려 있었다.

선사시대에는 온기와 안전성이 보장되어야 하므로 프라이버시를 별로 지키지 않았다. 사람들은 화덕 가까이에 붙어 있거나 함께 웅크리고 지냈다. 십중팔구 아이들은 부모가 섹스하는 모습을 보았을 것이다. 가족 모두 붙어서 잠을 자거나 작은 집에서 함께 지냈기 때문이다. 1929년 트로브리안드 군도 사람들의 성생활에 대한 인류학자 브로니슬라브 말리노프스키의 유명한 보고서에 따르면, 어른들은 자신들의 섹스를 아이들에게 보이지 않으려 딱히 주의를 기울이지 않았다.[2] 아이들이 빤히 쳐다보면 매트로 얼굴을 덮으라고 꾸짖는 게 전부였다. 한편 전통적인 수렵채집인과 극빈층 농민 사회에서 섹스는 수면 공간이 아닌 야외에서 자주 이루어졌다. 보는 사람도 없고 움직임의 폭도 더 넓었을 것이다. 육식동물로 바글거리는 위험한 장소나 자연환경에 살던 사람들에게 생존에 비해 프라이버시의 희생은 아무것도 아니었다. 예전의 북극 사회에서는 바깥에서 고독을 찾는 행위가 매우 위험하고 멍청한 짓으로 생각되었다.

프라이버시가 언제부터 개념으로 자리 잡았는지는 아무도 알지 못한다. 아마도 통치자와 귀족들, 그 외 사람들이 구분되기 시작하면서 나타났을 것이다. 고대 이집트의 파라오들은 높은 침대에서 잠을 잤고 유력한 관료들도 마찬가지였다. 이들을 뺀 모든 사람이 매트나 땅바닥에 누워 잠을 잤다. 건축 기하학에 능했던 고대 아테네 사람들은 이따금 햇빛은 최대로 들이면서 공적인 노출은 최소화한 집들을 설계했다. 단어 'private'의 기원인 라틴어 'privatus'는 원래 관직을 맡지 않은 시민을 일컫는 말이었다. 'privatus'는 '나는 박탈한다, 빼앗는다'뿐만 아니라 '나는 해방시킨다, 풀어준다'라는 뜻을 가진 'privo'에서 유래되었다.

당시에도 오늘날처럼 프라이버시에 대한 논쟁이 일었던 듯하다. 소크라테스 같은 석학들은 사생활을 옹호하여 자신을 은폐하는 사람들을 용납하지 않았다. 소크라테스는 고독을 말하는 사람들에게 이렇게 언급했다고 알려져 있다. "당연히 적절한 명예나 관직 어느 것도 얻을 수 없을 것이다." 정의조차도. 평등주의와 거리가 멀었던 로마 사람들은 호화로운 시골 빌라든 우아한 호숫가든 도심의 대저택이든 대놓고 자신의 부를 과시하고 즐겼다. 서기 77년 대 플리니우스는 엄청난 재산을 가진 부자들이 "아무것도 감추지 않았고... 자신들의 침실과 내밀한 공간... 심지어 은밀한 비밀도 낱낱이 까발렸다"라고 적었다.[3] 사실 로마의 주택 대부분은 딱히 구분된 침실이 없었고, 대신 이동 가능한 침대들을 이 방에서 저 방으로 옮겼을 뿐이다.

로마 사람들은 공공 목욕탕에서도 거리낌이 없었고, 그곳에 딸린 공동 화장실에서도 나란히 앉아 볼일을 봤다. 이 화장실에서는 칸막이로 나눈 흔적이 이따금 발견될 뿐이다. 이들은 볼일을 보기 위해 U자 형태의 구멍이 있는 좌석에 앉았고 볼일을 본 후에 낡은 천 쪼가리로 닦거나 스펀지를 붙인 막대를 함께 썼다. 그 사이에 스스럼없이 대화를 이어갔다. 화장실은 사교와 공적 모임이 벌어지는 장소였다. 특권층이 사치와 과시를 누렸던 것에 비해 로마 시민 대부분은 날림으로 지어진 비좁은 공동주택에 살았고 여기에 프라이버시가 존재할 리 없었다. 대부분의 사람들은 사생활에 개의치 않았다. '관청의 허가를 받은' 매춘부와의 섹스는 (남성들에게) 비밀이 아니었고 공공연한 쾌락의 원천이었다. 폼페이의 한 벽에는 이런 낙서가 적혀 있다. "목욕·술·섹스는 우리의 몸을 망가뜨린다. 하지만 목욕·술·섹스는 우리를 살 만하게 한다."[4] 프라이버시는 세계 어디에서도 최우선이 아니었다. 기원전 5000년경에 등장한 중국의 '캉'은 결코 사적인 침실이 아니었고, 여러 사람이 함께 자고 먹고 사교하는 장소였다. 기원전 1000년경에야 점차 바닥보다 높은 침대에서 잠들기 시작했다. 정교하게 새기고 금박을 입힌 엘리트층의 침실은 조용한 휴식처라기보다 가구를 두는 공간에 가까웠고 사람들이 잠을 자고 손님을 접대하는 장소로 자리 잡았다. 옷을 보관하는 장소는 따로 있었다.

하지만 인간 내면의 일부를 차지하는 비밀과 은둔이 언제나 풍부했던 곳이 있었다. 바로 종교이다. 우리는 거의 모든 종교에서 프라이버시를 발견한다. 세 부분으로 구성된 성소가 뒤쪽에 숨겨져 있던 철기시대 예멘의 사원부터 고대 이집트 사제들의 비밀스러운 미라 의식까지, 그리고 접근이 불가능한 동굴계 깊숙이 묻힌 대빙하 시대의 동굴 미술에까지. 권력과 신과 소통한다는 환영은 비밀이 있기에 가능하다. 서구에서 프라이버시를 가장 거세게 자극한 요소 중 하나는 기독교였다. 예수가 황무지에서 40일 동안 지내면서 느낀 고립은 기독교 교리의 핵심이 되었다. 기독교 극단주의자들은 악이 공존하는 세계에서 인간이라는 유한한 존재와 죄에 강박적으로 매달렸고, 사회, 심지어 수도원 공동체를 벗어나서 은둔을 선택했다. 이들은 어지러운 세상과 멀리 떨어져서 신과 인간에 대해 묵상했다. 4세기의 수도사 이집트의 성 안토니(St. Anthony of Egypt)는 이렇게 말한다. "물고기가 바다를 향해 가듯 우리는 우리의 수도실로 서둘러 가야 한다. 바깥에서 지체하다가 우리의 내적 경계심이 스러질까 두려운 까닭이다." 단식과 금욕주의가 유행했고, 이집트에서 은둔하던 일부 극단주의자들은 외딴 사막 동굴 안에서 살기도 했다. 성 안토니와 동시대를 살았던 또 다른 금욕주의 작가 요하네스 카시아누스(Johannes Cassianus)는 마른 빵, 기름 몇 방울, 이따금씩 야채나 작은 생선을 먹었다고 극단적인 식단을 설명했다. 현대의 어떤 연구자에 따르면 이 식단으로는 하루에 약 930칼로리를 낼 수 있다고 한다. 카시아누스는 "육신이 쇠약해질수록 영혼은 성장한다"라고 적었다. 그들은 이런 식단을 유지한다면 여섯 달이면 완전히 순결한 상태에 다다를 것이라고 생각했다. 이들은 프라이버시 때문이 아니라 십자가에서 고통받은 예수에게 속죄하기 위해서 고립을 택했다.

앞에서도 말했지만 중세 시대에 프라이버시를 일컫는 라틴어는 없었다. 하지만 '박탈'이라는 뜻을 지닌 단어 'privation'은 있었다.[5] 더욱이 엘리자베스 1세 여왕이 사실[私室, privy]에 예민했던 반면, 'privy'는 친숙하고 내밀한 공간을 뜻하는 고대 프랑스어 'privé'에서 유래했다. 프라이버시가 근대적인 개념을 갖게 된 것은 르네상스 시대부터였다. 1215년 라테란 제4차 공의회에서 고해성사를 만인의 의무로 선포한 것이 발단이 되었다. 이 명령에 따라 죄에 대한 깨달

음은 묵상과 개인적인 고해로만 드러나는 내적 도덕성의 한 형태가 되었다. 유럽 전역에서 독서가 개인주의를 더욱 발전시켰다. 네덜란드 공동생활형제회(Dutch Brethren of the Common Life) 등의 종교 단체들은 기독교인들의 헌신을 자극하기 위해 교재를 발간했다. 이들의 가르침에 예술가, 시인, 신학자들이 속세를 버리고 종교에 귀의했다. 카르투시오 수도회는 독방을 쓰고 침묵의 규율에 따른 묵상을 독려했다. 개인의 도덕성 관리는 점차 내부로 향했고 개인적이고 혼자서 감당하는 일이 되었다.

경계선 긋기

16세기 말에는 화덕과 가운데 벽돌 굴뚝으로 따뜻해진 큰방에서 가족이 다 함께 거주하는 생활양식이 아주 흔했다. 사람들이 따뜻한 겨울을 지낼 수 있는 최고의 방법이었기 때문이다. 이런 집 하나가 1732년 로드아일랜드의 뉴포트 지역에 들어섰다. 그 집은 우리의 편집자인 빌 프루트(Bill Frucht)의 삼촌이 소유하고 있었다. 프루트의 기억에 따르면 그 집은 2층에 일곱 개의 방이 있었고, 각 방마다 집의 구심점을 이루는 중앙 굴뚝에 연결된 벽난로가 있었다. 부자라면 각자의 집이나 별도의 방에서 지낼 수 있었지만, 하인들을 비롯해 가족 전체가 붙어 지내는 방식이 더 편리하고 따뜻했다. 프라이버시는 아직 미미했다. 11년 동안 이탈리아의 후작 알베르가티 카파첼리(Albergati Capacelli)의 집에서 일했던 하인의 증언을 살펴보자. 1751년 후작의 부인이 남편의 외도를 이유로 혼인무효를 요구한 재판에서 이 하인은 증인으로 나섰다. "서너 차례, 앞에서 말씀하신 후작께서 남성기관이 완전히 발기한 상태로 침대 밖으로 나오는 모습을 보았습니다."(6)

카파첼리 후작이 살던 시대에 침대는 휴식과 독서가 가능했지만 분명 누군가와 함께 쓰는 공간이었다. 사람들은 침대에서 모임을 가졌고, 손님들은 가족 대다수나 전부와 한 침대에서 밤을 보냈다. 왕실의 침대와 마찬가지로 사실상 공적인 장소였던 셈이다. 싱글 침대가 처음으로 인기를 끈 곳은 병원이었다. 병원에서도 환자들은 오랫동안 공동 침대를 썼다. 특히 아이들은 병의 상태와 상관없이 붙어 지내야 했다. 이런 상황에서 전염병이 들불처럼 퍼져나갔다.

가족애와 프라이버시의 개념은 19세기 말에 처음으로 주목을 받았다. 이 무렵 남성들은 집 밖으로 나가 클럽과 커피하우스, 진을 파는 술집, 거리 모임에서 유흥을 즐겼고, (점잖은) 여성들은 뒤에 물러나 있었다. 집은 변화무쌍하고 스트레스가 늘어가는 세상에서 휴식과 쇄신의 장소로 변모했다. 복음주의 기독교가 등장하면서 안팎으로 좋은 관계를 유지하는 가족의 힘이 중요한 요소로 작용했다. 기독교인들에게 집은 냉혹하고 가차없는 일터와 대비해 사랑과 관용이 넘치는 소우주가 되었다. 남성들은 사랑과 고요한 기운으로 자신을 감싸는 조화로운 공간인 집으로 돌아왔다. 기독교적 기원과 상관없이 이런 집의 개념은 세속의 규범으로 뿌리내렸다.

산업혁명으로 유럽 사람들 대부분이 도시인으로 변모했다. 1800

년에는 영국 인구의 20퍼센트가 도시에서 거주했다. 한 세기 후에 그 비율은 80퍼센트로 늘었고, 런던은 인구가 4백만 명이 넘는, 세계에서 가장 큰 도시가 되었다. 오늘날에도 흔히 볼 수 있는 런던의 테라스가 딸린 소형 주택 대부분은 1900년 전후 수십 년 사이에 지어졌다. 이 집들은 갈수록 밀집되는 도시에서 분리와 은둔에 대한 갈망을 충족시켰다. 파리에서도 똑같은 상황이 펼쳐졌다. 난개발이 이루어졌지만 1900년에는 프랑스 노동자의 3분의 2 정도가 집 안에서 일했다. 오늘날에는 대부분의 유럽인이 집 밖에서 일한다.

일터는 근본적인 변화를 겪었다. 공장과 일정한 근무시간; 그리고 엄격히 관리되는 직업 환경이 표준으로 자리 잡았다.[7] 노동자들과 전문직 종사자들 모두 일터를 집 밖으로 옮겼다. 자신의 집에서 진료를 보던 의사들은 별도의 진료실을 갖게 되었다. 소매업자 남편을 도와 카운터에서 일하거나 경리를 맡았던 여성들은 집에 매여 별도의 삶을 살게 되었다. 이제 여성들은 집안일을 도맡는 전업주부가 되었다.

19세기가 지나가면서 많은 사람이 교외로 집을 옮기는 한편으로 도심에서 일을 계속했다. 이런 분리가 굳어지면서 일하는 남성들은 때때로 자신을 두 사람(일터에서의 자신, 집 안에서의 자신)이라 생각하게 되었다. 다시 말해 두 삶을 완벽히 분리하기 시작했다. 1908년 아널드 베넷(Arnold Bennett)이 쓴 유명한 자기계발서 《매일 24시간을 살아가는 방법How to live on twenty-four hours a day》은 이런 분리를 따랐다. 베넷은 평범한 사람들은 근무시간을 자율적으로 통제할 수 없으므로 그 시간 외에만 진정하게 살 수 있다고 주장한다. 그는 신문에 시간을 낭비하지 말고 고대 철학책을 읽으라고 권유했다. 미술 비평계의 아버지이자 작가인 존 러스킨(John Ruskin)은 황량하고 쓸쓸한 사회와 "건너편에 앉아서 온통 환한 빛을 내는 나의 사랑, 그리고 가장 특별한 아들이 있는 나의 난롯가 둘레"를 대비했다.[8] 삶을 분리하는 태도는 집 안으로도 이어졌다. 더 이상 가구를 이리저리 옮기는 다용도 방은 없어졌다. (가구를 일컫는 프랑스어 'meuble'은 '이동할 수 있는'을 뜻한다.) 이제 각 방은 사교와 고용주와 하인의 신분 차에 따른 활동에 맞춰 용도가 구분되었다. 처음으로 침실은 지극히 일상적인 공간이 되었다.

독립된 침실

19세기가 되자 부유한 서구 가정에서는 전용 침실에서 취침하는 것이 일상으로 자리 잡았다. 하인들은 더 이상 주인 가족과 함께 잠을 자거나 홀이나 부엌에서 단체로 자지 않았다. 대신 각자의 독립된 침대 구역이 배정되었다. 주부들은 빅토리아 시대의 표현에 따르면 "가정의 행복을 위해 섬기는 천사"가 되었다. 비록 그 권위가 남편에게서 비롯되기는 했지만 여성은 집안을 관리하는 역할을 맡았다. 이런 신념은 중류층의 침실에 가장 잘 투영되었다. 잠뿐만 아니라 거실로 사용되던 방이 이제는 잠자는 곳으로만 쓰였다. 빅토리아 시대 사람들은 방이 특별해질수록 좋다고 믿게 되었다. 이는 아내와 남편이 서로 이어진 별도의 침실을 갖게 된다는 의미였다. 이 방에는 각각 드레스 룸이 딸려 있었다. 집안의 여주인은 자신만의 내실인 부두아르(boudoir)에서 휴식을 취할 수 있었다. 부두아르는 '토라지다'라는 뜻을 가진 프랑스어 '부데(bouder)'에서 유래했다.

1875년 잡지 《건축가Architect》에 실린 권위 있는 에세이는 침실이 잠을 위한 공간이라고 선언한다. 다른 쓰임새는 불건전하고 비도덕적이며 여러 상황에 맞는 별도의 방이 필요하다는 원리에 어긋난다고 주장했다. 여기에는 공동 수면이 비도덕적일 뿐 아니라 비위생적이라는 생각이 영향을 끼쳤다(도시의 가장 작은 집도 침실 2개, 곧 부모와 아이들이 따로 쓸 방이 있어야 한다고 주장했다). 19세기에는 도시 인구가 급증하면서 사람들이 공공위생 문제로 불안감에 떨었다. 많은 사람들이 여전히 더러운 물이나 공기 때문에 전염병이 발생한다고 믿었다. 특히 수면 중의 취약한 순간을 두려워했다. 1880년 의사인 B. W. 리처드슨(B. W. Richardson)은 어른과 아이들이 한 침대를 쓰면 안 된다고 경고했다. 어른이 아이들의 '활기찬 온기(체온)"를 빼앗을 수 있다는 것이다.

상업화가 진행되던 빅토리아 시대에 침실을 따로 쓰게 되면서 아주 다양한 상품이 개발되었다. 이 시기에 어린아이들을 대상으로 하는 마케팅(어린이 장난감과 가구를 포함해서)이 시작되었다. 어린아이를 대상으로 하는 비즈니스가 활발해진 것은 그리 오래되지 않았다. 이를테면 남자아이의 장난감과 옷, 가구는 파란색이고 여자아이들은 핑크색이라는 관념(부모가 물건을 두 배로 사주어야 함)은 제2차 세계대전 이후에야 널리 알려졌다. 그 전에는 반대였다. 1918년의 한 패션업계 기사는 이러했다. "일반적으로 남자아이에겐 핑크색을, 여자아이에겐 파란색을 적용하는 규칙을 받아들인다. 핑크색은 확실하고 강렬한 색이라서 남자아이들에게 어울리는 반면, 파란색은 섬세하고 얌전해서 여자아이들을 더 예뻐 보이게 한다."[9]

　　기능에 따른 방의 분리는 도시의 빈민층에게는 영향을 주지 않았다. 지저분한 방과 밀집된 아파트 건물에 몰려 있던 도시의 빈민들은 여전히 공개된 삶을 살았다. 어떤 여성이 아파서 쓰러지면 거리 전체가 알았다. 그녀가 종종 다른 사람들에게 노출돼 있는 집 안의 침대에 누워 지냈기 때문이다. 1890년 12월《하버드 로 리뷰 *Harvard Law Review*》는 조만간 대법관으로 지명될 루이스 브랜다이스(Louis Brandeis)가 사생활의 권리를 논한 기사를 실었다. 그는 삶의 강도와 복잡성이 "문명의 발전으로 증대되면서... 고독과 사생활은 점점 개인의 필수가 되어간다"라고 주장했다.[10] 1868년 법정은 프라이버시를 '남편이 아내의 공적·사적인 삶에 대한 소유권(아내를 신체적으로 학대할 권리를 포함하여)을 유지하는 방법'이라고 판결 내렸다.

　　대영제국이 세계의 많은 지역을 점령했던 시기에 영국인의 가치관과 집안관리 풍습은 멀리 호주와 뉴질랜드뿐 아니라 아시아, 아프리카 열대의 여러 지역에까지 스며들었다. 식민지 관리자들은 침실과 침대, 침구와 더불어 가구와 집안 장식 아이디어를 전파했다. 19세기 말, 사생활, 특히 침실의 사생활에 대한 개념이 미국의 중산층에 깊숙이 뿌리내렸다. 2세기 전에 뉴잉글랜드 집들의 1층 홀에서는 요리와 식사를 비롯해 다양한 가정 활동이 이루어졌다. 그리고 거실에 가족의 가장 소중한 가구, 즉 가장 좋은 테이블과 의자와 함께 '가장 좋은 침대'가 놓였다. 이곳은 집안에서 가장 중요한 사람으로서 남편과 아내가 잠을 자는 곳이었다. 집 안의 공간은 활동이 아니라 그 공간의 의미와 그것이 차지하는 가치관에 따라 나뉘었다.

18세기가 되면 복도와 계단이 유행하면서 집 안에서의 이동이 훨씬 더 편리해졌다. 사람들은 으레 침대 커튼과 의자, 어울리는 옷감으로 만든 커튼을 갖춘 방에서 잠을 잤다. 침실은 잠을 자고 조용히 쉬고 가까운 친척과 친구들과 사교하는 공간으로 자리 잡았다. 출산과 죽음의 순간에도 사람들은 공식적인 접대 장소인 침실에 모였다.

각자의 침대 쓰기

19세기가 되자 침대와 매트리스는 중세 시대의 건초나 짚으로 채운 자루에서 엄청난 발전을 이루었다. 혼자 자는 것은 아직도 보편화되지 않았다. 앞에서 보았듯이 빅토리아 시대의 가정에서는 프라이버시를 중요시했음에도 침대 공유는 이 무렵까지 이어졌다. 침실의 분리는 실내에 계단과 복도가 발전하면서 가능해졌다. 계단과 복도를 통해 하인들과 다른 사람들은 다른 방들로 이동할 수 있게 되었다.[11] 한때 하인들은 남주인이나 여주인의 침실에서 잠을 잤으나 이제 하인들도 위층이나 아래층에 자신만의 공간을 갖게 되었고 벨이 울리면 불려 갔다. 국가의 권력은 이제 더 이상 왕의 침실이 아니라 입법부와 행정부에 있었다. 따라서 침실은 호화로움이 약화되고 훨씬 사적인 공간으로 변화했다.

이런 별도의 침실에서 부부는 이따금 각자의 침대를 갖기 시작했다. 두 개의 침대는 '퀴퀴한' 감염을 피하고 빅토리아 시대가 중요 시하는 단정함을 실현하기에 안성맞춤이었다. 이런 관습은 20세기 까지 지속되었다. 1930년대에 할리우드는 헤이스 코드(Hays Code) 라는 규칙을 만들었다. 화면 속의 부부는 각자의 침대에서 자야 하고 또 키스할 때에는 한쪽 상대가 바닥에서 발을 떼면 안 된다고 규정했다. 1960년대에 시어스(Sears)를 비롯한 대형 백화점들은 결혼한 부부를 위한 트윈베드를 광고했다. 1970년대에 들어서자 이런 침대는 구식이고 솔직하지 못하다고 여겨졌다.

최근의 연구는 부부가 따로 잘 때 더 편안히 잘 수 있다고 제안한다.[12] 토머스 오트웨이(Thomas Oatway)의 희곡 <무신론자*The Atheist*>(1684)에서 코틴의 불행한 아내 실비아가 지적하듯이, 시끄럽거나 정신없는 배우자와 사는 이들에게는 맞는 말이다. 실비아는 전형적인 남편을 "뚱뚱하고 쓸모없고 인사불성으로 취해서 침대에들고, 이리저리 뒤척이고 끙끙 소리를 내고 코를 곤다"라고 정의한다. 이런 불평은 오늘날 30~40퍼센트의 부부가 따로 잠을 자는 이유를 설명한다. 여기에는 도널드 트럼프와 멜라니아 트럼프 부부도 포함된다. 익명의 제보자가 잡지 《유에스 위클리*US Weekly*》에서 말했다. "두 사람은 각방을 씁니다... 그들은 밤을 같이 보내지 않아요, 전혀." 또 다른 내부자는 트럼프 부부가 한방에서 잠을 자지만 침대는 따로 쓴다고 되받았다. 그리고 "그들은 매우 '로열(royal)'해요!"라고 덧붙였다.

침실에 대한 충고

전용 침실이 여러 개 필요해지자 건축가들은 침실과 집 안 다른 구역들의 관계를 들여다보기 시작했다. 19세기에 남편과 아내의 침실은 때때로 1층에 있었고 공동의 공간인 응접실로 이어져 있었다. 가족과 하인, 성인과 어린아이들, 다 큰 아이들과 아기들이 분리되기 시작했다. 집안의 다른 가족들은 2층에서 잠을 잤고, 하인들은 더 높은 층에서 잠을 잤다. 지위가 올라갈수록 올라야 할 계단 숫자는 줄어들었다. 이런 관습은 수세대 동안 지속되다가, 결국 1층 전체가 일상생활에 할당되었다. 그리고 수면 공간은 위층으로 배정되었고, 각 공간은 복도로 연결되었다. 사생활에 대한 보호가 강화되었다. 하지만 단층 집이나 도심 공동주택에서는 침실을 어떻게 배치해야 할까? 두 가지 대안이 유행하게 되었다. 하나는 복도를 중심으로 침실을 배치하는 방식이었다. 또한 침실을 사교 공간들과 연결하는 방식도 있었다. 작은 집에서 침실 하나는 부모에게, 또 다른 침실은 아이들에게 배정되었다. 하인들은 지하층의 부엌에서 잠을 잤다.

빅토리아 시대에 꾸준히 인기를 얻던 자기계발서는 젊은 주부들에게 침실에 주목하라고 충고했다. 1888년 유명 미술가의 딸이자 자기주장이 강한 제인 엘렌 팬턴(Jane Ellen Panton)은 주부들에게 젊은 시절, 곧 1850년대와 1860년대의 '정통적인 침실'에서 벗어나라고 적었다. 이를테면 "푸른 장미와 노란 백합이 잔뜩 있고, 설상가상으로 음울하고 생기 없는 오렌지, 또는 녹색 소용돌이와 이파리 무늬 위에 녹색이 올라간" "끔찍한" 벽지를 없애라고 조언했다.[13] 빅토리아 시대의 침실 가구는 주실에서 쓰던 가구들을 재활용했으므로 때로는 허름했다. 그 가구가 더 낡으면 유모나 하인들의 공간으로 옮겨졌다.

이런 돌려쓰기는 러그에도 적용되었다. 여러 방을 거치다 보면 러그는 점차 해지면서 올이 다 풀렸다. 침실 바닥에는 거실에서 오랫동안 쓰던 러그를 갖다가 깔기도 했다. 이 러그는 마지막에는 하인들의 침실에서 갈가리 찢겨져서 수명을 다했다. 누구도 방문자가 주 침실을 살펴볼 것이라 생각하지 않았으므로 어떤 모습인지는 중요하지 않았다. "나는 전통적인 주부가 아니라서 걱정이 된다"라고 팬턴은 선언했다. 그녀는 가상의 주부인 갓 결혼한 앤젤리너에게 '자신을 즐겁게 하는 색'을 구입하라고 조언한다. 사람들은 환경의 영향을 받고 때때로 침실에서 아프기 때문이라고 그 이유를 설명한다. 또 문과 맨틀피스는 벽 색깔과 어울리는 색으로 칠해야 한다고 일러준다.[14]

대부분의 집에는 아이들 각자의 침실뿐만 아니라 남편과 아내를 위한 별도의 침실이 있었다. 부유층 부부는 당연히 침대를 함께 쓰지 않았고 각자의 침실이 따로 있었다. 또한 창문 가리개와 블라인드가 유행하기 시작했다. 오늘날 욕실에서 하는 많은 일들을 침대에서 하던 시절이었기에 이런 것들이 필요했다. 세면대와 거울은 필수였고, 카우치나 긴 의자가 있으면 더 좋았다. 세면대에는 수건걸이가 부착되었고 물이 튈 경우를 대비해 세면대 뒤쪽에 타일을 붙이기도 했다. 세면기는 하녀나 남자하인이 살펴서 물을 채웠다. 하인들은 부지런히 부엌에서 놋쇠나 청동 물통으로 뜨거운 물을 가져다가 세면기와 휴대용 좌욕기를 채웠다. 대부분 가운데 탁자, 세면도구를 올려놓는 탁자와 의자 몇 개, 작은 책꽂이가 있었다. 요강은 수세식 변기가 보급되기 전까지 계속 사용되었다. 코모드(commode), 다시 말해 변기 겸용 의자는 실내 화장실이 등장한 1900년대 초까지 침실에서 사용되었다. 팬턴은 여유가 있다면 옷장, 카우치나 암체어로 활용할 수 있는 간이침대 형태의 '긴 의자'를 들이라고 조언했다. 삶의 힘든 순간에 대비하라는 이유였다. 또 가리개는 침대를 숨기고 외풍을 막는 용도로 필요하다고 생각되었다.

조명은 언제나 문제였다. 많은 이들이 침실에서 가스등을 쓰지 말라고 조언했는데, 방 안의 산소가 부족해질 위험이 있기 때문이었다. 휴식을 취할 때에는 초 한 개를 켜두라고 추천했다. 여유가 있다면 맨틀피스에는 두 개짜리 촛대를 두고 화장대에는 한 개짜리 촛대를 두라고 했다. 손이 닿는 곳에 늘 안전성냥 한 통을 두어야 하는데, 어둠 속에서 찾다가 문제가 생길 수 있어서였다. 팬턴 부인은 이에 대한 해결책도 알고 있었다. 침대 위에 못으로 성냥갑을 고정하고 색을 칠하고, 그 위에 그림을 올려두면 된다고 했다.

또한 옷을 어디에 보관할지의 문제도 있었다. 우선 옷걸이는 20세기 전까지는 널리 사용되지 않았기 때문에 사람들은 옷을 옷장 안의 고리에 걸거나 트렁크나 상자 속에 넣어두었다. 또 침실가구 대부분에 옷을 집어넣을 수 있는 수납공간이 있었다. 그런데 빅토리아 시대의 여성들이 착용하던 부피가 큰 드레스는 보관이 쉽지 않았다. 팬턴은 "무도회 드레스... 그리고 평상복을" 예쁜 천을 위에 덧대고 작은 서랍이 달린 상자 모양의 오토만(ottoman)에 보관하라고 조언했다. 어디에나 둘 수 있고 또 부츠와 신발을 보관하기 편리해서 바닥이 너저분해지지 않는다고 설명했다.[15]

다른 사람들도 침실을 어떻게 구성할지에 대해 충고했다. 물론 모든 사람이 취침을 강조하고 조언자 대다수가 개별성을 강조했다. 1877년 전문가인 엘라 처치(Ella Church)는 어머니의 방을 한눈에 알아볼 수 있다고 말했다. 커다랗고 편안한 침대, 안락한 의자, 테이블이 있기 때문이었다. '여러 명의 동거인을 수용하기 위해' 모든 것이 설정되었다. 그녀는 독신 남성의 방은 신문과 파이프, 담배, 여배우 사진들이 잔뜩 흩어져 있을 것이라고 장담했다. 할머니의 침실에는 오래된 네 기둥 침대보, 높다란 여닫이책상[bureau], 가장 좋아하

1886년 런던 메이플(Maple)의 침실 가구 광고. 흰색 침실 스위트와 '철제와 황동제 네 기둥 침대 프레임'이 포함되었다.

는 편안한 의자가 있다고 했다. 침대는 개성을 표현하고 '개인의 성격을 분명히 각인시키는 이름 없는 숱한 소품들'을 보관하는 곳이었다. 주 침실은 예외적인데, 남편과 함께 쓰지만 화장대와 긴 거울 등의 가구가 있어서 아내의 요구를 반영한 경향이 있었다.

개성과 건강은 별개의 문제였다. 19세기 중반 미국의 실내디자이너 대다수는 침대 커튼, 벽지, 카펫을 사용하지 말 것을 권했다. 먼지가 쌓여서 방 청소를 어렵게 한다는 이유였다. 신선한 공기와 원활한 실내 환기를 옹호하는 사람들이 점점 많아졌다. 남쪽을 향하는 침실은 가장 신선한 공기를 들어오게 할 수 있다고 생각되었다. 어떤 작가는 태양의 경로와 일렬이 되도록 몸을 동쪽을 향해서 자라고 추천했다.《여성의 홈 저널Ladies' Home Journal》과 다른 출판물들은 침실에 딸린 칸막이를 설치한 포치에서 취침하라고 권유했다. 이를 위해 맞춤용 침낭이나 창문에 꼭 맞고 잠자는 사람의 머리 위까지 연장된 텐트를 추천했다. 침실 옆면의 창문을 통해 사용자는 침실 안의 사람들과 이야기를 나눌 수 있었다. 또 남편과 아내, 아이들 모두가 수면용 포치에서 함께 잘 수도 있었다.

19세기 중반, 침실 가구는 한층 다양화되었다. 실내장식은 침실 주변을 중심으로 더 세심하게 디자인되었고 단순하거나 정교한 네 기둥 침대가 배치되었다. 조명은 주로 촛불에 의지했는데, 침대에서 책을 읽다가 잠이 들면 정말로 위험했다. 팬턴은 양초 랜턴과 가스 등 받침을 벽에 설치해서 최대한 빛을 내는 해결책을 내놓았다. 그녀는 또한 실내에 식물을 몇 가지 놓아두고 밤에는 작은 창 하나쯤은 열어두고 자라고 권유했다. 다이닝룸과 거실의 가구를 신중히 배치하듯 침실 전체가 "아름답고 고상하고 조용해야" 하며 모든 것이 "쾌적해야" 한다고 강조했다.

침대 관리법

침대는 19세기 집 안의 가구 중에서 가장 많은 노동력이 필요한 집기임이 분명했다. 1860년대 무렵 네 기둥 침대는 유행이 지나가고 있었다. 많은 저자들이 황동이나 철제 침대를 강력하게 추천했는데, 벌레를 더 쉽게 떨어낼 수 있기 때문이었다. 나무와 금속 침대 프레임이 등장하기 시작했고, 여기에 담요와 퀼트, 시트, 깃털, 말총, 짚 매트리스를 여러 겹 깔았다. 팬턴은 나무 침대 프레임을 좋아하지 않았다. "어디서 왔는지도 모를 작은 동물들을 처리하는 게 엄청나게 어렵다"라는 이유를 들었다. 침대를 해체해서 문질러 씻은 후에 재조립해야 한다는 것이다.[16] 그리고 전염병에 걸린 사람이 쓴 침대는 "모닥불로 태워버리라"고 했다. 팬턴은 "청결하고 건강에 좋아서" 황동이나 철제 침대를 선호했다. 그녀는 정밀한 우븐 체인으로 만든 스프링 매트리스에서 잠을 잤는데, '구식 스프링 침대'보다 성능이 좋기 때문이었다. 구식 침대는 몸을 뒤척일 때마다 스프링에서 삐걱 소리가 나서 "가만히 있지도 못하고 잠들지도 못했다". 빅토리아 시대의 어떤 세대주는 지침서에서 철제 침대, 금속 스프링을 덮는 두꺼운 갈색 시트, 서너 겹의 담요, 깃털이불, 베갯잇을 추천했다. 저자는 매일 아침 매트리스를 매만지고 베갯잇을 하루에 두 번 갈고 장식이 많은 것은 밤에, 장식이 없는 것은 낮에 쓰라고 권했다.

빅토리아 시대의 살림살이에 절대적 영향력을 끼쳤던 이사벨라 비턴(Isabella Beeton)은 철두철미했다. 그녀는 침실을 청소하기 전에 벨벳의자를 빼내서 먼지가 앉지 않도록 하라고 했다. "침대를 가다듬을 때 사용자의 취향을 알아두어야 한다. 머리끝에서 발 쪽으로 기울어지고 중간이 약간 부푼 침대를 좋아하는 사람들이 있는가 하면, 완전히 평평한 침대를 선호하는 사람들도 있다." 하우스메이드는 조심스레 침대를 털고 흔들어서 잠자는 사람의 취향에 맞춰 침대를 정리해야 한다고 충고했다. 깃털침대에서 빠져나간 깃털은 이불잇 안에서 보충되어야 했다. 침대 시트와 이불을 까는 길고 까다로운 과정이 끝나면 "침대덮개를 전면에 덮는데, 우아한 주름이 잡히면서 떨어져야 했다".[17] 일은 끝이 없었고 '불필요한 소란과 혼잡'을 피하도록 조심스럽게 진행되었다. 비턴 부인의 지도를 따라야 했던 하녀들이 안쓰러운 생각이 든다.

빅토리아 시대에 청결과 건강을 유지하고, 예의 바르며 우아한 삶을 누릴 수 있도록 침대를 안락한 장소로 만들려면 엄청나게 많은 수의 하인이 필요했다. 하인이 한두 명이거나 아예 없다면 침대의 청결을 유지하는 것은 가정주부의 일이 되었다. 1890년대에 런던 시의회의 보건 책임자인 셜리 포스터 머피(Shirley Forster Murphy)는 집 안의 먼지를 "런던 거리의 진흙이 마르면서 생긴 가루"라고 설명했다. 여기에는 길에서 나온 찌꺼기, 모든 죽어가는 것들의 가루를 비롯해 "말과 다른 동물들의 배설물, 물고기 내장... 죽은 고양이 사체, 숱한 쓰레기통의 내용물"이 포함되었다.[18] 이것과 별도로 런던의 주택과 상업건물 수십만 채가 석탄으로 난방을 했기 때문에 굴뚝에서 나온 석탄 찌꺼기가 사방으로 흩어졌다. 먼지와 그을음이 모든 것을 까맣게 만들었기 때문에 신중한 세대주는 가구에 자주 빨 수 있는 덮개를 덮어두었다. 대기에 떠돌아다니는 먼지가 가구를 더럽힐 뿐만 아니라 머리빗을 오염시켰기 때문에 빗질을 한 번만 해도 빗이 까맣게 변했다. 오늘날의 훨씬 깨끗한 공기를 감안하면 온갖 종류의 먼지가 떠돌아다니던 당시의 상황은 상상하기가 힘들다.

매트리스는 보통 말총으로 채워졌지만, 그게 없으면 소털이나 양모로 채워졌다. 때로는 이 매트리스를 철제 프레임을 보호하는 짚을 채운 매트리스 위에 올렸다. 19세기 말에 값비싼 매트리스 대부분에는 체인 스프링이 있었지만, 여기에도 말총 패딩이 필요했다. 스프링이 없는 매트리스는 시트 천을 덮어서 그을음이 묻지 않게 했고, 아랫담요 위에 깃털침대를 깔았다. 이런 침대는 값이 비쌌고 꾸준히 관리해야 했다.

매트리스의 솜이 엉겨 붙고 뭉치는 것을 방지하기 위해서는 날마다 뒤집고 털어주어야 했다. 맨 아래쪽 시트는 제일 아래쪽 매트리스로 밀어 넣어서 그을음이 묻지 않게 했다. 그리고 하단 시트, 상단 시트, 여러 장의 담요(추운 날씨에는 4장까지)와 베개받침, 베개를 올렸다. 베개는 품질이 좋은 네덜란드산 시트로 속을 싸고 베갯잇을 씌웠다. 이 모든 침구를 세탁하려면 품이 많이 들었다. 여러 저자들이 담요를 2주에 한 번(손으로), 그리고 시트를 한 달에 한 번 빨라고 제안했다. 두 사람이 침대를 함께 쓴다면 시트는 2주에 한 번 빨아야 한다고 했다. 품을 아끼기 위해 시트 세탁은 시차를 두었다. 하단 시트를 빤다면 상단 시트를 하단 시트로 바꾸고 상단 시트 위에 깨끗한 시트를 깔라고 조언했다.

일 년에 두 차례 봄과 가을에 침구 전체를 대대적으로 정비했다. 그리하여 '봄 대청소'라는 용어가 생겨났다. 확고한 주관을 가진 또 다른 살림 전문가 메리 하위스(Mary Haweis)는 품위 있는 침실에 벼룩은 어울리지 않는다고 말했다.[19] 따라서 매트리스와 베개를 밖으로 내놓아서 바람을 쐬라고 했다. 적어도 한 주에 한 번은 벼룩과 다른 벌레들이 있는지 점검하고, 해충이 발견되면 침대를 해체해서 클로로석회와 물로 씻어내라고 충고했다. 침실은 철저하게 청소하고 벌레를 퇴치하고 모든 구멍을 밀봉해야 했다. 기생충 감염을 막을 수 없다면 그 침대는 공터에 가져가 완전히 밀봉해야 했다. 유명한 피터 래빗을 그린 베아트릭스 포터(Beuatrix Porter)가 언젠가 말했듯이, 누구도

"침대에서 자연사(自然史) 공부를" 하고 싶지는 않을 것이다.

이 외에도 침실에서 글쓰기를 고집하던 무신경한 젠틀맨의 문제도 있었다. 잉크가 쏟아지고 지워지지 않는 사고를 피할 수 없었기 때문이다. 아무 생각 없이 타월로 잉크를 문지르다가 결국 재앙으로 이어지는 것이다. '유행을 선도하는 실내장식의 귀재' 하위스 부인은 잉크와 엎질러진 물을 닦는 데 타월을 쓰지 못하게 말려야 한다고 주장했다. 그녀는 수건걸이에 한 쌍의 걸레를 걸어두라고 조언했다.

이것으로 모든 게 끝이 났을까? 때때로 상황이 악화될 수 있었다. 1973년 오스트리아의 시인 잉게보르크 바흐만(Ingeborg Bachmann)은 자신의 침실에서 불에 타서 죽었다. 만성적으로 약물을 복용하던 그녀는 담배를 피우다가 잠들었던 듯 보인다. 그런데 20세기 초의 어떤 작가는 몇 세기 안에 침실이 사라질 것이라고 주장했는데, 사람들이 도서관이나 응접실의 위생적인 바닥에서 자게 될 것이라는 예언이었다. 아직 이 예언은 실현되지 않았다. 어떤 방해물이 나타나든, 침대와 거기에서 벌어지는 일들이 언제나 침실의 역할을 결정했다.

침실은 우리가 알고 있듯이 점점 산업화되고 도시화되는 소란스러운 세계에서 피난처를 갈망한 결과였다. 오늘날 침실은 어떤 집에서나 가장 사적인 공간이라고 할 수 있다(가족의 욕실은 여러 사람이, 때로는 방문자들이 사용한다는 점에서 반半 공적이다.) 매트리스와 부드러운 베개와 침대가 중심이 되는 우리의 침실은 안락하고 조용한 장소이다. 침실의 평화는 빅토리아 시대의 가장 큰 유산 중 하나이다. 이제는 산업화된 세계 어느 곳에서나, 그리고 전 세계 엘리트층의 집에서 널리 발견된다.

그럼에도 문화권마다 장식 취향이라든가 지역적 이념이라든가 침실에 대한 선호도는 제각각이다. 예를 들어 중국에서 실내디자인은 생년월일시 등을 따져 위치나 방향을 정하는 풍수 인테리어를 선호한다. 주 침실에 대한 처방전은 이러하다. 침대가 침실 문을 향하게 두지 말 것, 침대 머리를 벽에 붙일 것, 부정적인 빈 공간이 생기므로 침대를 사선으로 두지 말 것, 기를 약화시킬 수 있으므로 침대를 육중한 기둥 아래에 놓지 말 것, 침대를 창문 아래에 두지 말 것, 침대를 부엌이나 욕실과 인접한 벽에 붙이지 말 것. 이중 몇 가지는 그럴듯하지만, 미신에 가까운 것들도 있다. 이것을 믿는 이들은 출생일과 성별로 자신의 괘 번호를 알아내고 그것에 따라서 방 안에서 기운이 좋은 곳과 나쁜 곳을 파악한 후에 침대를 둘 장소를 정한다. 또한 배우자의 괘 번호도 함께 고려해야 한다. 사람들은 이런 노력을 기울인 끝에 편안히 잠들 수 있게 된다고 생각한다.

하지만 침실이 정해지고 분리된 침실과 개인 침대가 근래에 나타났지만, 우리는 여전히 침대에서 그리 평화롭지 못한 시간을 보내고 있다. 만약 평화로운 시간을 보낸다면 굳이 수면 치료사의 한결같은 권고를 무시하고 전자공학적으로 전 세계를 침대 안으로 들여오지 않을 테니까.

10장

침대의 미래

침대는 가구의 일종으로서 기본 형태는 지난 수천 년 동안 거의 변하지 않았지만 기능은 시간과 공간에 따라 엄청난 변화를 겪었다. 소박한 차르포이는 이런 현실을 증명한다. 차르포이는 완벽히 실용적이고 편평한 잠자리이지만 지역과 문화에 따라 다양하게 활용되고 있다. 파키스탄에서는 활기 넘치는 시낭독회를 위해 베란다로 옮기고, 시원한 밤바람을 맞으며 잠들기 위해 지붕으로 옮긴다. 그리고 당신이 죽음을 맞을 때 당신을 기리기 위해 차르포이를 세워둘 수도 있다.[1]

우리를 둘러싼 모든 물건들 중에서 침대는 가장 보편적인 것 중 하나다. 오늘날 우리는 침대를 보통 수동적인 물건으로 구석에 밀어두고 언급하지 않는다. 하지만 우리가 침대에 흥미를 갖고 다루려고 한 이유가 바로 그것이다. 1969년 존 레논과 오노 요코의 시위가 우리의 생각을 일깨웠다. 당시 두 사람은 '평화를 위한 침대 시위(bed-in for peace)'를 펼치면서 호텔 침대를 정치 무대로 바꾸었다. 두 사람은 결혼 직후 일주일 동안 침대를 떠나지 않았다. 처음에는 암스테르담의 힐튼 호텔에서, 그리고 몬트리올의 퀸엘리자베스 호텔에서 시위를 벌였다. 이들은 자신들의 호화로운 호텔 침대에서 방문자들과 열띤 토론(일종의 동시대 시위)을 벌였고, 백만 명의 관람객을 만났다. 이들이 루이 14세를 떠올렸는지 궁금해하는 사람들이 많은데, 아마 그렇지는 않을 것이다.

허니문 기간 동안 자신들의 평화 침대에서 시위하는 존 레논과 오노 요코.

미래로 돌아가다

미래주의자들은 침대에 관해 수많은 예언을 쏟아냈고, 그 대부분이 아직은 공상에 지나지 않다. 다빈치 연구소의 토머스 프레이(Thomas Frey)가 말한 대로, "공중 부양 침대에서의 성관계... 사람들에게 창의성을 가지라고 요구한다."[2] 침대와 인간의 관계를 규정하는 데 여러 유행이 영향을 미친 듯하다. 어쩌면 급증하는 도시인구와 고밀도 주거지라는 불편한 현실이 가장 강력할 것이다. 이것은 종종 집값과 임대료가 천문학적으로 비싼 고층주택으로 해석된다. 이를테면 베이징이나 상하이, 뉴욕, 샌프란시스코의 놀라운 도시 경관을 떠올려보라. 여기서 수만 명의 도시 거주자들이 부엌이 딸린 거실에서 잠을 자는데, 말 그대로 몇 발자국을 떼면 끝이다. 이렇듯 비좁은 숙소는 침대와 매트리스 디자이너들에게 전에 없던 창의성을 요구한다.

몇 세기 전에 군주의 네 기둥 침대 아래에 넣어두던 트런들 침대는 여전히 사용되고 있다. 한때 불편하기로 악명 높았던 침대 겸용 소파는 이제 우수한 경첩과 매트리스 덕분에 훨씬 개선되었다. 앞에서 살펴보았듯이 접이식 침대는 새로운 것이 아니다. 시어스(Sears), 로벅(Roebuck)은 수십 년 전부터 '최신' 접이식 침대를 판매했고, 이렇게 공간을 아끼는 침대 장치 대부분의 원조는 머피 침대(Murphy bed)이다.

윌리엄 로렌스 머피(William Lawrence Murphy)는 골드러시를 따라 캘리포니아에 도착한 개척자들의 아들로 태어났다.[3] 머피는 말을 중개했고 역마차를 몰았으며, 잠시 작은 개척자 마을의 보안관으로 근무했다. 20세기로 접어들면서 그는 샌프란시스코에서 방 한 칸짜리 작은 아파트를 빌렸는데 침대가 집 전체를 꽉 채웠다. 그는 오페라 가수에게 사랑을 고백했지만 자신의 집으로 초대할 수 없었다고 한다. 당시에 미혼여성을 남자의 침실로 들이는 행동은 비도덕적이라고 생각되었기 때문이다. 머피는 눈에 띄지 않을 접이식 침대를 원했다. 그는 낡은 옷장의 문설주와 문의 경첩을 활용해서 침대를 벽에 붙일 중심축을 만들었고 침대를 접어 벽에 붙여서 눈에 띄지 않게 했다. 후손들에 따르면 머피는 이 여자친구와 결혼했고, 그녀의 아버지가 '머피인어도어 베드(Murphy-In-A-Dor Bed)'의 특허를 출원하고 생산할 수 있도록 돈을 빌려주었다. 머피의 새로운 사업은 1906년 지진이 샌프란시스코를 강타하기 전에 이미 성공을 거두었다. 이 침대 중 일부가 지진이 덮칠 동안 접혀 있었고, 최소 한 명

뉴욕 시의 한 아파트에서 사용 중인 머피 침대.

의 사용자가 사망했다. 사람들이 도시에 몰려들면서 집이 부족해진 시대에 머피 침대는 공간을 절약해주는 가구로 큰 성공을 거두었다. 1900년대 초반에 머피 침대의 판매량은 최대치에 달했고, 이 회사는 오늘날에도 여전히 머피 침대를 생산하고 있다.

머피 침대에는 박스 스프링이 포함되지 않는다. 매트리스는 나무 플랫폼이나 와이어 메시 위에 놓이고 끈으로 단단히 매므로 침대를 집어넣었을 때 처지지 않는다. 원래 모델은 벽 속에 수직으로 접어넣는 것이었지만, 오늘날에는 옆으로 접히는 침대, 침대를 벽 쪽으로 밀면 서랍이나 테이블, 접이식 책상이 나오는 침대도 구입할 수 있다. 소파로 변신하거나 사무용품이 들어 있는 침대도 있다.

머피 침대는 공간이 부족한 아파트나 공동주택에 사는 사람들에게 바람직한 해결책이다. 특히 피스톤 리프트(piston-lift) 같은 혁신적인 장치들 덕분에 더 쉽게 올리고 내릴 수 있게 되었지만, 조작 도중 침대에 깔리지 않으려면 제대로 설치해야 한다. 1982년에 술 취한 사람이 닫힌 머피 침대에서 사망한 사건이 있었다. 2005년에는 잘못 설치된 머피 침대 때문에 여성 두 명이 갇혀서 질식한 사건도 있었다. 머피 침대는 찰리 채플린의 영화 <오전 한 시 One A.M.>(1916)와 제임스 본드 영화 <007 두 번 산다You Only Live Twice>(1967)에도 등장했다. 제임스 본드가 머피 침대에 갇혔을 때 침대를 뚫고 총알이 날아온다. 그는 죽은 것처럼 보였지만 물론 죽지 않았다.

공간 문제를 해결하는 데는 또 다른 방법이 있다. 사람들은 침대를 아파트 천장에 매달았다. 이렇게 하면 높은 데서 취침하고 바닥 공간을 자유롭게 쓸 수 있지만, 천장은 보강되어야 하고 침대는 제대로 설치되어야 한다. 또 다른 아이디어는 당신의 침대를 수납 캡슐로 바꾸는 것이다. 즉 옷을 수납하고 걸고 책을 꽂아두고 전자오락기기를 둘 수 있는 가구 위에서 잠을 자게 된다. 이 경우 싱글 침대만 설치할 수 있고 사다리가 필요하며 밖으로 떨어지지 않도록 조심해야 한다. 하지만 아마도 미래는 '스마트 가구'가 책임질 것이다. 오리 리빙(Ori Living)은 스마트폰 앱의 스위치 작동이나 음성인식 기능으로 방 어디에나 옮길 수 있는 로보틱(robotic) 가구를 개발하고 있다. 앞에서 말한 고밀도 도시 주거지에서 살아가는 사람들을 겨냥한 이 회사의 판촉 동영상은 "우리가 우리 공간에서 살아가는 방식을 재해석하고... 당신 공간의 거주 적합성과 효율성을 증대시킬" 방법을 찾아주겠다고 약속한다.[4] 오리 리빙은 전체 가벽, 옷장, 캐비닛, 그리고 콘센트에 꽂힌 자석 트랙 주변으로 미끄러져 움직이는 가구의 다른 부품들을 공급한다. 벽을 뒤로 밀거나 가까이로 당기면 옷장이 있던 자리에 소파 구역이 나타난다. 스튜디오의 세트에서 침대(일종의 트런들 침대)가 미끄러져 벽에 붙고 탁자로 가려지면서 침실이 다이닝룸/파티 구역으로 변모한다. 오리 리빙 사는 이 움직이는 가구가 몇 파운드 이상 되는 대상이 막아서면 이동이 중지되고 또 정전 시에는 수동으로 작동할 수 있다며 고객을 안심시킨다.

공간의 변화

오늘날 컴퓨터 프로그래머와 작가를 비롯하여 재택 근무를 하는 사람들이 늘고 있다. 공간이 협소하고 비싼 곳에서 로보틱 가구를 쓸 의향이나 여력이 없는 사람들은 예컨대 작업용 책상 위에서 자는 실내 공간을 재구성하기도 한다. 다락침대[loft bed]라고 알려진 이 침대는 아이들의 방에서 많이 사용된다. 아이들이 부모보다 훨씬 더 침대로 잘 올라갈 수 있기 때문이다.

오랫동안 좁은 공간에서 사는 데 익숙한 일본인들은 얇은 매트리스인 시키부톤[敷布団]에서 잠을 잤다. 이것을 낮 동안 선반에 얹어두었다가 밤에는 바닥에 펴서 사용한다. 시키부톤은 푸톤의 일종이다. 이것은 쿠션 구실을 하고, 두께가 약 10센티미터로 오가닉 코튼과 라텍스, 울로 채워져 있다. 시키부톤은 바닥에 깔아서 쓰고 아침마다 개서 집어넣는다. 바닥 공간을 자유롭게 쓸 수 있다는 장점이 있지만 침대보다는 딱딱한 잠자리가 될 수 있다. 이것은 2, 3주에 한 번씩 돌려서 고른지 확인해야 하고, 낮 동안에는 치워두어야 흰 곰팡이가 생기지 않는다. 샌프란시스코에서 유행하는 일본식 매트리스의 한 형태인 접이식 폼 시키부톤을 구입할 수도 있다.

디지털 유목민은 부유하고 최신기술에 능통한 청년들을 일컫는 용어이다. 이들은 여기저기 이동하는 삶을 자발적으로 받아들인다. 네덜란드의 건축 디자인 회사인 스튜디오 마킨크 베이(Studio Makkink & Bey)는 이 시장을 위해 침대를 디자인했다. 2014년 이들이 내놓은 노마딕 리빙(Nomadic Living)이라는 미래주의적 접이식 침대는 나무와 양모 그리고 다량의 흰색 면 등 천연재료를 사용했다. 예전의 목가적이지만 흙이 없는 생활을 떠올리게 하는 이 침대는 둥글게 접어 꾸러미로 만들면 등에 편안히 메고 다닐 수 있다.

이 모든 해결책들은 더 많은 침대를 더 좁은 공간 안에 집어넣으려는 자구책에서 나왔다. 산업혁명이 시작되고 3세기가 지난 후 수백만 명(가족 전체나 부부, 단순한 룸메이트들)은 두 세대 전보다 훨씬 비좁은 공간에서 살아간다. 이런 밀집 상태가 19세기에 등장한 프라이버시의 개념을 다시 한 번 되돌아보게 한다. 수세대 동안 중산층은 침대에서의 프라이버시를 누렸지만 지금은 그렇지 않다. 공동주택 거주는 가족이나 초면이었던 하우스 메이트와 근접하게 살아간다는 뜻이다. 이런 곳에서 어떻게 자신을 분리시킬 수 있을까? 주변의 소음을 차단하는 이어폰보다 훨씬 더 창의적인 해법이 요구된다. 전통적인 침실이나 커다란 공간에서 살고 있는 사람들도 완벽한 고독을 갈망한다. 하지만 텔레비전이 시끄럽게 울리고 휴대폰이 보편화된 세계에서 완전한 고립을 얻기는 쉽지 않다.

숙면

잡지와 웹사이트 기사를 읽다 보면 우리가 숙면에 광적으로 정신을 쏟는다는 생각이 들곤 한다. 이를테면 깨지 않고 내리 8시간 잔다는 마법, 어쩌면 미신 같은 생각을 떠받든다. 이런 갈망에 빠져서 약이나 허브 치료법과 조언뿐만 아니라 늦은 밤의 음주, 정오 이후의 카페인 섭취, 늦은 밤의 과식을 자제한다. 베개는 또한 등을 편안히 유지할 수 있도록 고안된 유어페이스필로(YourFacePillow) 같은 숙면 베개가 인기를 끌고 있다. 침대와 매트리스에는 더 많은 변화가 일어났다. 침대는 기술 발전과 유행을 반영하며 천천히 변화를 하고 있다. 혁신은 대부분 매트리스를 중심으로 이루어지고, 일부는 1960년대에 '근사한' 제품이던 워터 베드처럼 공상에서 시작되기도 한다.

워터 베드(물침대)는 그보다 훨씬 이전부터 있었고, (안타깝지만) 확증이 없는 어떤 자료는 고대 메소포티미아에서 기원했다고 주장한다. 하지만 비닐로 만든 워터 베드는 샌프란시스코 주립대학 산업디자인과에 다니던 찰스 홀(Charles Hall)과 친구들이 처음으로 개발했다.[5] 찰스 홀은 136킬로그램의 옥수수전분 겔과 젤리과자로 실험을 했지만, 액체로 변하기 전에 분해되고 말았다. 대학을 졸업한 후에 홀은 자신이 개발한 워터 베드에 '플레저 피트(Pleasure Pit)'라는 상표를 붙이고 캘리포니아 전역의 소매점 30군데에서 판매했다. 초기의 고객 중에 록그룹 제퍼슨 에어플레인(Jefferson Airplane)과 스마더스 브라더스(Smothers Brothers)가 있었다. 하지만 히피들과 놀기 좋아하는 독신들을 대상으로 한 값싼 모조품들이 시장에 쏟아졌고, 홀은 자신의 특허를 지켜내지 못했다. 이런 모조품 중 하나가 온갖 종류의 체위에 대한 기대를 셀링 포인트로 삼았던 '웨트 드림(Wet Dream)'이다. 1980년대가 되면 워터 베드가 주류로 진입하고 등이 아프거나 일반적인 매트리스에 알레르기 반응을 보이는 사람들의 사랑을 받았다. 그리고 영화와 텔레비전 쇼가 좋아하는 소재가 되었는데, 거기서는 보통 터지거나 물이 새는 모습이 자주 등장했다.

1987년 무렵 미국에서 팔린 전체 매트리스의 22퍼센트가 워터 베드였다. 하지만 워터 베드는 심각한 단점이 있었다. 침대에 물을 채우려면 침실 안으로 고무호스를 끌어들여야 했던 것이다. 또한 물을 채우다가 엎지를 위험성이 있고, 설상가상으로 잠을 자는 동안 샐 수도 있었다. 또 침대에서 물을 빼내려면 전기펌프가 필요했다. 초기의 워터 베드는 매우 무거웠다. 많은 사람들이 철벅거리는 소리를 싫어

했다. 1990년대가 되면 일반 매트리스 디자이너들이 혁신적인 아이디어를 내서 침대 자체를 더 가볍고 부드럽고 유연하게 만들었다. 워터 베드는 이런 경쟁 속에서 수요가 급속도로 줄었고 결국 틈새시장이 되었다. 오늘날 더욱 정교해진 워터 베드는 대형 물풍선처럼 작동하는 '블래더(bladders)', 진동 감소 시스템, 따뜻한 수면을 위한 온도 조절 장치를 갖추고 있다. 서라운드 사운드 스피커가 내장되어 있고, 빛 치료기, 우주에서 경험하는 무중력 상태를 응용한 워터 베드를 구입할 수도 있다.

워터 베드에 대한 단골 고객들의 충성도는 높지만, 대부분은 그 촉감이 마음에 들더라도 그것을 구입하지 않는다. 침실 창문을 넘어 호스가 지나가는 모습을 누가 좋아하겠는가. 홀은 워싱턴 베인브리지 아일랜드에 있는 자신의 집 워터 베드에서 여전히 잠을 청한다. 그는 훨씬 더 정교한 디자인을 구상하는 중이다. 가구점 체인을 소유한 친구와 함께 플로리다 테스트 마켓을 통해 복귀를 모색하고 있다. 어쩌면 다시 한 번 1970년대의 혁신을 모르는 새로운 세대들에게 그 경험을 함께 나눌 아이디어가 나올지도 모르겠다.

주류 매트리스 제조사들은 특히 북아메리카에 몰려 있고 수익성이 좋은 시장에서 운영된다. 이중 몇몇은 이제 아시아와 그 외 지역의 부유층이 급성장하면서 해외시장을 공략하고 있다. 이 회사들은 보수적인 영업 전략과 달리 다양한 형태의 침대를 선보인다. 예를 들어, 유명한 씰리(Sealy) 매트리스 라인은 '다양한 옵션'을 가진 전

동 침대를 판매한다. 머리 부분만 조절하는 침대 프레임이나 머리와 발에 다양한 인체공학적 자세를 무제한으로 제공하는 리플렉션 4를 구입할 수 있다. 이 모든 프레임은 무선 리모컨으로 조절할 수 있고 리플렉션에는 '듀얼 마사지 존'이 있다. 씰리는 최고급 라인인 템퍼 페딕 매트리스에 실크 캐시미어 커버와 '다이아몬드 엠보싱' 옆판을 결합해 "최고급 맞춤이 가능하다"라고 설명한다.

침대가 앞으로 어떤 궁극의 안락함을 사람들에게 제공할지 궁금할 것이다. 하이엔드 매트리스가 시장으로 진입했다. 스웨덴의 덕시아나(Duxiana) 침대는 매트리스에 세 겹의 연결식 코일스프링이 지지하는 서포트 시스템을 개발해서 당신의 허리를 지켜준다. 스웨덴의 해스텐스(Hastens Company)는 150년 넘게 침대를 제작해왔고, 하나를 만들고 꿰매는 데 300시간이 넘게 걸리는 매트리스를 슈퍼 리치들에게 공급한다. 이 브랜드의 침대는 1만 3,000달러에서 시작해서 14만 달러를 넘기기도 한다. 이국적인 소재(모피, 최고급 옷감, 귀금속, 당신이 꿈꾸는 모든 것)로 침대 세트를 제작하기도 한다. 이 모든 것은 수작업으로 이루어지고, 보통의 소박한 침대에서는 볼 수 없는 세부장식이 있다. 해스텐스 매트리스는 내구성이 뛰어나서 몇 세대가 사용할 수 있다. 캘리포니아의 클러프트(Kluft)에서 제작하는 약간 덜 비싼 팔레 로열(Palais Royal)은 손바느질한 면으로 싼 수천 개의 스프링, 두 겹의 말총, 뉴질랜드산 캐시미어 4.5킬로그램을 포함해 열 겹으로 이루어져 있다. 영국의 바이스프링(Vispring) 침대는 주

문제작용 매트리스를 만드는데, 옷감뿐만 아니라 탄성도 등을 고를 수 있다. 비큐나 양모를 선택하면 매트리스 값이 7만 1,000달러를 넘기도 한다. 이 매트리스에 누우면 너무나 부드러워서 구름 위에 있는 듯한 기분이 들 정도라고 말한다.

여기서 실용성이 명성과 특권에 자리를 내주는 지점이 온다. 침대는 더 이상 과시의 대상이 아니다. 하지만 자신을 최고급으로 두르고 싶은 사람들은 잠을 더 잘 자게 되지 않더라도 여전히 침대에 엄청난 돈을 쓰고 있다. 여러 침대 제조사들이 시장 점유율을 높이기 위해 애쓰는 한 완벽한 매트리스를 향한 탐구는 계속될 것이다. 아직도 개발 중인 내부 기술과 별도로 매트리스의 혁신은 대부분 침대에 무엇을 덧붙일지로 이어진다. 갈수록 침대는 빠른 속도로 돌아가는 현실 세계로부터 안전한 피난처가 되어가고 있다. 오늘날에는 많은 사람이 평화와 고요함에 의미를 두면서도, 계속 연결될지 아니면 스스로를 완전히 차단할지 선택할 수 있다.

여기서 고려할 사항이 반려동물이다. 미국 반려동물산업협회(American Pet Products Association)에 따르면, 소형견의 62퍼센트, 중형견의 41퍼센트, 대형견의 32퍼센트를 포함해 반려견 절반이 주인의 침대에서 잠을 잔다. 주인과 함께 자면 고양이와 개에게 온기뿐만 아니라 안정감을 줄 수 있다. 주인과 함께 자지 않는 50퍼센트를 위한 개 침대는 큰 시장이다. 개 침대는 아주 편안하게 누워 있는 노란 래브라도들의 삽화가 있는 온라인 카탈로그에서 팔리고 있다. 고급 사양에는 메모리폼, 측면 보호대, 세탁 가능한 옷감이나 커버가 포함된다. 심지어 침낭과 비슷한 '버로 침대(burrow beds)'나 단순한 쿠션 형태, 자동차용 개 침대도 있다. 낚시와 아웃도어 라이프 스타일을 제안하는 오비스(Orvis)는 '터치추(ToughChew)' 침대를 판매한다. 오비스는 애완견이 아무리 물어뜯거나 헤집거나 찢어도 끄떡없다고 광고한다. 만일 당신의 개가 침대를 갉아서 뚫어놓으면 환불받을 수 있다. 색깔이나 질감, 소재를 다양하게 선택할 수 있고, 또 당신이 좋아하는 사냥개의 이름을 새겨주기도 한다.

미래의 꿈

미래의 침대는 당신의 모든 욕구를 충족시킬 수면 캡슐이 될 가능성이 있다. 이런 수면 캡슐은 이미 존재하지만 보편화되어 있지는 않다. 수면 캡슐은 컴퓨터로 연결되어 있고 사용자의 안락한 정도를 점검하여 온도와 조명, 심지어 외부 소음 정도를 조절한다. 당연히 이 침대에는 자동 마사지기가 있어서 부드럽게 침대를 흔들고 우리를 조용히 그리고 가만히 깨워줄 것이다. 캐노피 수면 캡슐은 미디어 스크린을 구비해서 커플이 일어나지 않고도 텔레비전을 보거나 웹사이트를 검색할 수 있다. 잠이 손짓할 때는 버튼을 누르면 스크린이 블라인드로 가려진다.

　게임 콘솔과 HD 프로젝터 등 멀티미디어 오락기기를 갖춘 수면 캡슐도 있다. 원하는 대로 마음껏 침대를 조절할 수 있고, 매우 사적인 순간에 당신을 숨겨주는 블라인드도 설치되어 있다. 아니면 식물과 함께할 수 있는 생태형 식물 침대도 있다. LED로 빛을 주어 식물의 성장을 돕고, 당신을 잠들게 할 음악을 들려주는 스피커, 심지어 자가발전기도 있다. 여기서는 침대 주변의 모든 활동이 에너지로 전환된다. 클라우드 침대(The Cloud)는 자력을 활용해서 부드러운 쿠션을 공중에 띄우는 것으로, 휴식을 취하거나 잠자기에 좋은 장소이지만 그 밖의 다른 활동에 대해서는 비실용적이고 청교도적인 삶을 요구한다.

수면 캡슐은 종종 캡슐 호텔과 연결되는데, 캡슐 호텔은 특히 아시아 지역에서 틈새 호텔 시장으로 빠르게 성장하는 중이다. 이 호텔은 잠잘 곳과 와이파이, 충전시설과 작은 책상 정도면 충분한 출장자와 알뜰 여행자의 호응을 얻고 있다. 캡슐 호텔은 특히 젊은 도시 여행자들에게 인기가 많은데, 이들이 도심에서 가깝고 유연한 숙소를 원하기 때문이다. 편의성을 중시하는 아시아에서는 캡슐 호텔과 소박한 침대가 폭발적인 증가세에 있다. 이런 캡슐 호텔 체인점은 시간 단위로 방을 빌릴 수도 있다. 공항의 지친 여행객들에게 인기가 많고, 때때로 성매매를 하는 사람들에게 이용되기도 한다.

캡슐 호텔은 일본에서 꼭 필요한 것만 갖추고 다른 손님들과 접촉할 필요 없이 머물 곳을 찾는 장소로서 시작되었다. 이제 그 개념이 진화해서 공유 오피스나 게스트와 섞일 수 있는 구역이 강조된다. 심지어 맞춤식 하이테크 캡슐에서 인스타그램을 올릴 수도 있다. 교토와 도쿄의 서점 캡슐 호텔처럼 독창적인 틈새 캡슐 호텔도 있다. 여기서는 책장 사이에 끼어 있는 침대에서 책들에 둘러싸여 잠을 잘 수 있다. 사실 침대는 예전과 별로 다를 것이 없지만, 수면 환경은 더욱 특별해지고 기술적으로 정교해졌다. 더 이상 모든 사람을 만족시키는 단 하나의 침대 유형은 없다.

수면 캡슐, 캐노피, 자기부상 침대와 고급 워터 베드 모두 연결성이라는 공통분모가 있는데, 이것은 불과 몇 년 전에는 알지 못했던 것이다. USB 포트와 블루투스를 설치한 매트리스도 있다. 당신의 침대가 스마트폰과 완벽히 동기화될 날이 멀지 않았다. 당신은 전세계에 걸쳐서 인터넷을 검색하거나 사람들과 연결될 수 있을 것이다. 이 모든 것은 침대에서 기상하는 시간, 온도를 낮추거나 음악과 빛을 조절하는 미래 기술과 연결되어 있다. 당신은 컴퓨터가 만들어놓은 환경에서 빈둥거리며 누리기만 하면 된다. 가상현실을 통해서 당신의 매트리스가 꽃이 만발한 가운데, 뉴욕의 엠파이어 스테이트 빌딩 위나 보름달과 별들 아래에 있을 수도 있다. 가까운 미래에 각 사용자에 맞춰 개별 난방과 냉방을 제공하는 매트리스를 갖게 될 수 있을 것이다. 누군가는 분명 당신에게 이야기책을 읽어줄 홀로그래피 반려자를 개발해줄 것이다. 우리는 개인적으로 자동세척과 해충 제거 기능을 완비한 항균 매트리스라면 돈을 아끼지 않을 것이다.

우리의 선조들과 마찬가지로 미래 세대는 당연히 안락한 표면에 기대고 싶어 하겠지만, 미래주의자들은 그것만으로는 만족하지 않을 것이다. 누군가는 공중 부양을 최고로 삼고, 당신을 공중으로 띄울 에어제트 침대를 상상한다. 아마 당신은 강력한 에어제트와 플로트에서 전화를 걸게 될 수도 있다. 베개에는 칩과 센서가 내장되어 당신의 바이털 사인을 측정하고, 수면 패턴을 추적하고 이상적인 기상 시간을 알려줄 것이다. 천장과 벽은 낮 또는 잠을 불러오는 조명으로 빛날 것이다. 내장 스마트폰으로 헤드셋, 음성과 센서로 난방과 냉방을 조절하게 되리라고 미래주의자들은 말한다. 그리고 밀집 주거지와 더 작아지는 아파트를 고려해서 거실을 침실로 전환하는 자동 가구가 언급되고 있다. 수직 룸은 더 흔해질 것이고, 어쩌면 우주인처럼 침낭에서 자게 될 수도 있다. 하지만 이런 침낭이 안락함을 느낄 만큼 무중력 상태를 만들어낼 날이 올까?

우리 대부분은 우리 선조들이 알아볼 수 있는(우리의 매트리스가 훨씬 안락하겠지만) 매트리스에서 누워 잠을 잔다. 스마트 기기를 침대에 꼭 장착해야만 할까? 우리는 정말로 의학적 상태뿐만 아니라 음악 취향, 좋아하는 책, 좋아하는 물건 구입을 추적하는 전자기기를 원할까? 건강진단용 스마트워치와 칼로리 계산 어플에 중독되는 사람들이 늘어나는 현실을 고려하면 답은 '그렇다'일 것이다. 곧 우리는 슬립 트래커(sleep tracker)가 내장된 매트리스를 구입할 수 있고, 이것은 정지된 상태가 아니라 이론적으로 시간에 따라 향상될 것이다. 슬립 트래킹은 당신의 수면을 더 스마트하게 만들어줄 것이라고 주장한다(스마트하다는 게 무슨 뜻이든 간에). 매트리스가 최적의 수면 조건을 만들어줄 수는 있지만 당신의 수면 문제까지 해결하지는 못할 것이다. 우리 대부분에게 숙면에 가장 효과적인 방안은 본업 포기, 일과 유지하기, 효과적인 다이어트, 적당한 시각의 취침, 규칙적인 운동, 잠동무와 즐기는 시간이 될 것이다.

한때 삶의 모든 과정이 역동적으로 펼쳐지던 침대는 어둠 속으로 사라졌지만, 침대는 이제 가상의 세계에서는 사회적인 장소가 되리라고 약속한다. 미국의 미술가 로리 앤더슨(Laurie Anderson)은 말한다. "기술은 우리가 둘러앉아 우리 이야기를 하는 캠프파이어입니다." 그녀의 말은 일부 맞다. 기술을 통해 우리는 누구든 어떤 생각이든 우리 침대로 가져오리라 기대할 수 있다. 우리의 조상들이 일상적이라 여겼던 신체적 접근 없이.

무한한 연결과 완벽한 고립—이렇듯 오늘날의 침대는 이전과 마찬가지로 우리의 삶을 고스란히 반영한다. 내일의 침대에 덮인 시트를 잡아당길수록 우리는 미래를 더 잘 볼 수 있다. 미래는 공동체성이 실종되는 악몽이 될 수도 있지만 상호 연결된 세상이라는 꿈이 될 수도 있다.

주

1장

1. Wright, 2004.

2. Samson, 2012.

3. Thoemmes et al, 2018.

4. Wadley et al., 2011.

5. Nadel, 2004.

6. Shafer and Bryant, 1977.

7. Childe, 1983.

8. Richards, 2005; Richards and Jones, 2016.

9. Parker Pearson, 2012.

10. Malone and Stoddart, 2016; Malone, 2008.

11. Tetley, 2000. 바닥 취침에 대한 유용하고 일반적인 설명: "본능적인 수면과 휴식 자세: 허리와 관절의 고통을 치료하기 위한 인류학적이고 동물학적인 접근법." https://www.ncbi.nlm.nih.gov/pmc/articles/PMC1119282/.

12. Dodson and Hilton, 2004.

13. Reeves, 1990.

14. 시켈로스, 《역사총서Historical Library》, vol. 1: chapter 70.

15. Carlano and Sumberg, 2006; Crystal, 2015.

16. F16. 트리스탄 퀼트에 대해서는 빅토리아 앤 앨버트 박물관 웹사이트를 참조하라: http://collections.vam.ac.uk/item/098183/the-tristan-quilt-bed-cover-unknown/.

17. https://www.pepysdiary.com/diary/1666/08/15.

18. Ormiston and Wells, 2010.

19. http://www.retailtimes.co.uk/bed-overtakes-sofa-used-piece-furniture-britishhomes-made-com-reports/.

2장

1. 윌리엄 본 경(1575~1641년경)은 웨일스 작가로서 뉴펀들랜드에서 식민지 건설을 도모했다. 인용문은 Vaughan, 1609, 3장에서 인용.

2. Phiston, 1609.

3. 위와 같음.

4. Ekirch의 책에 인용됨. 2005: 310쪽.

5. Freud and Strachey, 2010.

6. Horne, 2007: 165쪽.

7. Den Boer, 2012.

8. Wehr, 1992.

9. Ekirch, 2005. 근대 초기 잉글랜드에 대해서는 Handley, 2016을 참조하라.

10. Glaskin and Chenhall, 2013.

11. Yetish et al., 2015.를 참조하라.

12. Huffi ngton, 2017: 76쪽.

13. Walker, 2017.

14. Reiss, 2017.

15. Horne, 2007.

16. Churchill, 2013: 999쪽.

17. 에드워드 마셜이 진행한 에디슨의 인터뷰 내용은 《뉴욕 타임스 New York Times》 1927년 2월 6일자에서 인용.

18. Kripke et al., 2002.

3장

1. 타키투스의 《연대기 Annals》 15권 37~41장. 네로 황제(서기 37~68년)는 낭비벽이 있는 폭군이었고, '공공의 적'으로 기소되어 결석 재판을 받게 되자 자살을 택했다.

2. Crystal, 2015.

3. Booth, 2015.

4. Cooper, 2002: 94쪽

5. Xenophon, 1979, chapter 7, section 11.

6. Crystal, 2015: 144쪽.

7. Wright, 2004: 72쪽.

8. Tannahill, 1980, chapter 7.

9. Grundy, 2010. Patterson, 2013.도 참조하라.

10. Malinowski, 1929.

11. George, 2016.

12. Crystal, 2015: 15쪽. 영국박물관 유물번호 1867, 0509.55.

13. Tannahill, 1980: 164쪽. Van Gulik, 1994.도 참조하라.

14. Tannahill, 1980. 전반적으로 이해하려면 8장을 보라. Daniélou, 1993.도 참조하라.

15. Straton. From *Anthologica Palantinus*, 12, 4에 실림, Tannahill, 1980에 인용됨. 75쪽.

16. Socrates. From Xenophon, *Symposium* 2, Tannahill, 1980에 인용됨. 83쪽.

17. Plutarch, "Life of Lycurgus," 18, Tannahill, 1980에 인용됨. 90쪽.

18. Knudsen, 2012.

19. McGinn, 2004.

20. Wright, 2004: 40쪽.

21. Tannahill, 1980: 381~387쪽.

4장

1. 2017년 태아의 치아를 과학적으로 연구하면서, 엄마와 아기가 임신 31주차와 33주차 사이에 사망했고 둘 다 마지막 2개월 반 동안 극심한 통증에 시달렸다는 사실이 밝혀졌다. 보고서의 전체 내용에 관해서는 Nava et al., 2017을 참조하라.

2. 창세기 3장 16절.

3. '차탈회위크의 앉아 있는 여인상'(복원된 두상과 더불어)은 터키 앙카라의 아나톨리아 문명 박물관(Anatolian Civilizations Museum)에서 상설 전시 중이다. (웹사이트 kultur.gov.tr를 참조하라.)

4. 현재 영유아의 사망률에 대한 자세한 정보는 WHO 웹사이트를 참조하라: http://www.who.int/gho/child_health/mortality/mortality_under_five_text/en/.

5. 웨스트카 파피루스: www.revolvy.com. 배경과 논의 내용에 대해서는 Booth, 2015과 Blackman, 1988을 참조하라.

6. Nunn, 2002.

7. 외과수술의 아버지라고 불리는 수슈루타(또는 수스루타Susruta)는 기원전 600년경 인도 우타르 프라데시 지역에서 태어났다. 그가 쓴 책《수슈루타 상히타The Compendium of Sushruta》는 남아 있는 가장 중요한 고대 의학서 중 하나로 꼽힌다. Bhishagratna, 2006를 참조하라.

8. King, 2005; Soranus of Ephesus and Owsei Temkin, 1991.

9. 포시디포스는 Blundell, 1995: 131에 인용됨. 포시디포스는 기원전 3세기의 희극 시인이다.

10. Cook and Luo, 2017.

11. 《의심방(醫心方)》, 23.8 a에서 가져옴.《의심방》은 전 30권으로 이루어졌고 일본에서 가장 오래된 의학서이다. 서기 984년 단바 야쓰요리(丹波康賴, 912~995년)가 집대성했다. Jen-der Lee, 1996: 228쪽에 인용됨.

12. 당나라 때 출산 의학에 대해 폭넓게 썼던 최지제(崔知悌, 서기 681년에 사망함)의 권고 사항을 인용한 의학자 왕도(王燾)의 책에서 가져옴. Jen-der Lee, 1996: 235쪽에 인용됨.

13. 이 말은《의심방》, 23.24a에서 가져옴. Jen-der Lee, 1996: 234쪽에 인용됨.

14. Licence, 2012: 213쪽.

15. 런던 큐가든 식물원에 대해서는 kew.org에 자세히 기록되어 있다.

16. Licence, 2012: 213쪽.

17. Roger Schofield, 1993에서 가져옴. "Did the mothers really die?" in Peter Laslett, ed.,연구에서 가져옴. *The World We Have Lost* (Cambridge: Cambridge University Press), Licence, 2012.에 인용됨.

18. 프랑수아 모리소(1637~1700년)는 17세기의 선구적인 산부인과 의사였다. Mauriceau, 1668: 157쪽에서 인용.

19. Meigs, 1854:104쪽. 찰스 델루시너 메이그스(Charles Delucena Meigs, 1792~1869년)는 미국의 산부인과 의사로서 산과마취를 반대했고 전염병이 외과의사의 손을 통해 전파될 리 없다고 확신했다.

20. Kleeman, 2015.

5장

1. 엘 브루호는 서기 1년과 600년 사이에 페루 해안가에 거주하던 모체 문화가 의례를 위해 세운 복합단지이다. 카오의 귀부인에 대해서는 나디아 더러니가 《Current World Archaeology》(2009년 35호)에 실은 기사를 포함해서 유명한 언급을 빼고는 자세히 다룬 출판물이 없다. 더러니의 기사는 https://www.world-archaeology.com/travel/moche-route-the/를 참조하라.

2. 길가메시 서사시의 8번 석판(Tablet 8)에서 인용함. 전체 내용은 웹사이트 http://www.ancienttexts.org/library/mesopotamian/gilgamesh/tab8.htm에서 검색할 수 있다. 또는 George, 2016을 참조하라.

3. Baughan, 2013, chapters 1, 2.

4. Reisner, 1923.

5. Kemp et al., 2013.

6. Bianucci et al., 2015.

7. Reeves, 1990.

8. 카의 비문 내용은 이탈리아 토리노에 재개장한 이집트 박물관(Museo Egizio)에 전시되어 있다. 박물관 홈페이지 https://www.museoegizio.it/en/을 참조하라.

9. 예리코 무덤 유적 'Tomb H18'은 영국의 고고학자 캐슬린 케니언(Kathleen Kenyon)의 1960년 예리코 유적 발굴 보고서에 실렸고 Baughan, 2013에서 인용.

10. Baughan, 2013.

11. Needham and Ping-Yü, 1959, 1970.

12. Whitelock, 2013: 338ff.

13. 위 책, 342쪽.

14. 위와 같음.

15. 플라톤(기원전 420년대 중반과 종반 사이에 태어남)은 소크라테스의 죽음(기원전 399년)을 《파이돈Phaidon》에 기록했다. 이 책은 고대의 독자들에게 "영혼론(On the Soul)"으로 불리었다. 영어 번역은 Benjamin Jowett(1892), 113쪽에서 인용.

16. 타키투스는 네로가 황제로 즉위한 서기 56~57년 무렵에 태어났다. 《연대기》 15권, 60~64쪽에서 인용. Blakeney, 1908: 498-502쪽을 참조하라. 세네카의 죽음에 대해서는 Ker, 2009를 참조하라.

17. 레너드 니모이의 트윗은 여기서 볼 수 있다: https://twitter.com/therealnimoy/status/569762773204217857?lang=en.

18. 리바 스틴캠프는 오스카 피스토리우스의 여자친구였다. 피스토리우스는 2013년 그녀를 살해한 혐의로 체포되었다. 스틴캠프의 트윗은 여기서 볼 수 있다: https://twitter.com/reevasteemkamp?lang=en.

19. Hardy, 1998: 117쪽.

20. 토라자 지역의 풍습은 http://www.bbc.co.uk/news/magazine-39603771에서 영상으로 확인할 수 있다.

6장

1. 웨어의 거대한 침대는 런던 빅토리아 앨버트 박물관 57 전시실에서 관람할 수 있다. 박물관 홈페이지 www.vam.ac.uk를 참조하라. 안할트쾨텐 공국의 루트비히 1세 왕자(1579~1650년)는 전쟁보다 농업 개발에 집중한 특이한 군주로 알려져 있다. 웹사이트 www.greatbedofware.org.uk에서 인용.

2. 셰익스피어, 《십이야*Twelfth Night*》, 3막 2장.

3. www.greatbedofware.org.uk.에서 인용.

4. Ekirch, 2005: 279쪽. Worsley, 2012.도 참조하라.

5. Melville, 2012: 36쪽.

6. Butterfi eld, 1961: 418쪽.

7. Liedloff, 1975: 17쪽.

8. 존 화이팅(1908~1991년)과 아내인 베아트리스 화이팅(1914~2004년)은 아동발달에 대한 비교연구를 개척한 심리인류학계의 선구자였다. 예일 대학교와 이후 하버드 대학교에서 연구했다. 이들의 연구 전반에 대해서는 Edwards and Bloch의 논문(2010)을, 이 책에 언급된 연구에 대해서는 Pawlik and Rosenzweig의 책(2000:242쪽)을 참조하라.

9. Carlano and Sumburg, 2006: 83쪽.

10. Handley, 2016.

11. Ekirch, 2005.

12. 위와 같음.

13. Tomalin, 2007.

14. Tahhan, 2013.

15. *The Works of Benjamin Jonson* (London, 1616)에서 가져옴. Ekirch 2005:292쪽에 인용됨.

16. Soranus and Temkin, 1991. Soranos, *Gynaikia* (P. Burguière, D. Gourévitch, and Y. Malinas, trans. and eds., *Soranus d'Ephèse: maladies des femmes* [Paris 1988], 1:xxxix–xl).도 참조하라.

17. 제임스 매케나의 작품은 https://cosleeping.nd.edu.를 참조하라.

18. 위와 같음.

19. Carlona and Sumberg, 2006, 7장. Wright, 2004, 33장.

20. Carlona and Sumberg, 2006.

21. Borel, 2015.

22. Gizelle Schoch, 직접 대화.

23. Reiss, 2017

7장

1. Lorenzi, 2017.

2. Lehner and Hawass, 2017.

3. Fagles, 1996: book 4, ll. 332~335쪽과 book 20, l. 410쪽에서 인용.

4. Thesiger and Anderson, 2008.

5. Lattimore, 1941.

6. Richardson, 2014.

7. 영국인 존 에벌린은 원예와 신학, 채식주의를 포함하여 다양한 주제로 글을 썼다. 그는 1640년부터 1706년까지 《일기*Diary*》(이중 일부는 훗날에 다량의 내용을 추가했다는 점에서 회고록에 더 가깝다)를 꾸준히 작성했다. Bédoyère, 1995, 63쪽에서 인용.

8. Ibn Battuta. 1853–58, 3:380.

9. 조지 로버트 글레이그(1796~1888년)는 군인에서 사제가 되었다. 그는 웰링턴의 전기를 포함해서 군사 분야에 관한 여러 책을 썼다. Gleig, 1871, 127쪽에서 인용.

10. 나폴레옹의 야전침대에 대한 정보는 나폴레옹 재단 홈페이지 Napoleon.org에서 가져옴. 출처: HomeHistory of the Two EmpiresObjectsNapoleon's camp bed.

11. 이 구절은 Miller, 1915: 6쪽에서 인용함.

12. Startzman, 2014.

13. Frink and Frink, 1897: 7쪽.

14. Richardson and Eberlein, 1925.

15. Leyendecker, 1992.

16. RV에 대한 내용은 Jim Morrison, "Commemorating 100 Years of the RV," www. Smithsonianmag.com, August 24, 2010에 실려 있음.

8장

1. Wright, 2004: 29쪽.

2. 위와 같음.

3. 초대형 혼인 침대에 대해서는 위 책 73쪽을 참조함.

4. Whitelock, 2013.

5. 위 책, 244쪽.

6. Mitford and Mansel, 2012.

7. 시켈로스, 2014: vol. 1: chapter 70.

8. 생시몽 공작(1675~1755년)은 군인이자 일기작가로서 루이 14세의 궁정에 대한 연대기를 작성했는데, 일부 틀린 역사적 사실도 있다. 베르사유 궁정에 대해서는 주로 생시몽의 《루이 14세에 대한 회고록The Memoirs of Louis XIV》을 참고했다. http://www.gutenberg.org/files/3875/3875-h/3875-h.htm을 참조하라.

9. Wright, 2004: 108쪽.

10. 사디크 무함마드 칸 아바시의 침대에 대해서는 수채화 한 점과 1882년 크리스토플 (Christofle)이 찍은 여러 장의 사진을 통해 알려졌다.

11. Danchev and Todman, 2001: 223쪽.

9장

1. 2013년 사물 인터넷에 관한 연방통상위원회(FTC) 워크숍에서 나온 논평이다.

2. Malinowski, 1929.

3. 대 플리니우스, 《박물지Natural History》, book 35. Pliny and Holland, 2013.

4. 폼페이의 그라피티에 대해서는 McGinn, 2004를 참조함.

5. 이 구절은 Fagan, 2004: 18~23쪽에서 인용함.

6. Olsen, 1976.

7. Tosh, 1999.

8. Flanders, 2003, introduction and chapter 1.

9. 1918년 6월에 나온 간행물 <*Earnshaw's Infants' Department*>에서 가져옴.

10. Warren and Brandeis, 1890: 196쪽.

11. Flanders, 2003, chapter 1.

12. Ekirch, 2005: 282쪽에 인용됨.

13. Panton, 1888: 182쪽.

14. 위 책. 183쪽.

15. 위 책, 189쪽.

16. 위 책, 140쪽.

17. Beeton, 1859~61: 992쪽.

18. Flanders, 2003: 47쪽.

19. Haweis, 1889

10장

1. 차르포이에 대해서는 www.stringbedco.com을 참조함.

2. Frey, 2016: 65쪽.

3. 머피의 일생에 대해서는 https://www.en.wikipedia.org/wiki/Murphy_bed에 일목 요연하게 정리되어 있다.

4. https://oriliving.com.

5. Greenfield, 2010.

참고문헌

이 책을 쓰기 위해 우리는 수백 권의 기사, 책, 웹사이트를 참고했지만, 많은 것이 확실하지는 않다. 여기서는 주요 자료들만을 추려서 목록으로 작성했다. 관심이 있는 독자는 이 목록에 포함된 책들을 통해 더욱 구체적인 연구로 나갈 수 있을 것이다. 특별히 언급하지 않았다면 인용은 아래의 주제들을 다루는 간행물들에서 가져왔다.

Baughan, Elizabeth P. 2013. *Couched in Death: Klinai and Identity in Anatolia and Beyond*. Madison: University of Wisconsin Press.

Beard, Mary. *Guardian* article: https://www.theguardian.com/books/2009/mar/2/philosophy.

Bédoyère, Guy de la, ed. 1995. *Diary: John Evelyn. Woodbridge*, UK: Boydell Press.

Beeton, Isabella. 1859–61. *Mrs Beeton's Book of Household Management*. London:Chancellor Press, 1982.

Bhishagratna, Kaviraj Kunjalal, trans. 2006. *The Sushruta Samhita: An English Translation Based on Original Texts*. New Delhi: Cosmo Publications.

Bianucci, Raffaella, et al. 2015. "Shedding New Light on the 18th Dynasty Mummies of the Royal Architect Kha and His Spouse Merit." PLOS One DOI:10.1371/journal.pone.0131916.

Blackman, A. V. 1988. *The Story of King Cheops and the Magicians*. Hemet, CA:J. V. Books.

Blakeney, E. H., ed. *Tacitus: The Annals*. Vol. 1:498–502. London: J. M. Dent.

Blundell, Sue. 1995. *Women in Ancient Greece*. Cambridge: Harvard University Press.

Booth, Charlotte. 2015. *In Bed with the Ancient Egyptians*. Amberley, UK: Stroud.

Borel, Brooke. 2015. *Infested: How the Beg Bug Infi ltrated Our Bedrooms and*

Took Over the World. Chicago: University of Chicago Press.

Butterfield. L. H. 1961. *Diary and Autobiography of John Adams*. Vol. 3 Cambridge, MA: Belknap Press.

Carlano, Annie, and Bobbie Sumberg. 2006. *Sleeping Around: The Bed from Antiquity to Now*. Seattle: University of Washington Press; Santa Fe: Museum of International Folk Art.

Childe, Vere Gordon. 1983. *Skara Brae*. Rev. ed. London: HM Stationery Office.

Churchill, Winston S. 2013. *Churchill by Himself*. London: Rosetta Books.

Cook, Constance, and Xinhui Luo. 2017. *Birth in Ancient China: A Study of Metaphor and Cultural Identity in Pre-Imperial China*. Albany: State University of New York Press.

Cooper, Jerold S. 2002. "Virginity in Ancient Mesopotamia." In *Sex and Gender in the Ancient Near East,* ed. S. Parpola and R. Whiting. Helsinki: SAA.

Crystal, Paul. 2015. *In Bed with the Romans*. Amberley, UK: Stroud.

Danchev, Alex, and Daniel Todman, eds. 2001. *Field Marshall Lord Alanbrooke: War Diaries*, 1939–1945. London: Weidenfeld and Nicholson.

Daniélou, Alain. 1993. *The Complete Kama Sutra*. New York: Simon and Schuster.

den Boer, E. 2012. "Spirit Conception: Dreams in Aboriginal Australia." *Dreaming* 22, no. 3: 192–211.

Dodson, Aidan, and Dyan Hilton. 2004. *The Complete Royal Families of Egypt*. London: Thames and Hudson.

Edwards, Carolyn P., and Marianne Bloch. 2010. "The Whitings' Concepts of Culture and How They Have Fared in Contemporary Psychology and Anthropology." Faculty Publications, Department of Psychology. 501. http://digitalcommons.unl.edu/psychfacpub/501.

Ekirch, Roger A. 2005. *At Day's Close: The Night in Times Past*. New York: Norton.

Elyot, Thomas. 1539. *The Castell of Helth*. London: Thomas Bethelet.

Fagan, Brian. 2004. *Fish on Friday: Feasting, Fasting, and the Discovery of the New World*. New York: Basic Books.

Fagles, Robert. 1996. *The Odyssey: Homer*. New York: Viking.

Flanders, Judith. 2003. *Inside the Victorian Home: A Portrait of Domestics Life in Victorian England*. New York: Norton.

Freud, Sigmund, and James Strachey, trans. 2010. *The Interpretation of Dreams: The Complete and Definitive Text*. New York: Basic Books.

Frey, Thomas. 2016. *Epiphany Z: Eight Radical Visions for Transforming Your Future*. Hampton, VA: Morgan James.

Frink, Ledyard, and Margaret A. Frink. 1897. *Journal of a Party of California Gold Seekers*. Oakland, CA: publisher unknown.

George, Andrew. 2016. *The Epic of Gilgamesh*. Rev. ed. New York: Penguin Classics.

Glaskin, Katie, and Richard Chenhall, eds. 2013. *Sleep Around the World: Anthropological Perspectives*. New York: Palgrave Macmillan.

Gleig, George Robert. 1871. *The Life of Arthur, Duke of Wellington*. London: Longmans, Green, Reader, and Dyer.

Goodman, Ruth. 2017. *How to Be a Tudor*. New York: Liveright.

Greenfield, Rebecca. 2010. "The Rise and Fall of the (Sexy, Icky, Practical) Waterbed." *Atlantic*, August 13, 2010.

Grundy, Mrs. 2010. *A History of Four Centuries of Morals in Great Britain and the United States Intended to Illuminate Present Problems*. Reprint. Whitefi sh, MT:Kessinger.

Handley, Sasha. 2016. *Sleep in Early Modern England*. New Haven: Yale University Press.

Hardy, Thomas. 1998 (1891). *Tess of the d'Urbervilles*. Edited by John Paul Riquelme. New York: Bedford Books.

Haweis, Mary Eliza Joy. 1889. *The Art of Housekeeping*. London: Chatto and Windus.

Horne, Jim. 2007. *Sleepfaring: The Secrets and Science of a Good Night's Sleep*. Oxford: Oxford University Press.

Huffington, Arianna. 2017. *The Sleep Revolution: Transforming Your Life, One Night at a Time*. New York: Harmony Books.

Ibn Battuta. 1853–58. *The Travels of Ibn Battutah*. Translated by Tim MacintoshSmith. New York: Pan Macmillan.

James, H. E. M. 1888. *The Long White Mountain, or a Journey in Manchuria*. London: Longmans, Green, 1888.

Ker, James. 2009. *The Deaths of Seneca*. Oxford: Oxford University Press.

Kemp, Barry, et al. 2013. "Life, Death and beyond in Akhenaten's Egypt: Excavating the South Tombs Cemetery at Amarna." *Antiquity* 87, no. 335: 64–78.

King, Helen. 2005. *Greek and Roman Medicine*. Bristol, UK: Bristol Classical Press.

Kleeman, Alexandra. 2015. "The Bed-Rest Hoax: The Case against a Venerable Pregnancy Treatment." *Harper's Magazine*. December, 2015.

Knudsen, Christian D. 2012. "Naughty Nuns and Promiscuous Monks: Monastic Sexual Misconduct in Late Medieval England." PhD diss., University of Toronto.

Kripke, D. F, et al. 2002. "Mortality Associated with Sleep Duration and Insomnia." *Arch Gen Psychiatry* 59, no. 2: 131–36.

Lattimore, Owen. 1941. *Mongol Journeys*. London: Jonathan Cape.

Lee, Jen-der, 1996. "Childbirth in Early Imperial China." *Bulletin of the Institute of History and Philology, Academia Sinica* 67, no. 3: 533–642. Translated by Sabine Wilms, 2005. Available online at www.brill.nl.

Le Goff, Jacques. 2009. Saint Louis. Notre Dame, IN: University of Notre Dame Press.

Lehner, Mark, and Zahi Hawass. 2017. *Giza and the Pyramids*. London: Thames and Hudson.

Leyendecker, Liston Edgington. 1992. *Palace Car Prince: A Biography of George Mortimer Pullman*. Boulder: University Press of Colorado.

Licence, Amy. 2012. *In Bed with the Tudors*. Stroud, UK: Amberley.

Liedloff, Jean. 1975. *The Continuum Concept: In Search of Happiness Lost*. New York: Da Capo Press.

Lorenzi, Rossella. 2017. "Fit for a King: Tut's Camping Bed Was an Ancient Marvel." *Live Science*, August 1, 2017. Livescience.com.

Malinowski, Bronislaw. 1929. *The Sexual Life of Savages in North-western Melanesia, British New Guinea*. London: Eugenics.

Malone, C., and S. Stoddart. 2016. "Figurines of Malta." In *The Oxford Handbook of Prehistoric Figurines*, ed. T. Insoll, 729–53. Oxford: Oxford University Press.

Malone, C. A. T. 2008. "Metaphor and Maltese Art: Explorations in the Temple

Period." *Journal of Mediterranean Archaeology* 21, no. 1: 81–108.

Marshall, Edward, February 6, 1927. "Edison at 80 views a world he changed." *New York Times* archives.

Mauriceau, Francis. 1668. *The Diseases of Women with Child, and in Child-Bed*. Translated by Hugh Chamberlen. London: T. Cox.

McGinn, Thomas A. J. 2004. *The Economy of Prostitution in the Roman World*. Ann Arbor: University of Michigan Press.

Meigs, Charles. 1854. *On the Nature, Signs and Treatment of Childbed Fevers*. Philadelphia: Blanchard and Lea.

Melville, Herman. 2012 (1851). *Moby-Dick*. New York: Dover Publications.

Miller, Warren Hastings. 1915. *Camp Craft*. Reprint. Kolkata: Ananda Quinn.

Mitford, Nancy, and Philip Mansel. 2012. *The Sun King*. New York: NYRB Classics.

Nadel, Dani. 2004. "Continuity and Change: The Ohalo II and the Natufi an Dwelling Structures (Jordan Valley, Israel)." In *The Last Hunter-Gatherers in the Near East*, ed. C. Delage, 75–84. Oxford: BAR International Series.

Naughan, Elizabeth P. 2013. *Couched in Death*. Madison: University of Wisconsin Press.

Nava, Alessia, et al. 2017. "Virtual Histological Assessment of the Prenatal Life History and Age at Death of the Upper Paleolithic Fetus from Ostuni (Italy)." Nature.com Scientifi c Reports, 7, Article number: 9527.

Needham, Joseph, and Ho Ping-Yü. (1959). "Elixir Poisoning in Medieval China." Janus 48: 221–51. Reprinted in *Clerks and Craftsmen in China and the West: Lectures and Addresses on the History of Science and Technology*, 316–39. Cambridge: Cambridge University Press, 1970.

Nunn, John Francis. 2002. *Ancient Egyptian Medicine*. Norman: University of Oklahoma Press.

Olsen, Donald J. 1976. *The Growth of Victorian London*. New York: Penguin.

Ormiston, Rosalind, and Nicholas W. Wells. 2010. *William Morris: Artist, Craftsman, Pioneer*. Rev. ed. London: Flame Tree.

Panton, Jane Ellen. 1888. *From Kitchen to Garrett: Hints for Young Householders*. London: Ward and Downey.

Parker Pearson, Mike. 2012. *Stonehenge: Exploring the Greatest Stone Age*

Mystery. London: Simon and Schuster.

Patterson, Anthony. 2013. *Mrs Grundy's Enemies: Censorship, Realist Fiction and the Politics of Sexual Representation*. Bern, Switzerland: Peter Lang.

Pawlik, Kurt, and Mark R Rosenzweig, eds. 2000. *The International Handbook of Psychology*. London: SAGE.

Pepys, Samuel, and Mynors Bright. 1970. *The Diary of Samuel Pepys: A New and Complete Transcription*. Berkeley: University of California Press.

Phiston, William. 1609. *The Schoole of Good Manners, or A New Schoole of Vertue*. London: W. White for William Inoes.

Plato. *Phaedo*. Translated by Benjamin Jowett, 1892. Reissued by CreateSPace Independent Publishing Platform, 2017.

Pliny the Elder. 2013 (AD 77). *Pliny's Natural History: In Thirty-Seven Books*, ed. Philemon Holland. Seattle: Amazon Digital Services.

Reeves, Nicholas. 1990. *The Complete Tutankhamun*. London: Thames and Hudson.

Reisner, George. 1923. *Excavations at Kerma*. Cambridge: Peabody Museum, Harvard University).

Reiss, Benjamin. 2017. *Wild Nights: How Taming Sleep Created Our Restless World*. New York: Basic Books.

Richards, Colin, ed. 2005. *Dwelling among the Monuments*. Cambridge: MacDonald Institute.

Richards, Colin, and Richard Jones, eds. 2016. *The Development of Neolithic House Societies in Orkney*. Oxford: Oxbow Books.

Richardson, A. E., and H. Donaldson Eberlein. 1925. *The English Inn Past and Present*. London: Batsford.

Richardson, Glen. 2014. *The Field of the Cloth of Gold*. New Haven: Yale University Press.

Saint-Simon de Rouvroy, Louis. 1910. *Memoirs of Louis XIV and His Court and of the Regency*. New York: C. F. Collier.

Samson, Donald R. 2012. "The Chimpanzee Nest Quantifi ed: Morphology and Ecology of Arboreal Sleeping Platforms within the Dry Habitat Site of ToroSemiliki Wildlife Reserve, Uganda." *Primates* 53: 357–64.

Shafer, Harry J., and Vaughn M. Bryant Jr. 1977. *Archaeological and Botanical Studies at Hinds Cave, Val Verde County, Texas*. College Station: Texas A&M University, Anthropological Laboratory, Special Series 1.

Siculus, Diodorus. 2014. *Historical Library*. Translated by Giles Lauren. Seattle: Amazon Digital Services.

Skoggard, Carl A. 2000. "Asleep with Painted Ladies." Nest 10: 100–105.

Soranus of Ephesus. 1991. *Soranus' Gynecology*. Translated by Owsei Temkin. Baltimore: Johns Hopkins University Press.

Speert, Harold. 2004. *Obstetrics and Gynecology: A History and Iconography*. 3rd ed. Boca Raton, FL: CRC Press.

Startzman, Ethan. 2014. "A Brief History of Sleeping Bags." ezinearticles.com, January 21, 2014.

Szpakowska, Kasla, and John Baines. 2006. *Through a Glass Darkly: Magic, Dreams, and Prophecy in Ancient Egypt*. Swansea, UK: Classical Press of Wales.

Tahhan, Diana Adis. 2013. "Sensuous Connections in Sleep: Feelings of Security and Interdependency in Japanese Sleep Rituals." In *Sleep around the World: Anthropological Perspectives*, ed. Katie Glaskin and Richard Chenhall, 61–78. New York: Palgrave Macmillan.

Tannahill, Reay. 1980. *Sex in History*. New York: Stein and Day.

Tetley, Michael. 2000. "Instinctive Sleeping and Resting Postures: An Anthropological and Zoological Approach to Treatment of Lower Back and Joint Pain." *British Medical Journal* 321: 1616.

Thesiger, Wilfred, and John Lee Anderson. 2008. *The March Arabs*. Reprint. Baltimore: Penguin Classics.

Thoemmes, Megan S., et al. 2018. "Ecology of Sleeping: The Microbial and Arthropod Associates of Chimpanzee Beds." *Royal Society Open Science* 5, no. 5:180382 DOI: 10.1098/rsos.180382

Tomalin, Claire. 2007. *Samuel Pepys: The Unequalled Self*. New York: Vintage.

Tosh, John. 1999. *A Man's Place: Masculinity and the Middle-Class Home in Victorian England*. New Haven: Yale University Press.

Van Gulik, Robert H. 1994. *Sexual Life in Ancient China: A Preliminary Survey of Chinese Sex and Society from ca. 1500 B.C. till 1644 A.D.* Leiden: Brill.

Van Meilj, Toon. 2013. "Maori Collective Sleeping as Cultural Resistance." In *Sleep around the World: Anthropological Perspectives*, ed. Katie Glaskin and Richard Chenhall, 133–50. New York: Palgrave Macmillan.

Vaughan, William. 1609. *Approved Directions for Health, Both Natural and Artificiall*. London: T. Snodham for Roger Jackson.

Wadley, Lyn, et al. 2011. "Middle Stone Age Bedding Construction and Settlement Patterns at Sibudu, South Africa." *Science* 334: 6061.

Walker, Matthew. 2017. *Why We Sleep*. New York: Simon and Schuster.

Warren, Samuel D., and Louis D. Brandeis. 1890. "The Right to Privacy." *Harvard Law Review* 4, no. 5: 193–220.

Wehr, Thomas. 1992. "In Short Photoperiods, Human Sleep Is Biphasic." *Journal of Sleep Research* 1, no. 2: 103–7.

Whitelock, Anna. 2013. *Elizabeth's Bed: An Intimate History of Elizabeth's Court*. New York: Picador.

Whiting, John, and Eleanor Hollenberg Chasdi, eds. 2006. *Culture and Human Development: The Selected Papers of John Whiting*. Cambridge: Cambridge University Press.

Wilkinson, Richard. 2017. *Louis XIV*. Abingdon, UK: Routledge.

Worsley, Lucy. 2012. *If Walls Could Talk: An Intimate History of the Home*. New York: Bloomsbury.

Wright, Lawrence. 2004. *Warm and Snug: The History of the Bed*. Stroud, UK: Sutton Books.

Xenophon. 1979. *Xenophon in Seven Volumes*. Vol. 4. Cambridge: Harvard University Press.

Yetish, Gandhi, et al. 2015. "Natural Sleep and Its Seasonal Variations in Three Pre-industrial Societies." *Current Biology* 25, no. 21: 2862–68.

감사의 말

우리는 고고학자로서, 우리 인생의 3분의 1을 보내는 가구인 침대에 관한 책을 쓰게 되리라고는 꿈에서조차 생각하지 못했다! 사실 우리 책은 일단 침대라는 유물 자체에 대한 탐구로 시작하여 침대에서 했던 일들의 전체 역사로 전환되었다.

도전적이면서도 매력적인 책이 될 수 있음을 깨닫게 된 데는 일련의 배경들이 작용했다. 브라이언 페이건이 당시 합병을 준비하던 중인 썰타와 시몬스 매트리스 회사의 중역들 모임에 와서 침대의 역사에 대해 강연해달라는 요청을 받으면서 이 책의 씨앗이 심어졌다. 이 이야기를 들은 예일 대학교의 빌 프루트가 브라이언 페이건에게 그 주제에 관한 책을 써보라고 설득했다. 그때 브라이언이 친구이자 집필 동료인 나디아 더러니에게 공동저자로 참여해 달라고 요청했다.

우리가 감사의 말을 전해야 할 이들은 많다. 브라이언은 몬트리올의 모빌리스 스트레티직 어드바이서스 Inc.의 크리스 쿠퍼와 메리 라슨에게 깊은 감사를 표한다. 원래 썰타와 시몬스 프로젝트에 대한 자문에 자신을 초청했고, 또 이런 기회를 주고 조언을 아끼지 않았기 때문이다. 두 저자 모두 격려를 아끼지 않은 예일 대학교 출판부의 빌 프루트와 귀중한 제안을 해준 셀리 로웬코프, 막바지 단계에서 함께 작업하는 기쁨을 준 편집자 로렌스 케니에게 고마운 마음을 전한다. 우리에게 조언과 아이디어, 제안을 들려준 수많은 친구들과 동료들에게도 감사의 말을 전한다. 너무나 많아서 일일이 이름을 밝히지는 못하겠다. 부디 단체 감사의 인사를 양해해 주기 바란다! 아이던 도슨, 존 허버트, 매튜 힐리어, 캐롤링 맬론, 조지 마이클스, 오트런 페인, 새미너 리아츠, 버넌 스카보러, 캐슬린 샤프에게 특히 감사드린다.

　마지막으로, 이 책을 완성하기까지 오랜 기간 동안 우리의 부재를 참아준 가족들에게 진심을 담아 고마움을 전한다. 이들이 없었다면 이 책은 결코 나오지 못했을 것이다. 우리의 애완고양이와 강아지를 포함해 모두에게 감사드린다.

찾아보기

◇◇◇◇◇

*이탤릭체 숫자는 도판을 가리킴.

도판 출처

- 2쪽: <나의 침대>, 트레이시 에민, 테이트 모던 미술관, 런던, 1999년. Paul Quayle/ Alamy Stock Photo
- 27쪽: 스카라 브레의 집터, 스코틀랜드 오크니섬. 오른쪽과 왼쪽에 침대로 추정되는 돌로 만든 울타리가 보인다. Vincenzo Iacovoni/Alamy Stock Photo.
- 33쪽: 몰타 할 사플리에니의 잠자는 여인상. 기원전 3000년경. Heritage Image Partnership Ltd/Alamy Stock Photo.
- 41쪽: 1922년 투탕카멘 무덤의 곁방에서 발견된 장례용 침대. Jan Walters/Alamy Stock Photo.
- 103쪽: 폼페이 루나파레 유적에서 발견된 에로틱한 벽화. VPC Travel Photo/Alamy Stock Photo.
- 128쪽: 아기를 낳는 여성의 모습. 18세기. Chronicle/Alamy Stock Photo.
- 154쪽: 기독교인의 임종 침대. 존 웨슬리 A. 목사의 죽음. 1840년경 제작된 석판화. Archive Images/Alamy Stock Photo.
- 171쪽: -웨어의 대형 침대, 런던 빅토리아 앨버트 박물관. Artokoloro Quint Lox Limited/Alamy Stock Photo.
- 186쪽: <침실의 여인들>. 두 명의 일본 여인이 다다미 위에 잠들어 있다. 구사카베 김베이 사진. Chronicle/Alamy Stock Photo.
- 204쪽: 투탕카멘의 3단 접이식 간이침대. © Griffith Institute, University of Oxford.
- 210쪽: 인도 라자스탄 지역의 노인이 야자껍질 섬유로 짠 차르포이에서 쉬고 있다. 이 차르포이는 다리와 엮은 침상이 있고 휴대할 수 있다. Dinodia Photos/Alamy Stock Photo.
- 212쪽: 박물관에 전시된 나폴레옹의 야전침대와 침실. 1815년 워털루 전투 전날 막사에서 사용한 야전침대/책상을 복원한 것이다. Arterra Picture Library/Alamy Stock Photo.
- 250쪽: 베르사유 궁전 루이 14세의 침대. Norimages/Alamy Stock Photo.
- 281쪽: 1886년 런던 메이플(Maple)의 침실 가구 광고. 흰색 침실 스위트와 '철제와 황동제 네 기둥 침대 프레임'이 포함되었다. Chronicle/Alamy Stock Photo.
- 291쪽: 허니문 기간 동안 자신들의 평화 침대에서 시위하는 존 레논과 오노 요코. Keystone Pictures USA/Alamy Stock Photo.
- 294쪽: 뉴욕 시의 한 아파트에서 사용 중인 머피 침대. Patti McConville/Alamy Stock Photo.

침대 위의 세계사

초판 1쇄 발행 2020년 12월 24일
초판 2쇄 발행 2021년 6월 30일
지은이 브라이언 페이건, 나디아 더러니
옮긴이 안희정
디자인 김상보
인쇄·제본 한영문화사
펴낸이 이영미
펴낸곳 올댓북스
출판등록 2012년 12월 4일(제 2012-000386호)
주소 서울시 마포구 연희로 19-1, 6층(동교동)
전화 02)702-3993
팩스 02)3482-3994
ISBN 979-11-86732-52-6(03900)